Mythos Maria

Hermann Kurzke
Christiane Schäfer

Mythos Maria

Berühmte Marienlieder und ihre Geschichte

C.H.Beck

Mit 108 Abbildungen

Satz: Fotosatz Amann, Memmingen
Druck und Bindung: CPI – Ebner & Spiegel, Ulm
Umschlaggestaltung: Kunst oder Reklame, München
Umschlagabbildung: Detail der Sixtinischen Madonna,

Gedruckt auf säurefreiem, alterungsbeständigem Papier
(hergestellt aus chlorfrei gebleichtem Zellstoff)
Printed in Germany
ISBN 978 3 406 66956 9

www.beck.de

Inhalt

Maria durch ein Dornwald ging

Rosenwunder

Ein Donnerstag im Oktober. Tag der Einweisung. Diagnose Krebs. Ein Flur. Immer wieder warten, sitzen, schweigen. Angst liegt in der Luft. Die Gedanken verselbständigen sich, eine Melodie stellt sich ein. Erst einzelne Fetzen, dann eine Zeile. Stummes Summen, einmal, mehrmals, schließlich unaufhaltsam… Allmählich kommen Textfragmente dazu: *Maria durch ein Dornwald ging…* Es denkt: Ja, genau dort befinden wir uns – im Dornwald. Im Dornwald der Krankheit, der Angst, des Ausgeliefertseins, der Ausweglosigkeit. Und des Nichtaufgebenwollens. Es summt: *Da haben die Dornen Rosen getragen. Kyrie eleison.* Ob die Dornen Rosen tragen werden? – – –

Wie Zauberformeln tauchen, wenn *Die Prinzen* das Dornwaldlied singen, aus einem Meer von Urlauten die Kehrverse *Kyrieleison* und *Jesus und Maria* herauf. Kein Wort sonst wird artikuliert. Nur Vokalklänge, die zwischen a und o und u changieren, schwellen auf und schwellen ab, erzählen von Vergeblichkeit und namenlosem Weh. Der Text des Liedes scheint entbehrlich, doch jeder kennt ihn ja: *Maria durch ein Dornwald ging.* Mehr muß man nicht wissen. Die Sänger verlassen sich ganz und gar auf die schwermütige Moll-Melodie. Überraschend mündet diese am Ende, nach dem letzten Durchgang, in einen

Maria als Rosa Mystica

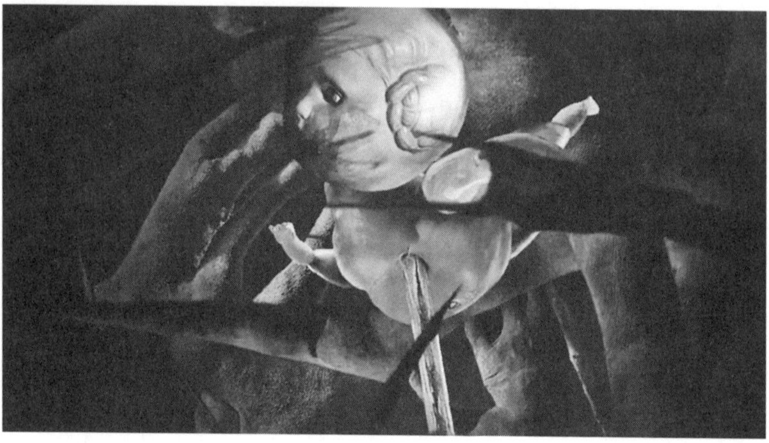

Baby im Dornenwald

vorsichtig strahlenden Dur-Akkord. Soll das heißen, daß die Rose blüht? – – –

Völlige Dunkelheit. Ein Lichtstrahl – wie von einer Taschenlampe – lenkt den Blick auf eine überdimensionale Dornenhecke. Dann auf eine dahinter verborgene, geschundene Kreatur. Sie hat einen großen Kopf mit großen Augen und einen kleinen Körper mit zarten Gliedmaßen. Ein Arm und ein Bein fehlen ganz. Der Lichtstrahl richtet sich auf das Auge und zieht den Betrachter wie durch eine Linse in das Innere dieses Wesens hinein. Weitere verletzte, gequälte, verstümmelte und gepeinigte Figuren tauchen auf. Sie wirken wie zarte Puppen, gleichen Neugeborenen.

Sie befinden sich in einem dunklen und undurchdringlichen Dornenwald, werden von riesigen Dornen aufgespießt, verbrennen, sind eingebettet in Abgründe des Grauens. Plötzlich streben sie nach oben, lösen sich von den Dornen, scheinen dem Dickicht zu entkommen. Eine große Aufwärtsbewegung entsteht. Die Babys verwandeln sich in leuchtende Punkte, die zunächst weißen Blüten ähneln, bis sie dann über dem Dornwald schweben, immer größer werden und schließlich alles in ein helles Licht tauchen. Dazu erklingt *Maria durch ein Dornwald ging*. Verhalten, mit versagender Stimme gesungen, ein Flüstern geradezu. Die bekannte Melodie, verfremdet durch leises Kratzen, Tikken und Knistern. Bild und Ton, von Frauke Striegnitz in einem Video wirkungsvoll zur Einheit verschmolzen, geben dem tiefen Leid Ausdruck, das in der Seele eines jeden einzelnen Menschen verborgen ist. Dem persönlichen Dornwald eben, mit der skeptischen Hoffnung auf Rosen – – –

Der Zupfgeigenhansl

Heute steht das Lied im neuen Einheitsgesangbuch *Gotteslob 2 (2013), aber noch vor zwei Jahrzehnten fand sich *Maria durch ein Dornwald ging* in keinem einzigen großen Kirchengesangbuch. Dabei legt doch die auf uns gekommene Textfassung die Vermutung nahe, daß wir es mit einem sehr alten Lied zu tun haben. Die poetische Gestalt und das unregelmäßige Versmaß lassen an eine Entstehung in uralten Zeiten denken. Tatsächlich wird es häufig auf die Zeit um 1600 datiert. Zweifel daran sind jedoch sehr angebracht. Die Massenüberlieferung des Liedes ist im wesentlichen eine Erscheinung erst des 20. Jahrhunderts und spielt sich in profanen Jugendliederbüchern ab, wie dem *Spielmann, dem *Singeschiff und dem *St. Georgs-Liederbuch. Sie startet 1912 mit der siebten Auflage des *Zupfgeigenhansl, des maßstabsetzenden Liederbuchs der Wandervogelbewegung. Dort ist das Lied in einer dreistrophigen Fassung enthalten (s. Abbildung).

Es waren junge, meist akademisch gebildete Männer aus gutem Hause, die als Wandervögel das einfache Leben probten und das alte Wahre suchten. Die drei Marienlieder, mit denen die Rubrik *Geistliche Lieder* eröffnet, hat man sich kaum in gottesdienstlichen Kontexten vorzustellen, sondern in weihevollen Momenten des jugendbewegten Lebens, für die man spontane Liturgien brauchte. Man mag wandernd an eine Marienstatue gekommen sein, auf freiem Feld oder an einer Weinbergsmauer, versonnen verweilte man, jemand zog den «Zupf» heraus und stimmte die schwermütige Weise an. Was spielte sich ab in den Gemütern der jungen Männer? Eine vage Ergriffenheit, sakrale Sentimentalität, ein leise schauderndes Gefühl von etwas Uraltem, einst Dagewesenen, jetzt Verlorenen stellte sich ein – Nostalgie eben, der Wundschmerz der Moderne, der sich glatt anschließen ließ an «Dornen» und «Schmer-

**Zupfgeigenhansl*

zen». Auch das Ergebnis, die Erlösung durch das Kindlein, überlagert dieser Schmerz. *Da haben die Dornen Rosen getragen* wird, wie es die Melodie verlangt, mit unveränderter Wehmut gesungen. Da ist keine Freude über das Rosenwunder, nur Melancholie und *Kyrieeleison*, höchstens vielleicht ein kleines Staunen.

Wandervögel

Die Quellenangabe im *Zupfgeigenhansl verweist auf ein «Jugenheimer Liederblatt». Bei diesem handelt es sich um ein dünnes Heft, das, von den ersten Auflagen des Zupfgeigenhansl offenkundig inspiriert, um 1910 von den Schwestern Christaller, Else (19), Gertrud (16) und Erika (14), Töchtern eines schriftstellernden Pfarrerehepaars, in Jugenheim bei Heidelberg herausgegeben wurde. Sie geben den Rezeptionsrahmen, den sie sich wünschen, genau an. In einer Nachbemerkung schreiben sie:

> Freilich ein wenig traurig sind die Lieder fast alle, aber die sind uns unwillkürlich auf die Lippen gekommen, wenn wir draussen lagerten am Fluss, der langsam und träumend seine Wellen dahinzieht, in grünen Wiesentälern und auf stolzen Burgruinen.

Maria schwanger

Unwillkürlich auf die Lippen gekommen? War nicht eine Quelle vonnöten? Irgendwoher müssen die Schwestern das Lied bezogen haben. Ob es in der Bergstraßenregion noch lebte? Das ist unwahrscheinlich. Wer die Fährte weiter nach rückwärts verfolgt, stößt bald auf ein Zeugnis gelehrten Sammelfleißes, die von 1892 bis 1894 erschienene dreibändige Anthologie *Deutscher Liederhort von Ludwig Erk und Franz Magnus Böhme. Dort hat das Lied sieben Strophen, also vier mehr als im *Jugenheimer Liederblatt.* Wie es zu der Kürzung auf drei Strophen kam, ist nicht bekannt. Sie mag den Schwestern Christaller «unwillkürlich» unterlaufen sein, weil sie das Lied aus dem Gedächtnis anstimmten, oder sie mag erfolgt sein, weil sie die drei Bände nicht mitschleppen wollten auf die stolzen Burgruinen, oder sie zeugte von Gestaltungswillen und poetischem Können – sie war jedenfalls ein genialer Schachzug und gab dem Lied seine heutige Gestalt.

Spurensuche

Vom *Liederhort aus läßt sich, das ist die große Überraschung, die Fährte nur noch wenige Jahrzehnte nach rückwärts verfolgen, nur bis zu einem von August von *Haxthausen 1850 anonym herausgegebenen Liederbuch mit dem Titel *Geistliche Volkslieder mit ihren ursprünglichen Weisen gesammelt aus mündlicher Tradition und seltenen Gesangbüchern.* Dort ist das Lied wie folgt abgedruckt:

Wer hat's gethan? – Wallfahrtsgesang.

1. Maria durch 'nen Dornenwald ging
Kyrieleison.
Maria durch 'nen Dornenwald ging,
Der hat in sieben Jahren kein Laub getragen!
Jesus und Maria!

2. Was trug Maria unter ihrem Herzen?
Kyrieleison.
Ein kleines Kindlein ohne Schmerzen,
Das trug Maria unter ihrem Herzen!
Jesus und Maria!

3. Da haben die Dornen Rosen getragen,
Kyrieleison.
Als das Kindlein durch den Wald getragen!
Da haben die Dornen Rosen getragen!
Jesus und Maria!

4. Wie soll dem Kind sein Name sein?
Kyrieleison.
Der Name der soll Christus sein
Das war von Anfang der Name sein.
Jesus und Maria!

5. Wer soll dem Kind sein Täufer sein?
Kyrieleison.
Das soll der Sanct Johannis sein,
Der soll dem Kind sein Täufer sein!
Jesus und Maria!

6. Was kriegt das Kind zum Pathengeld?
Kyrieleison.
Den Himmel und die ganze Welt,
Die kriegt das Kind zum Pathengeld!
Jesus und Maria!

7. Wer hat erlöst' die Welt allein?
Kyrieleison.
Das hat gethan das Christkindlein,
Das hat erlöst' die Welt allein!
Jesus und Maria!

Aus dem Eichsfelde.

Der dichte Nebel, in dem der Ursprung des Liedes verborgen liegt, lichtet sich dadurch kaum. August von Haxthausen, Gutsbesitzer im Paderbornischen aus einflußreicher, weit verzweigter Familie, rußlandkundiger Agrarwissenschaftler und Hobbyhymnologe, kannte die Romantiker gut, kannte als Volksliedsammler natürlich auch *Des Knaben Wunderhorn und die zugleich nachlässige wie schöpferische Weise, wie dort mit den Quellen umgesprungen wurde – wie Volkslieder dort nicht nur gesammelt, sondern stark überarbeitet und in einzelnen Fällen geradezu geschaffen wurden.

Ist das Dornwaldlied so wie *Am Brunnen vor dem Tore* ein Kunstprodukt des 19. Jahrhunderts, von der Art der nazarenischen Malerei oder der Neugotik? Das ist möglich, aber zuerst einmal ist es geboten, dem Hinweis «gesammelt aus mündlicher Tradition und seltenen Gesangbüchern» zu folgen und zu prüfen, ob das Lied nicht doch altehrwürdig sei, ins 18., vielleicht auch ins 17. Jahrhundert zurückreiche, oder gar ins 16. und in die Zeit der «Leisen», der auf «Kyrieleison» endenden geistlichen Lieder des Spätmittelalters. Ein Lied *Maria ging durch einen Wald* hat es um 1600 jedenfalls gegeben, wie man einer Tonangabe im *Andernacher Gesangbuch von 1608 entnehmen kann. Leider ist der Text nirgends aufzufinden, und niemand weiß, ob er einen Bezug zum Dornwald hat.

August von Haxthausen

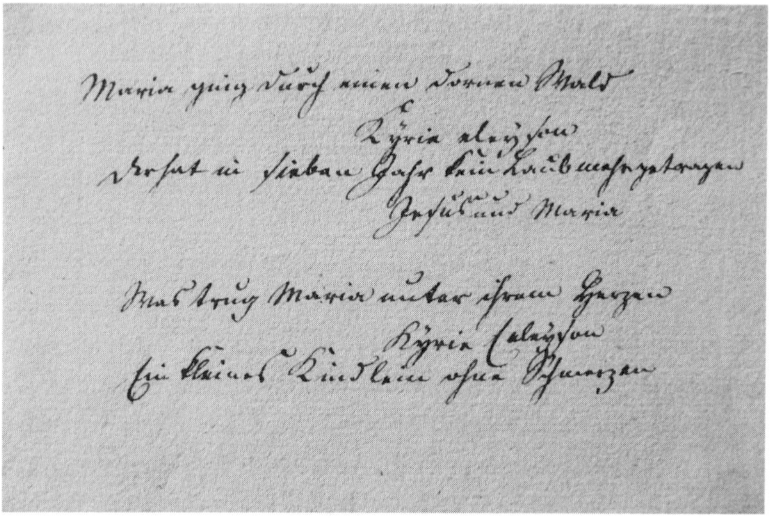

Maria ging durch einen Dornen Wald/
Kyrie eleyson/ Der hat in sieben Jahr kein Laub mehr getragen/
Jesus und Maria// Was trug Maria unter ihrem Herzen/
Kyrie eleyson/ Ein kleines Kindlein ohne Schmerzen
(Fragment aus dem Haxthausen-Nachlaß)

Das Lied selbst gibt Hinweise auf seine Archäologie. Schon auf den ersten Blick lassen sich mehrere Elemente unterscheiden. Die ersten drei Strophen, mit ihrer geheimnisvollen Erzählung vom Rosenwunder, gehören offenkundig zusammen. Die Strophen 4–6 wechseln jedoch das Thema und lassen durch die Frage nach *Name*, *Täufer* und *Patengeld* das Bild einer Taufe entstehen. Die 7. Strophe liefert Theologie nach und beantwortet mit *Das hat gethan das Christkindlein* die Frage der Überschrift *Wer hat's gethan?* Überschrift und Schlußzeile bilden einen Rahmen, der nicht notwendig zum ursprünglichen Lied gehört haben muss. Daß die Strophen 4–7 eigenen Wesens sind, wird erhärtet durch eine metrische Beobachtung. Diese Strophen haben in den Verszeilen 1, 3 und 4 stets genau acht Silben mit regelmäßig abwechselnder Betonung. Die ersten drei Strophen jedoch sind viel freier gefügt. Die Verszeilen sind neun- bis elfsilbig, und die Betonungen sind ungeregelt wie bei Prosa (*Der hat sieben Jahre kein Laub getragen*). Die dadurch entstehenden Parlando-Effekte sind vom Knittelvers her bekannt und weisen versgeschichtlich weit zurück, in die Zeit vor den großen poetischen Innovationen der Barockzeit, ins 16. oder ins frühe 17. Jahrhundert. Die Verteilung der Silben auf die Noten muss in jeder Strophe anders erfolgen und erzeugt reizvolle Schwierigkeiten, deren Fehlen in den metrisch regelmäßigen Strophen 4–7 eine musikalische Versimpelung bewirkt.

Falls es sich, wie Haxthausen ferner angibt, um ein Wallfahrtslied gehandelt haben sollte (wofür es sonst keine Belege gibt), muß man sich vorstellen, daß die Zeilen 1, 3 und 4 jeder Strophe Vorsängersache waren und das Volk lediglich die Kehrverse sang. Wallfahrtslieder neigen naturgemäß zur Aufblähung, weil viel Zeit gefüllt werden muß. Es könnte dann gut sein, daß 4–7 solche Füllstrophen waren und daß es zusätzlich zu oder anstelle von 4–7 weitere oder andere Füllstrophen gegeben hat. Hier hätte das Lied einen variablen Bereich. Die Strophen 1–3 hingegen haben in ihrer bildlogischen Abfolge etwas Zwingendes, das kaum Variation zuläßt. Haben sie den ursprünglichen Kern des Liedes gebildet?

Wort und Weise

Haxthausens Melodieangabe «im Eichsfelde gebräuchlich» deutet auf eine Region südöstlich von Göttingen, eine katholische Insel im dominant protestantischen Nord- und Mitteldeutschland. Melodien sind oft sehr überlieferungsstabil, ganz besonders in einer solchen Insellage. Wenn die Melodie eigens zu diesem Text geschrieben worden wäre und von Anfang an mit ihm verbunden gewesen wäre, dann ließe sich vom Alter der Melodie auf das des Textes schließen. Freilich sind auch für diese Melodie keine Belege vor Haxthausen nachweisbar. Wilhelm *Bäumker oder Joseph *Gotzen hätten sie vermutlich gefunden, wenn es sie gäbe. Sie steht in g-Moll und im 4/4-Takt, was eher gegen als für ein hohes Alter spricht. Wenn die Melodie erst später dazukam, könnte sie sich den Text auch passend zugerichtet haben. Vielleicht war der Ausgang ein Prosatext, und die Zeilenverdoppelungen entstanden erst der Melodie wegen? Vielleicht war auch «ohne Schmerzen» ein Zusatz, des Reimes wegen? Denn außer *Herzen – Schmerzen* sind die Reime teils identisch, teils unvorhanden. Vielleicht stand am Anfang eine Mini-Legende in Prosa: «Maria ging durch einen Dornwald, der hatte sieben Jahre kein Laub getragen. Was hat Maria unter ihrem Herzen getragen? Ein kleines Kindlein. Da haben die Dornen Rosen getragen, als das Kindlein durch den Wald getragen wurde.» Strukturiert wird dieses anmutig holpernde Gebilde durch das viermalige «getragen», das sich auf Laub, auf Rosen und zweimal auf das Kindlein bezieht.

Die Melodie hätte dieses lockere Gebilde dann in eine strenge Ordnung gezwungen. Sie verlangt dreimal fünf Zeilen, nach dem Muster: Knittelvers gereimt (8–11-silbig)/ Kyrieleison/ Knittelvers gereimt/ Knittelvers gereimt/ Jesus und Maria. Sie verlangt von den Knittelversen (die dem ihrer Natur nach widerstreben), daß sie sich dem folgenden metrischen Schema fügen:

aáaáaáaá
áaáa
aáaáaáaá
aáaáaáaá
áaáaáa

Torso

Da diese Strophenform (oder wenigstens eine ganz ähnliche) überhaupt erst seit 1770 belegt ist (*Handbuch der deutschen Strophenformen, Nr. 5.3), stammt die Melodie vielleicht doch erst aus den Jahrzehnten vor oder nach 1800. Wenn die Zurichtungstheorie stimmt, fand der Mensch, dem sie eingegeben wurde, vielleicht ein Ordensbruder oder eine Klosterfrau oder ein frommer Schullehrer im Eichsfeld, der gerade an einem Krippenspiel arbeitete, *Maria durch ein Dornwald ging* als Knittelversgedicht oder als Mini-Legende vor und paßte die wenigen Zeilen an die Noten an. Eine andere Person, vielleicht eine, die Wallfahrten liturgisch auszugestalten hatte, könnte später die regelmäßig gebauten Zusatzstrophen beigefügt haben.

Archivalisches Gewühle

Es gibt also viel Raum für Spekulationen. Der nächste logische Schritt ist die Suche nach den Quellen, aus denen Haxthausen geschöpft hat. Die zu seiner Liedersammlung gehörenden Nachlaßteile sind erhalten – ein viele tausend Blatt umfassendes Sammelsurium von Schnipseln, Zetteln, Blättern, Heften, Konvoluten mit Abschriften, Notizen, Entwürfen und Verzeichnissen aller Art.

Das Dornwaldlied begegnet in diesem Material in vier stark voneinander und vom Druck abweichenden Handschriften, in zwei Verzeichnissen und in einem Text von fremder Hand. Es entsteht ein verändertes Bild; jedenfalls können eine Reihe von neuen Vermutungen entwickelt und begründet werden.

Die Entscheidung, den *Dornwald* in die *Geistlichen Lieder* aufzunehmen, muß demzufolge ein Problem gewesen sein, denn das Lied findet sich nur auf einer einzigen der zahlreichen Listen, und dort ist es mit Bleistift nachgetragen als Nr. 195b. Wahrscheinlich fiel die Entscheidung erst in der letzten Arbeitsphase. Die vorhandenen Handschriften wären dann ebenfalls erst in das letzte Jahrzehnt vor Erscheinen, also in die 1840er Jahre zu datieren. Ältere Quellen finden sich im Nachlaß tatsächlich nicht, so daß sich für die These, das Lied oder wenigstens seine Melodie seien erst im 19. Jahrhundert entstanden, Pluspunkte ergeben. Nach der Handschriftenlage besteht jedenfalls kein Grund, das 19. Jahrhundert nach rückwärts zu verlassen.

In zwei Handschriften fehlt die dritte Strophe mit dem Rosenwunder, also ausgerechnet diejenige, die heute als Zielstrophe erscheint. Das läßt den Schluß zu, daß die damalige Optik etwas anderes im Visier hatte. Eine genaue Musterung der Blätter läßt langsam erkennen, worum es ging. Bei den vier Handschriften handelt es sich zum ersten um einen Zettel A, der nur fragmentarisch die Strophen eins und zwei (gemessen an der Zählung im 1850er Druck) enthält. Zum zweiten existiert ein mit «Die verborgene Herrlichkeit Gottes» überschriebenes Blatt B mit sieben Strophen (1, 2, 5, 4, 6), darunter zwei, die im Druck fehlen: *Wer soll dem Kind sein Vater sein/ Kyrieleison/ Das soll der heilige Joseph sein* etc.,

Stilleben aus Liedhandschriften

und *Wer soll dem Kind sein Pathe sein/ Das sollen die zwölf Apostel sein* etc. Die Herkunftsangabe «Bökendorff» verweist auf den Geburtsort und Familiensitz derer von Haxthausen. Am Ende eines Konvoluts verbirgt sich Handschrift C, überschrieben «Wallfahrts-Gesang», mit zweistimmig gesetzter Melodie, gestellt zur Schlußstrophe *Wer hat erlöst die Welt allein*, und dem Strophenbestand 1, 2, 3, 4, 6, 7 (als erste Strophe).

In *Haxthausens Anthologie folgt auf den Dornwald-Gesang dessen zweite Strophe (*Was trug Maria unter ihrem Herzen*) als eigenes Lied mit eigener Melodie und neuem Kehrvers (*Schönste Maria*), gefolgt von Taufstrophen nach dem Dornwaldmuster («Name», «Pflegvater», «Pathe», «Pathengeschenk»). Es ist auch handschriftlich vorhanden (D, nur Melodie und erste Strophe). Man kann daraus schließen, daß das Tauflied ein Eigenleben hatte und auch ohne die Dornwaldlegende auskam. Vermutlich ist es aus dieser entsprossen. Dann wäre die zweite Strophe das Scharnier, das zwischen den beiden unterschiedlichen Teilen des Liedes vermittelt.

Jedenfalls geht es bei dem von Haxthausen überlieferten Gebilde offenkundig um die Taufe. In einer handschriftlichen Liste ist das Wort «Taufe» ausdrücklich neben dem Liedinitium notiert. Gemeint ist damit die Taufe Jesu, und zwar nicht die im Evangelium erzählte Erwachsenentaufe durch Johannes im Jordan, sondern eine im Volksbrauchtum imaginierte Säuglingstaufe. *Mit Namen soll es Jesus heißen*, verlangt eine Strophe in Handschrift B.

Damit läßt sich der liturgische Ort des Liedes bestimmen. Auf die Geburt des Herrn folgen nach dem Lukasevangelium acht Tage später die Beschneidung und die Namensgebung Jesu, die am 1. und 2. Januar gefeiert werden. Einer Handschrift ist zu entnehmen, daß das Lied «Am Silvester Abend» gesungen wurde, auf Neujahr also – wobei das liturgische Jahr vom bürgerlichen Jahreswechsel keine Notiz nimmt, sondern einen Bogen großer Feste von Weihnachten bis Dreikönig im Auge hat. Ansingelieder, wie es sie noch heute am Dreikönigstag gibt, spielen in diesem Festkreis eine große Rolle. Meistens wurde dabei eine Spende abkassiert. Das Dornwaldlied wurde von den «Frauen und Mädchen des Dorfes», wie die Handschrift ausdrücklich vermerkt, unter dem Fenster oder an der Tür gesungen. *Maria durch ein Dornwald ging* war in jener Zeit ein Ansingelied zum Namen-Jesu-Fest. Von der Patengeld-Strophe mochte eine Eselsbrücke zur Spendenbitte geführt haben.

Wer hat's getan?

August von Haxthausen hat das Rosenwunder-Lied komplettiert und das Taufe-Jesu-Lied geordnet. Vielleicht hat er auch beide erstmals in dieser Form zusammengefügt. Vielleicht war ja gar nicht das Dornwaldlied, sondern das Namen-Jesu-Lied zusammen mit der Melodie zuerst da. Vielleicht hat Haxthausen dem Ansingelied zum Namen-Jesu-Fest, von dem ihm Fragmente aus dem Eichsfeld zugekommen sein mögen, die Legende von der schwangeren Maria im Dornengestrüpp vorangestellt. Eigentlich passen die Teile nicht nahtlos zusammen. Zwischen Schwangerschaft und Taufe klafft sachlich eine Lücke: die Geburt bleibt ausgespart. Steht der Rosenwunder-Prolog für sich allein, vermisst man die Geburt nicht mehr. Man deutet dann österlich. Im Bild der als Rosen erblühenden Dornen wird ganz unscheinbar ein anderer Bogen geschlagen: vom Advent hin zur Auferstehung. Die Hoffnung auf Erlösung hat das letzte Wort. Namen-, Täufer- und Patengeld-Strophen wirken da eher störend, und es hat seine künstlerische Richtigkeit, daß sie verlorengingen.

Genau genommen war «August von Haxthausen» ein Kollektiv. Der Gutsherr war das Haupt eines großen Familien- und Freundeskreises, zu dem die Brüder Grimm, Annette von Droste-Hülshoff, Marianne von Willemer, Joseph von Görres und viele andere begabte Leute zählten. Die wenigen Lieder, die wirklich aus mündlichen Quellen stammen, mögen mit diesen Experten aus dem Spätromantikerkreis beraten worden sein. Beim abendlichen Singen mag gebastelt und gebessert worden sein. Aus vorgefundenen Elementen aus dem Eichsfeld wurde ein raffiniert-naives Kunstlied gemacht. Das «Volk» hatte derlei nicht zu bieten. Das Volk schrieb auch keine vierstimmigen Sätze wie August von Haxthausen, dessen Hauptehrgeiz bei den Melodien lag. Durch sie sollte sich sein Werk von anderen Volksliedanthologien unterscheiden, insbesondere von der berühmten, aber melodienlosen Sammlung *Des Knaben Wunderhorn. Manch ein Lied ist demnach von Haxthausens Freundeskreis aus zuerst hinausgegangen und Jahre später als «Volksmund» zurückgekehrt. Annette von Droste-Hülshoff sollte dem Volk im Münsterland Lieder ablauschen. Das Ergebnis beschreibt sie in einem Brief:

> Deinen Auftrag, lieber August, betreffend die Wallfahrts- oder Arbeiterlieder frommen Inhalts, habe ich auszurichten gesucht und deshalb allen alten Weibern des Kirchspiels die Cour gemacht. Dennoch war der Erfolg so gut wie gar keiner, da die drei oder vier derartigen Lieder, die mir gleichsam zufällig wie verflogene Kanarienvögel in die Hand fielen, sogleich von Mama für echte Paderbörner erkannt wurden, die sie hundertmal in Bökendorf gehört; wirklich waren sie hier nicht allgemein, sondern immer nur einer einzelnen Person bekannt, die sie mal mochte von einer paderbörnischen Magd gelernt haben, und ich muß bekennen, daß mein gutes Münsterland sich dieses Mal als echt dürre Sandsteppe ausgewiesen

> hat; sonderbarerweise haben diese frommen Leutchen überhaupt nicht halb soviel gottselige Poesien oder auch nur ernste Poesien als Euer Janhagel. (Rüschhaus, 29. August [1840])

«Euer Janhagel», also die paderbornische Sippschaft, war offenkundig produktiv. «Bökendorf» erschuf Lieder und verbreitete sie. Das wäre eine Erklärung dafür, warum auch sehr breit angelegte Untersuchungen (Siuts) keine älteren Belege für das Dornwaldlied aufstöbern konnten. Es handelt sich offenbar nicht um altes, sondern um romantisch erneuertes Ansingebrauchtum, um Folklore, die ihre partielle Künstlichkeit vergessen hat.

Der wirkliche Ursprung des Liedes läßt sich derzeit nicht klären. Ob und wann es da einen talentierten Lehrer und ein Krippenspiel gab, ob da zuerst eine Melodie, zuerst ein Dornwaldlied oder zuerst ein Namen-Jesu-Lied war, und wie und wann und in welchen Stufen diese Elemente oder ihnen vorausliegende Fragmente zusammengefügt worden sind, ob dem «Volk» im Eichsfeld oder Haxthausens Romantikerkreis oder einer Einzelperson der Lorbeerkranz zu reichen ist, muß offenbleiben.

Maria

Maria durch ein Dornwald ging… Man erfährt eigentlich nichts von ihr. Sie ist unbestimmt und dabei höchst wandelbar. Im Ansingelied hat man sie sich wohl als eine dörfliche Frau vorzustellen, der es geht wie anderen Frauen auch, wenn sie eine Taufe ausrichten müssen. Im Wanderlied hingegen ist sie eher eine hohe Frau, eine rosengeschmückte Marienikone des Jugendstils. Im Schmerzenslied steht das Bild vom Dornenwald in der Mitte. Bei Frauke Striegnitz ist Maria die zerbrochene Mutter zerstückelter Kinder. Im Kirchenlied ist sie die Mutter Gottes, die das Christkind unter dem Herzen trägt.

Die Maria vom Dornwald bleibt ungreifbar, aber allfähig, eine Symbolfigur, der keine feste Bedeutung zugeordnet ist. Wir bewegen uns im Zeitalter und Bannkreis der Romantik. «Alles kann Mittler sein», be-

Ich sehe dich in tausend Bildern,
Maria, lieblich ausgedrückt,
Doch keins von allen kann dich schildern,
Wie meine Seele dich erblickt.
Ich weiß nur, daß der Welt Getümmel
Seitdem mir wie ein Traum verweht,
Und ein unnennbar süßer Himmel
Mir ewig im Gemüthe steht.
(Novalis)

fand Novalis (*Blütenstaub*, Nr. 74), und stellte Christus kühn mit seiner Geliebten gleich (*Journal*, 20. Juni 1797). In kirchlichen Kreisen hatte man dafür den Vorwurf «Pantheismus» bereit. Verdikte der Kirchen gegen Pantheismus, Subjektivismus, Relativismus, Ästhetizismus, Fideismus, Traditionalismus, Protestantismus, Ultramontanismus hagelten auf die poetische und religiöse Produktion der Romantiker nieder und deckelten sie. Die Poesie war weit, die kirchliche Zensur beider Konfessionen eng. Das Ergebnis war Drittrangigkeit. Man hofierte den verschiedensten kirchlichen Sonderdichtern, aber bis heute findet sich (mit geringen Ausnahmen) kein Lied von Novalis oder Brentano oder Eichendorff oder Droste-Hülshoff in den großen Massengesangbüchern. Nur gelegentlich, wie im Falle des Dornwaldlieds, quillt große Poesie an der Deckelung vorbei und findet mit anderthalb Jahrhunderten Verspätung auch in die kirchliche Praxis. Vielleicht gelingt das irgendwann auch dem Marienlied des Novalis noch. Es findet sich, ohne Autor und offenbar dem «Volk» zugeschrieben, auf einem der zerfressenen Zettel in der Haxthausenschen Sammlung.

Quellenverzeichnis

*Zupfgeigenhansl, *Spielmann, *Singeschiff, *St. Georgs-Liederbuch, *Erk/Böhme, *Haxthausen, *Des Knaben Wunderhorn, *Andernach 1608, *Gotteslob 2

Die Prinzen: Festplatte (CD). Berlin: Musik GmbH 1999, Lied 3: Maria durch ein Dornwald ging.

Frauke Striegnitz: Maria durch ein Dornwald ging. Ein Film. Kunsthochschule Kassel 2008. (http://www.dailymotion.com/video/x6mi4u_maria-durch-ein-dornwald-ging-frauk_creation)

[Else, Gertrud und Erika] Christaller: Jugenheimer Liederblatt. [Jugenheim um 1910].

*Handbuch der deutschen Strophenformen

Hinrich Siuts: Die Ansingelieder zu den Kalenderfesten. Ein Beitrag zur Geschichte, Biologie und Funktion des Volksliedes. Göttingen: Verlag Otto Schwartz & Co. 1968.

Annette von Droste-Hülshoff: Historisch-kritische Ausgabe. Hrsg. von Winfried Woesler, Band IX,1. Briefe 1839 – 1842. Tübingen: Max Niemeyer Verlag 1993, Brief vom 29. August 1840.

Der Nachlass von August von Haxthausen, welcher auch Material zu der Sammlung «Geistliche Volkslieder» enthält, ist Teil des Nachlasses Schulte-Kemminghausen. Er wird in der Universitäts- und Landesbibliothek Münster verwahrt. Die zitierten Blätter befinden sich in den Kapseln 3, 4, 6 und 7 dieses Nachlasses.

Ave Maria zart

Echo

Maria ist im Dornwald unserer Gegenwart geheimnisvoll präsent und doch verfließend, ohne genaue Kontur. Das war einmal anders, vor Jahrhunderten. Johann Georg Braun, 1658 Chorleiter in Eger in Böhmen, an der Goldenen Straße von Nürnberg nach Prag gelegen, hatte eine genaue Vorstellung von der Gottesmutter und zugleich von der Haltung, in der sie zu verehren sei. Er wünscht sich, daß sein Singen ein Echo der Himmelschöre sei. Er horcht erst nach oben und dann singt er zurück nach oben, das Gehörte wiederholend.

Die Seele singt

Dort sieht er Gottvater sitzen (in der Linken die Weltkugel, die Rechte weisend erhoben), ihm gegenüber den Sohn (mit dem Kreuz) und in der Mitte den Heiligen Geist als Taube, um sie herum, in ihrem Strahlenkranz, auf Wolken gelagert, ein unermeßliches Heer musizierender Engel. Ein Spruchband verbindet sie mit der singenden Seele, die mit ihnen sagt: «Semper laus eius in ore meo» – Stets ist sein Lob in meinem Mund.

Die Seele ist an einem einsamen Ort. Sie kniet in einem wilden Wald, horcht und singt.

Ihre Haare sind lang und lockig, sie ist von weiblicher Art. Sie stellt allegorisch die Kirche dar. Die Vorrede erklärt: «Denn das Lobgesang der allhier streitenden Kirchen/ ist ein Echo/ oder Nachklang der himmlischen Melodi/ welche unaufhörlich gehöret wird vor dem Stuhl GOTTES/ und des Lamms.» Und deshalb gilt, so erläutert die Vorrede weiter, der Gesang sei «ein Trost jedweder Seelen/ so lang sie in diesem sterblichen Cörper gleichsam eingeschrencket/ im Thal der Zäher wandern muß.» Was hört Frau Kirche im Tränental? Worauf lauscht sie, was echot sie? Sie singt leise, was ihr die Engel soufflieren:

Ave Maria zart/
du edler Rosengart/
Lilien weiß ganz ohne Dornen :/:
Ich grüße dich zur Stund/
mit Gabrielis Mund/
Ave die du bist voller Gnaden.

Ave Maria – ich höre und singe, feierlich grüße ich dich. *Zart* bist du, lieblich und kostbar. Ein *edler Rosengart* bist du. Warum bist Du ein Garten voller Rosen? Und trotzdem *lilienweiß*? Was meint ihr damit, ihr Engel? Ein Königssohn erscheint mir, der seine dunkelhäutige Braut besingt: «Eine Lilie unter Dornen, so ist meine Freundin unter den Mädchen.» (Hld 2,1 f.) Maria, auch du bist eine Lilie. Du bist weiß und schön. Aber du bist auch eine Rose, du bist sogar ein ganzer Zaubergarten voller prächtiger Rosen. Lilie und Rose zugleich. Aber, das sagt mir ihr Engel, was bedeutet *ohne Dornen*? Bedeutet es: ohne Schmerzen, ohne Sünden, ohne Makel, ohne Schaden, ohne das Weh und Ach des Lebens? Mehr noch? Ein Wunder? Daß du Mutter wurdest ohne den Schmerz der Geburt und ohne einen zeugenden Mann? Daß der Heilige Geist dich überschattete? Daß du als Tochter des Vaters und Mutter des Sohnes und Braut des Geistes nun verwandt bist mit der göttlichen Familie über den Wolken? Daß der Verzicht auf einen irdischen Mann damit mehr als ausgeglichen ist? Daß die Jungfräulichkeit deshalb kein Mangel ist, sondern ein Vorzug und ein gewaltiges Glück?

Die Seele lauscht: Sie schlüpft in die Rolle des Erzengels Gabriel. Das weitet sie. Sie hat jetzt ein Engel-Ich, das sagt: *Ich grüße dich zur Stund mit Gabrielis Mund.* Ja, es war ein großer Moment, als ich nach Nazareth kam und dich grüßte: *Ave die du bist voller Gnaden.* Das muß dir durch und durch gegangen sein, tief in die Seele und den Leib hinein. Du, unter allen Menschen du, solltest den Sohn Gottes zur Welt bringen. Ich erinnere mich noch gut, was weiter geschah, und spreche es nach mit Erzengelstimme:

Ich grüße dich zur Stund

Du hast des Höchsten Sohn/
Maria rein und schön/
in deinem Leib verschlossen gtragen :/:
Jesum das liebe Kind/
so da die Sünder blind/
errettet hat aus allem Schaden.

Du wurdest schwanger! Du trugst *des Höchsten Sohn* in deinem *Leib verschlossen*! Das klingt seltsam. Schwanger bist du und dennoch *verschlossen*, wie die Braut des Königssohns, von der im Hohenlied gesagt wird: «Meine Schwester, liebe Braut, du bist ein verschlossener Garten, eine verschlossene Quelle, ein versiegelter Born.» (Hld 4,12) Eine abgeschirmte Lebensspenderin bist du also, hinter Mauern verborgen, versteckt und geheimnisvoll – eine unberührte Schwangere, ganz *rein* und aus Reinheit *schön*, unantastbar und verlockend zugleich. Er muß dich sehr geliebt haben, dieser Gott, der auf so wundersame Weise in dir und durch dich Mensch werden wollte.

Das Kind, das du da in dir getragen hast, hat dann einen großen Auftrag erfüllt. Jesus, *das liebe Kind*, hat die *Sünder blind* aus *allem Schaden* gerettet. Das geschah auf mysteriöse Weise, ich begreife es nicht ganz, ich bin nicht mehr Engel, ich bin wieder die einsame Seele im wilden

Wald. Während die Sünder noch mit Blindheit geschlagen waren und ihre Erlösungsbedürftigkeit verdrängten, kam durch dich ganz still und leise derjenige, der sie aus *allem Schaden* befreit hat. Hinter dem Wort «Schaden» verstehe ich die jedem einzelnen Menschen auferlegte Unvermeidbarkeit des Bösen, den Erbschaden, der zurückgeht auf den Sündenfall. Ich erkenne: «Maria, auch deinetwegen darf ich auf Erlösung hoffen.» Aber wie? Aber wann? Aber warum? Aufmerksam lausche ich auf das, was die himmlischen Chöre auf ihren Wolkenpolstern nun erzählen über die Geschehnisse einst im Paradies am Baum der Erkenntnis. Der Zeitkreis weitet sich ein drittes Mal.

Durch Evae Apfel-Biß/
Gott uns verstoßen ließ/
und sollten sein ewig verloren :/:
Da ist Göttliches Wort/
JEsus dein Söhnlein zart/
zu unserm Heil ein Mensch geboren.

Es ist eine bittere Erinnerung. Wir liebten das Paradies. Aber größer noch war die Lüsternheit. Sieh: Eva hat gerade von der verbotenen Frucht gegessen, ein Apfelbiß mit Folgen. Mit dieser kleinen Tat, verführt von der großen Verlockung – *Eritis sicut Deus, scientes bonum et malum* – nahm das Unheil seinen Lauf, erinnert sich die Seele. Ja, es war so wie die Engel singen, deswegen hat Gott das ganze Menschengeschlecht aus dem Paradies vertrieben. Deshalb sind Sünde, Not, Leid, Schmerz und Tod in die Welt gekommen. Aber mit dir, Maria, kam dann auch Hoffnung. Es fügte sich gut, daß EVA von hinten nach vorn gelesen AVE heißt. Mußte nicht ein Plan hinter diesem Buchstabenspiel stecken?

Mit dem «Ave» hat Gott Evas Tat rückgängig gemacht. Du bist die neue Eva, die *Göttliches Wort* zur Erlösung aller Menschen gebären soll. Es ist dann ganz einfach zu erklären, was es heißt: «Das Wort ist Fleisch geworden.» (Joh 1,14) Du hast ein Baby bekommen, gezeugt mit jenem «Ave». Mit deinem lieblichen und kostbaren *Söhnlein zart* kehrt das Heil zurück in die erlösungsbedürftige Welt.

Maria, Evas Sünde wiedergutmachend

Die Seele bekommt große Augen. Ein neues Bild öffnet sich, in unermeßliche Tiefen reichend wie eine Zaubergrotte, in unermeßliche Höhen wie ein Himmel. Die Engel singen etwas von einem Geschehen, das die geschichtliche Zeit verläßt und auf der großen Mysterienbühne spielt. Die Seele singt nach, was ihr die Chöre flüstern:

Durch sein kostbares Blut/
ist des Satanas Mut/
gestürzt/ der Höllen Pfort zerbrochen :/:
durch sein fünf Wunden rot/
und sein schmerzlichen Tod/
des Tods und Teufels Trutz gerochen.

Uns Menschen erlösen, wie war das möglich? Die Geburt des Kindes allein war nicht genug. Es mußte sein Leben wieder hergeben. Erst durch *sein kostbares Blut* wird der Hochmut des Satans *gestürzt* und werden die Pforten der Hölle *zerbrochen*, wird der Kerker geöffnet und werden die Gefangenen befreit. Nur durch *sein schmerzlichen Tod* am Kreuz, nur *durch sein fünf Wunden rot*, oh Weh, nur durch die durchstochenen Hände und Füße sowie den Lanzenstich in die Seite kann dem

Trotz des Teufels vergolten werden. Ich arme Seele im wilden Wald stelle mir das vor als heiligen Handel, der bezahlt wird mit einem Opfer. Die Auferstehung ist der Sieg über den Tod und den Teufel. Jesu Leiden und Sterben ist das Pfand, mit dem wir ausgelöst werden, er-löst, zurückgekauft.

Die Bühne wandelt sich erneut, die Zeitenuhr ist nach langem Lauf zum Stillstand gekommen, ich sehe nun Jesus auf dem Richterthron, seine Mutter neben ihm, wir alle vor ihnen anstehend in langer Reihe.

Darum/ O Mutter mild/
befehl uns deinem Kind/
bitt daß er unser Sünd verzeihe:/:
Endlich nach diesem Leid/
die ewig Himmels-Freud/
durch dich Maria uns verleihe/ Amen.

Die Engel flüstern, die Seele singt, wir singen mit, denn Frau Kirche, das sind wir alle. Wir sind verstorbene Menschenkinder. Du bist unsere *milde Mutter*. Du willst bei deinem Sohn für uns eintreten. Jeder einzelne von uns wird dich am Ende aller Zeit brauchen, wenn das Jesuskind die Welten richtet. Der Richter ist streng. In dieser Stunde sei bei uns Maria. Du mußt unsere Anwältin sein. Du bist ganz Mensch, nicht halb Gott wie dein Sohn. Sei unsre Mittlerin. Du mußt für uns Vergebung erbitten, damit uns, nachdem wir das Jammertal des irdischen Lebens hinter uns gelassen haben, die *ewig Himmels-Freud* verliehen werden kann.

Typologie und Mythologie

Werfen wir einen Blick zurück auf dieses Gebilde. Aus der heutigen Sicht scheint es absurd. Wegen einem Apfelbiß soll all das Leid gekommen sein? Und dieser Kuhhandel um die Erlösung, daß des *Teufels Trutz* nur *gerochen* (gerächt, vergolten) werden kann durch den Tod des Gottessohns! Was ist denn das für eine skurrile Mythologie?

Wir müssen die Frage umdrehen. Erst waren da immer schon Sünde, Leid und Tod. Dann entstand, auf der Suche nach der Ursache, im zweiten Jahrtausend vor Christus eine ätiologische Legende, die einen Ursprung (griechisch *aition*) für das Böse gesucht und gefunden hat: die Verführung Evas durch den Satan. Auf diese Geschichte ließ sich nun jede böse Erfahrung rückbeziehen. Das bisher Unverstandene läßt sich jetzt in einen Zusammenhang einordnen. Es erhält bildliche, sprachliche und rituelle Kontexte, die als «Sinn» erlebt werden. Die mythischen Geschichten bieten Typen an, in denen sich Späteres wiedererkennen kann, indem es Früheres vergegenwärtigt: *Ich grüße dich zur Stund.* Die neutestamentliche Spiegelung der alttestamentlichen Erzählung beläßt es nicht bei der Vertreibung aus dem Paradies, nicht bei der Endgültigkeit von Leid und Tod, sondern öffnet die verschlossene Pforte wenigstens als Hoffnung. Das *Ave* nachzuspielen bedeutet, den Traum von der Versöhnung zu träumen, der jede Humanisierung speist. Die Mythologie muß als Typologie gehandhabt werden, als Vorrat prototypischer Abläufe, die Sinnhorizonte bereitstellen. Und auch wenn uns dieses typologisch-theologische Denken heute fremd und wunderlich erscheint, so folgt es doch einer strengen Logik. Maria steht am Anfang des Erlösungsgeschehens. Erst durch sie wird das Wort Fleisch. Ihre Bedeutung ist außerordentlich, ihr ganzes Sein einzigartig und wundersam. Je tiefer und konkreter man sich hineindenkt in das, was Maria da von Gott aufgegeben wurde, desto größer werden das Staunen und die Bewunderung. Es ist Grundlage der tiefen Verehrung, die ihr zuteil geworden ist.

Das Egerische Gesangbuch

Das Gesangbuch für *Eger (heute Cheb in Tschechien) wurde 1675 gedruckt in Sulzbach in Bayern, in der Oberpfalz in der Nähe von Nürnberg, rund 80 km von Eger entfernt. Wie kommt das? Die Pfalzgrafschaft Pfalz-Sulzbach war eines der über dreihundert politischen Gebilde, die damals das deutsche Reich ausmachten – ein winziges, selbst noch einmal in vier Stücke zersplittertes Gebiet im Vergleich zu den riesigen Flächenstaaten, zu denen das Königreich Böhmen gehörte.

Seit der Reformation hatte das Städtchen sieben Mal die Konfession wechseln müssen. Um 1675 war Sulzbach evangelisch, mit Freiheiten für

Katholiken, und hatte einen kunstsinnigen Fürsten, der Literaten – darunter Christian Knorr von Rosenroth –, Verleger – die berühmte Verlegerfamilie Endter betrieb eine Filiale in Sulzbach – und Drucker – darunter Abraham Lichtenthaler und weitere gut vernetzte jüdische Familien an seinen Hof zog. Sulzbach war damals ein renommierter Platz und ein angesehener Druckort für das Egerische Gesangbuch. Außerdem gehörte Eger wie Sulzbach zu den Kleinen im Reich, die gegen die Großen zusammenhalten mußten. Eger, so schreibt Zedlers Universallexikon im achten Band von 1734, hat «vor denen andern Land-Ständen in Böhmen jederzeit etwas besonders gehabt.» Die Stadt hat, obgleich katholisch, in ihrer Verfassung eine gewisse Ähnlichkeit mit den großen evangelischen Bürgerstädten des Nordens, mit Lübeck etwa. «Ihr großer Rath bestehet aus 100 Personen, darunter 19 aus denen alten Geschlechtern der Stadt, und aus diesen 4 Bürgermeister, die alle Quartal abwechseln, erwählet» werden.

Die Hauptstadt der «Reichspfandschaft Egerland» war seit dem Hochmittelalter reichsunmittelbar, sympathisierte zeitweise mit dem Luthertum und wurde im Dreißigjährigen Krieg wieder rekatholisiert. Das Gesangbuch bewahrt Spuren dieser Geschichte. Erst einmal ist es überhaupt eine quasi protestantische Idee, daß es ein Egerisches Gesangbuch gab. Katholische Städtegesangbücher waren nicht üblich. Auch blieben im Egerischen Gesangbuch einige Highlights aus der evangelischen Zeit in Erinnerung (z. B. *Wie schön leuchtet der Morgenstern*). Ferner fällt auf, daß die Stadt Eger einen «Chor-Regenten» hat. Dieser widmet sein Buch, auch das eine Seltenheit im katholischen Bereich, «Denen Wol-Edlen/ Gestrengen/ Hochweisen und Hochgelehrten Herren» – und dann zählt er die vier Bürgermeister auf –, und fährt

Eger und Sulzbach im Alten Reich

fort mit «Denen Edlen/ Ehrenvesten/ Hochgelehrt/ Fürsichtig und Wolweisen/ insgesamt Herren Herren Rahts-Männern der löblichen Stadt Eger.» Auch die 15 Ratsherren werden einzeln beim Namen genannt. Der fünfzehnte ist des Chor-Regenten Schwiegervater, so daß wir annehmen dürfen, daß Braun einen gewissen Einfluß hatte. Der Titel des über 600 Seiten starken Buches lautet in voller Länge:

Echo Hymnodiae Coelestis,
Nachklang der himmlischen Sing-Chör
das ist/
Alte/ und Neue
Catholische
Kirchen-Gesänge/
Auf die fürnehmste Zeiten deß gantzen
Jahrs/ wie auch Fest-Täge der gebenedeyten
Mutter Jesu/ und etlich anderer
Heiligen GOttes.
Aus approbirten Authoren der
Catholischen Kirchen zusammen ge-
tragen/ mit neuen Gesängern
vermehret:
Und
zum Geistlichen Trost
Aller andächtig-Catholischen Christen/
zum nutzlichen Gebrauch der Herren Schul-
und Kirchen-Bedienten allenthalben/ bey denen
gehaltenen GOttesdiensten und Wallfahrten/
mit annehmlichen Melodeyen/ zum Singen
und Schlagen/ aufs fleissigste
gestellet.
Von
JOANNE GEORGIO Braun/
von Ubthal/ Chor-Regente in Eger.
Sultzbach/
Jn Verlegung Wolfgang Moritz Endters/ und
Johann Andreä Endters Sel. Erben.
Druckts Abraham Liechtenthaler.
Permissu Superiorum.
ANNO M. DC. LXXV

Johann Georg Braun, aus Ubthal gebürtig, einem heute unauffindbaren Ort, war Chorleiter an der Nikolauskirche zu Eger. Er bewohnte von 1659 bis 1678 ein stattliches Haus am Marktplatz, das er mit musikalischen Einkünften niemals hätte finanzieren können. Wahrscheinlich stammte er aus einer reichen Kaufmannsfamilie und betrieb das Musizieren nebenbei. Er starb 1678. Es ist ein städtisch bürgerliches Publikum, das er vor Augen hat und dem er etwas bieten muß. Deshalb sammelt er nicht nur «alte Kirchen-Gesänge», sondern komponiert und dichtet auch einige neue Lieder, darunter *Ave Maria zart.* Er gruppiert es zum Advent, schreibt aber darüber: «Dieses neu Liedlein kann nicht allein zu h. Advents- sondern zu aller Zeit/ nach belieben/ gesungen werden.»

Dreivierteltakt und Daktylus

583

**Gotteslob 1975*

Die innig feine und kunstvolle Weise eignet sich viel besser für Sologesang mit Saiteninstrumenten als für Massengesang mit Orgel. Daß Text und Melodie als Einheit entstanden sind, merkt man an der Konsequenz, mit der den musikalischen Höhepunkten metrische und inhaltliche entsprechen. Die Strophenform ist erlesen:

áaa áa á
áaa áa á
áaa áa áa áa
áaa áa á
áaa áa á
áaa áa áa áa

Es handelt sich um eine Schweifreimstrophe (Reimstellung aabccb), deren Zeilen jeweils aus einem Daktylus und zwei (Zeilen 1, 2, 4, 5) oder drei Trochäen (Zeilen 3 und 6) bestehen. Die musikalische Umsetzung folgt dem mit einem Wechsel von Dreivierteltakten (1, 2, 4, 5 plus die daktylischen Anfänge von 3 und 6) und Viervierteltakten (trochäische Hälfte von 3 und 6). Im Dreivierteltakt liegt die Hauptbetonung jeweils auf dem ersten Viertelschlag, im Viervierteltakt auf dem 1. und 3. Viertelschlag. Wenn man textliche und musikalische Metrik übereinander blendet (musikalische Betonungen fett, Taktwechsel mit Schrägstrich angezeigt), entsteht ein sehr konsequentes Gebilde:

áaa **á**a á
áaa **á**a á
áaa / **á**a **á**a **á**a
áaa **á**a á
áaa **á**a á
áaa / **á**a **á**a **á**a

Musikalisch unbetont bleibt von den metrisch betonten Silben jeweils nur der letzte (unvollständige bzw. durch eine Sprechpause zu vervollständigende) Trochäus der Zeilen 1, 2, 4 und 5. Das bewirkt, daß die Musik, betrachtet man die erste Strophe, über die Silben *zart*, *-gart*, *Stund* und *Mund* hinwegeilt, ohne ihnen eine größere Klangchance zu geben.

Ein anderes Hervorhebungsmittel ist die Tonhöhe. Der höchste Ton wird erstmals nach einem dreitönigen Aufstieg am Ende der zweiten Verszeile erreicht: *Rosengart*. Dem entsprechen in den Folgestrophen *rein und schön, Höchsten Sohn, verstoßen ließ, Satanas Mut* und *deinem Kind*. Danach folgt, der klassischen Kirchenliedmelodik ganz fremd, ein Oktavsprung nach unten (der die paradoxe Identität von Rose und Lilie markiert) und ein langsamer Wiederanstieg. Verszeile vier bringt den musikalischen Höhepunkt; er fällt (mehr oder weniger geschickt) auf die Zeilen *Ich grüße dich zur Stund, Jesum das liebe Kind, Da ist Göttliches Wort, durch sein fünf Wunden rot* und *Endlich nach diesem Leid.*

Braun war kein bedeutender Poet, aber er hatte eine Sternstunde, als er dieses Lied schrieb. Die Theologie ist ihm wichtiger als die künstlerische Qualität des Textes. Er nimmt kleinere Holprigkeiten in Kauf. Es gibt fehlende (*Dornen – Gnaden*) oder inkorrekte Reime (*gtragen – Schaden, mild – Kind*), wobei *Wort – zart* als Dialektreim («Wort – zort») noch durchgehen mag. Die poetische Form verselbständigt sich nicht. Braun ist kein Manierist. Die Makellosigkeit der Melodie trägt einen nicht ganz so makellosen Text in unvermutete Höhen. Die spätere Rezeption wird deshalb am Text noch einmal die Feile ansetzen.

Ohne Apfelbiß

Ave Maria zart – ein Komet am egerischen Gesangbuchhimmel, der erlischt, bevor er richtig zu strahlen begonnen hat? So scheint es zunächst. Im *Egerischen Gesangbuch von 1701, einem Buch, welches sich inhaltlich stark an Brauns *Echo* orientiert, ist *Ave Maria zart* noch einmal zu finden. Dann aber verliert sich seine Spur für gut 130 Jahre völlig. Und dennoch gehört es zu denjenigen Marienliedern, die in den Stammteil des *Gotteslob 1 von 1975 aufgenommen sowie unverändert in *Gotteslob 2 übernommen wurden und damit gegenwärtig zum offiziellen Kirchenliedkanon der deutschsprachigen katholischen Kirche zählen. Die in *Gotteslob 1 und 2 dem Lied beigegebene Quellenangabe suggeriert Originaltreue und verweist sowohl für die Melodie als auch für den Text auf «Johann Georg Braun 1675». Die Melodie entspricht der Weise aus Brauns *Echo* und könnte durchaus direkt aus der alten Quelle geschöpft worden sein. Aber der Text? Er lautet in den Gotteslob-Ausgaben:

1. Ave Maria zart,
du edler Rosengart,
lilienweiß ganz ohne Schaden,
ich grüße dich zur Stund
mit Gabrielis Mund:
Ave, die du bist voller Gnaden.

2. Du hast des Höchsten Sohn,
Maria rein und schön,
in deinem keuschen Schoß getragen,
den Heiland Jesus Christ,
der unser Retter ist
aus aller Sünd und allem Schaden.

3. Denn nach dem Sündenfall
Wir warn verstoßen all
Und sollten sein ewig verloren.
Da hast du, reine Magd,
wie dir vorhergesagt,
uns Gottes Sohn zum Heil geboren.

4. Darum, o Mutter mild,
befiehl uns deinem Kind,
bitt, daß es unser Sünd verzeihe,
endlich nach diesem Leid
die ewig Himmelsfreud
durch dich, Maria, uns verleihe.

Das wirkt auf den ersten Blick weitgehend originalgetreu. Aber hatte Brauns Dichtung nicht fünf Strophen? Und wo ist eigentlich *Evae Apfel-Biß* geblieben? Es lohnt sich, beide Texte einmal Strophe für Strophe und Wort für Wort zu vergleichen.

In Strophe eins ist lediglich ein einziges Wort verändert worden. Die *Lilie ganz ohne Dornen* ist der *Lilie ganz ohne Schaden* gewichen, weil *Schaden* sich im Gegensatz zu *Dornen* auf *Gnaden* reimt. Eine winzige poetische Verbesserung, könnte man meinen, und doch fällt so ein ganzes assoziationsreiches Bildfeld weg. Die Wendung *ganz ohne Dornen* ruft die Makellosigkeit der «Blume Maria» und das Wunderbare der dunkelhäutigen Geliebten aus dem Hohenlied herauf. Sie erinnert zugleich an den übergroßen Schmerz, der Maria, der lieben reinen Schönen, auferlegt worden ist. Diesen Doppelsinn hat der fehlende Schaden nicht. *Ohne Schaden* ist theologisch die Übersetzung des lateinischen *immaculata* und weist auf die Erbsündefreiheit Marias hin.

In der zweiten Strophe hielt man das dialektgefärbte *gtragen* für nicht mehr tragbar. Beim Versuch, eine korrekte hochsprachliche Form zu finden, wurde das Bild vom verschlossenen Leib durch ein neues ersetzt: *in deinem keuschen Schoß*. Damit wendet sich der Akzent weg von der Schwangerschaft hin zu der sexuellen Unberührtheit. Wir kommen später noch einmal darauf zurück.

In der zweiten Hälfte von Strophe 2 wird der Reim *Kind – blind* getilgt. Dadurch kommt der *Heiland* ins Lied. Der *Heiland Jesus Christ* erscheint als ein respektableres Subjekt als *Jesus, das liebe Kind*. Als stilistische Duftnote weht ein Theologenslang herein, mit dem auch die Grammatik abgeschmeckt ist. Die Gotteslob-Fassung formuliert substantivisch (*Heiland, Retter, Sünd*), Brauns Ursprungsgedicht formuliert verbal (*errettet*). Als ungewollter Nebeneffekt geht das abwechslungsreiche daktylisch-trochäische Versmaß des Originals verloren zugunsten eines standardisierten Jambentrotts, bei dem betonte und unbetonte Silben regelmäßig abwechseln: *den **Hei**land **Je**su **Christ**, der **un**ser **Ret**ter **ist** aus **al**ler **Sünd** und **al**lem **Scha**den*. Beim Singen entstehen dadurch negative Effekte – an Stelle von ***Je**sum das **lie**be Kind* liegt jetzt der stärkste musikalische Akzent auf ***den** Heiland **Je**su Christ*.

Die Tendenz zur theologischen Abstraktion setzt sich in der dritten Strophe fort. *Evae Apfel-Biß* wird ersetzt durch *Sündenfall*. Unauffällig verändert sich gleichzeitig auch das Subjekt des Satzes. *Gott uns verstoßen ließ* wird zu *Wir warn verstoßen all*. Gott als Täter wurde aus der Verantwortung entlassen. Es ist nun, als hätten wir uns selbst verstoßen.

In der zweiten Strophenhälfte irritierten die Bearbeiter wahrscheinlich die komplizierte Grammatik, das unreine Reimwort *zart* und das Diminutiv *Söhnlein*. Mit der Tilgung von *Wort* wird die starke Anspielung auf den Prolog des Johannesevangeliums preisgegeben. An ihre

Stelle tritt schablonenhafte Mariologie: *Da hast du, reine Magd, wie dir vorhergesagt…*

Das grandiose Mythenpanorama der ursprünglich vierten Strophe entfällt ersatzlos: der *Höllen Pforte* und des *Satanas Mut*, die *fünf Wunden rot* und des *Teufels Trutz*. Damit fehlt der ganze heilige Handel von Jesu Blut gegen Hölle, Tod und Teufel. Die fundamentale Logik des Liedes geht verloren. Das *Darum*, mit dem die letzte Strophe einsetzt, bezieht sich im *Gotteslob* nicht mehr auf des Gekreuzigten Sieg über Tod und Teufel, sondern nur noch auf seine Geburt. Kann diese Geburt allein dem Gottessohn bereits die Macht geben, uns die Sünden zu verzeihen? War nicht der Kreuzestod nötig? Legitimiert er nicht auch Jesu Richteramt und damit Marias Anwaltsamt? Die letzte Strophe setzt mit ihrem *Darum* den heiligen Handel voraus. Sie ist zwar im Wortlaut originalgetreu übernommen worden, hat aber mit dem Verlust der vierten ihre mythische Basis eingebüßt.

Viele dieser Eingriffe haben bereits eine längere Tradition. Von den *Gotteslob 1–Bearbeitern erfunden wurden lediglich zwei von diesen Abschleifungen: Es sind dies die blasse Formel *den Heiland Jesus Christ, der unser Retter ist aus aller Sünd und allem Schaden* in Strophe 2, sowie, von sinnentstellender Tragweite, die ersatzlose Streichung der ursprünglichen vierten Strophe. Die erste Änderung sollte dem «besseren Verständnis» dienen, die zweite erfolgte aufgrund «einiger veralteter Ausdrücke». So steht es im *Redaktionsbericht. Als «veraltet» galten offenbar Wendungen wie *Satanas Mut*, der *Höllen Pfort* oder des *Teufels Trutz*, vielleicht auch die Formulierung *Wunden rot*. Man sonderte sie einfach aus und mit ihnen die große mythische Erzählung von der Rettungstat Jesu Christi. Der Zeitgeist zensiert den Gesang der Engel.

Die dem *Gotteslob 1 vorausliegende Gesangbuchgeneration war bestimmt durch die Sammlung *Kirchenlied von 1938, der im Fall von *Ave Maria zart* die *Einheitslieder 1947 und die Diözesangesangbücher der Nachkriegszeit wortgleich folgen. Der Textbearbeiter von *Kirchenlied 1938 war Georg Thurmair. Er hat die *Dornen* getilgt. Er hat das Verspaar *göttliches Wort – Söhnlein zart* ersetzt durch *Da hast du, reine Magd, wie* *dir vorhergesagt, uns Gottes Sohn zum Heil geboren.* Seine Motive waren hauptsächlich poetischer Art. Er wollte die Reime versäubern. Die Amputationen sinntragender Gliedmaßen des Gedichtkörpers wurden als Kollateralschäden der metrischen und poetischen Reparaturarbeiten in Kauf genommen.

Georg Thurmair stammte aus der Jugendbewegung. Seine unmittelbaren Quellen waren Liederhefte der katholischen Jugend. *Ave Maria zart* findet sich denn auch (mit jeweils gleichem Text) sowohl im *Spielmann (zuerst in der vierten Auflage von 1922) als auch im *Jung-Volker (dritte Auflage von 1925) und im *Singeschiff (Erstauflage 1930). Der maßgebliche Bearbeiter dieser Versionen (es war der für die Rubrik «Geistliche Lieder» im *Spielmann* zuständige Paderborner Theologe und Chorleiter Hermann Müller) hatte den originalen Wortlaut zur Hand. Er leistet sich nur einen einzigen Eingriff: *in deinem keuschen Schoß getragen.* Das Motiv war hier sicher zunächst die Vermeidung der holprigen Elision *gtragen*, doch mit dem *keuschen Schoß* wurde auch ein folgenreicher neuer Akzent eingebracht. Er verweist auf eine weitere Quelle, die sowohl Georg Thurmair als auch Hermann Müller benützt haben: das Gesangbuch *O Christ hie merk!* von Guido Maria Dreves, zuerst 1885 in *Freiburg erschienen. Dreves hat vermutlich als erster den *keuschen Schoß* eingebracht. Außerdem wollte er Eva aus der Schußlinie nehmen. Bei ihm lautet der Anfang der dritten Strophe: *Durch Adä Sündenfall/ Wir war'n verstoßen all'/ Und sollten ewig sein verloren.* Georg Thurmair hatte nun die Wahl zwischen *Evae Apfelbiß* und *Adä Sündenfall*, zwischen *Gott uns verstoßen ließ* und *Wir warn verstoßen all.* Er entschied sich für einen Kompromiß, der dann bis zum *Gotteslob* in Geltung blieb: *Denn nach dem Sündenfall wir warn verstoßen all und sollten ewig sein verloren.*

Wiederentdeckt nach der 130jährigen Pause wurde das Lied 1833 von Ludwig *Aurbacher, einem Dichter der schwäbischen Romantik, von dem bis heute die Sage von den sieben Schwaben bekannt ist. Wir verdanken das Lied also nicht der kirchlichen Überlieferung, sondern dem Interesse der Romantik am Volkslied, was auch sein späteres Weiterleben in der Jugendbewegung plausibel macht. Es findet im süddeutschen Raum bald in einige Gesangbücher, zum Beispiel in die von Augsburg, Freiburg und Rottenburg, erleidet aber dabei erhebliche, nazarenisch inspirierte Modifikationen in Text und Melodie: *Ave Maria zart,/ Rose von Wunderart!/ Du bist der Engel und Menschen Lust./ Ich grüß dich jede Stund,/ Wie dort des Engels Mund,/ Ave Maria! aus voller Brust.* (*Augsburg 1859).

In deinem keuschen Schoß

«Es handelte sich um das Erotischste überhaupt, was ich bis dahin gesehen hatte [...]. Es war eine Erotik, die sofort unter die Haut ging, und das in einem ganz wörtlichen Sinn.» Mit diesen Worten beschreibt Johannes Capp, die Hauptfigur in Hanns-Josef Ortheils autobiographischem Roman *Die Erfindung des Lebens* (München 2009), rückblikkend den Moment, in dem er im Alter von sieben Jahren seine Mutter ganz nackt in einem See baden sieht. Johannes ist stumm, seine Mutter auch. Mit ihr hat er die ersten Jahre seines Lebens in einer engen symbiotischen Beziehung gelebt. Sie glaubt sich völlig unbeobachtet und bewegt sich ganz ungezwungen durch das Wasser. Johannes prägt sich das Bild gut ein und gibt es aus der Erinnerung wieder: «Die kleinen Wellen, die Mutters Schwimmbewegungen ans Ufer warfen, die golden aufblitzenden winzigen Kämme des aufgewühlten Wassers in ihrer Nähe, ihren schmalen, mal auf dem Rücken, mal auf der Brust dahin gleitenden Körper, ihre dunklen Haare, die sich, je länger sie schwamm, immer mehr auflösten und, wenn sie tauchte, wie eine dunkle Insel im Wasser trieben...». In dieser Beschreibung, in der die sinnlichen Reize des schwimmenden Körpers mehr angedeutet als konkret benannt werden, fließen die Mutter und die Vorstellung eines erotisch anziehenden Frauenkörpers ineinander. Mutter und Geliebte werden im klaren Wasser des Sees zu einer Gestalt – ein Anblick, der in ein tiefes Sehnen mündet: «Am liebsten hätte ich mich sofort ausgezogen und mich zu der schwimmenden Schönen gesellt, die aussah wie meine Mutter, am liebsten hätte ich die kostbare Zeit bis zum Sonnenuntergang mit ihr zusammen im Wasser verbracht. Ich hätte sie nicht berührt, nein, gewiss nicht, ich hätte mich ihr nicht genähert, ich wäre nur neben ihr durch den See geschwommen und hätte genauso getaucht und mich genauso wohlgefühlt wie sie auch.»

Die allerkeuscheste Mutter (nach einem Bild von Raffael)

Erotisches Begehren, Einswerden im sonnendurchfluteten Wasser und im Einklang der Bewegung, tiefe Liebe, durch und durch erotisch, aber doch voller kindlicher Unschuld – all das findet sich in diesen Zeilen ausgedrückt. Das Kind ist der Frau im Wasser in inniger Liebe zugetan, möchte mit ihr verschmelzen, und das ohne den kleinsten körperlichen Kontakt. Im Roman hat diese Szene eine Schlüsselfunktion. Der kleine Johannes, der bis dahin nicht hat sprechen können, wird kurz darauf seinen ersten Satz sagen und damit seinem Leben eine entscheidende Wende geben. Das Erzählte ist psychologisch, nicht religiös motiviert. Schon gar nicht ist es in irgendeiner Weise auf Maria bezogen, und dennoch wird hier eine Ahnung davon vermittelt, was gemeint sein könnte, wenn Maria als *rein und schön* beschrieben wird, und wenn von ihrem *keuschen Schoß* die Rede ist. Es gibt Gestalten der Liebe, die aus dem üblichen Diskurs verbannt sind, aber dennoch visionäre Räume öffnen.

Der Assoziationsraum der Vokabeln «keusch» und «Schoß» ist unterschiedlich, je nach Bildungsstand. Als Kind verband ich mit dem «Schoß» lediglich einen tröstlichen oder lustigen Sitzplatz auf einem Erwachsenen. Daß es sich eigentlich um ein zur Fortpflanzung dienendes Organ im Körper einer Frau handelte, wußte ich nicht. Das Wort «keusch» begegnete dem Zehnjährigen zuerst in der Verneinung «unkeusch», im Beichtspiegel und im Katechismus. «Habe ich Unkeusches gedacht oder getan? Allein oder mit anderen?» Im Katechismus lautete die Frage 179: «Wann sündigt man durch Unkeuschheit?» Die Antwort stillte die Neugier nicht: «Man sündigt durch Unkeuschheit, 1. wenn man Unkeusches denkt, 2. wenn man Unkeusches anschaut, 3. wenn man Unkeusches redet oder anhört, 4. wenn man Unkeusches tut oder an sich tun läßt.» Das Kind hatte partout keine Ahnung, wovon da eigentlich die Rede war. Es mußte um etwas schwer Ausdrückbares gehen, das die Menschen zum Tuscheln und Kichern veranlaßte. Mit diesem Nichtwissen war der kaum Fragende keusch nach der Definition 1b im *Grimmschen Wörterbuch*: «unbewußt rein, an leib und gemüt». Unter 1d führen die Brüder Grimm aber auch eine Keuschheit an, die nicht der Sexualität überhaupt widerstrebt, sondern nur der unerlaubten. Belege sprechen von «keuscher ehe» und von keuschen Ehefrauen: «denn ihr besitzt ein edles weib, es gürtet scham den keuschen leib.» (Aus Schillers Ballade *Der Gang nach dem Eisenhammer*) Es gibt deshalb auch «keusche lust», gar «keusche brunst» und «keusche wollust». In der *Heiligen Seelenlust des Angelus Silesius (zuerst 1657) findet man das Original des Lieds *Ich will dich lieben, meine Stärke*, in dem es heißt: *Gib meinen Augen süße Tränen/ Gib meinem Herzen keusche Brunst; Laß meine Seele sich gewöhnen Zu üben in der Liebe-Kunst.* Bei Grimm gibt es ferner die «keusche rose» (Platen) und die Fügung «lilienkeusch». Die mittelhochdeutsche Grundbedeutung ist «rein, sauber», auch bei Opfern und an heiligen Tagen den Göttern gegenüber.

«Schoß» ist ursprünglich das Kleidungsstück, das den Unterleib und/ oder seine Umgebung bedeckt (wie in «Rockschöße»), verallgemeinert sich dann mit vielfältigen Ausprägungen zu einem Ort der Geborgenheit («in Abrahams Schoß») und spezifiziert sich zum Unterleibsorgan der Geliebten und zum bergenden Mutterschoß. In der Verbindung mit «keusch» ist diese Bedeutung die führende. Die *keusche Brunst* ist die wahre Liebe, brennend und doch nicht zerstörerisch, höchste Lust ohne Erniedrigung, befreiend, nicht knechtend. Mitten in der Sexualität ist da etwas Unberührtes.

Grundschulkatechismus 1948: Abbildung zum 6. Gebot

Es geht also überhaupt nicht um die Gynäkologie der historischen Maria. Es geht um einen Wunschtraum nicht verzweckter Sexualität, um eine utopische Vision, um eine auf Erden kaum erfüllbare Sehnsucht oder, im Vokabular des Mythos gesprochen, um Erlösung. Keuschheit bedeutet Absichtslosigkeit im Begehren, bedeutet Schweben im blauen Wasser mit Haaren wie dunkle Inseln, willenlose Einheit von Geist und Körper, interesseloses Wohlgefallen, Hochzeit von Schönheit und Reinheit. Im Lied geht es nicht um die abstrakte Richtigkeit theologischer Lehrsätze (Erbsündefreiheit), sondern um etwas in der Imagination Konkretes, um die Verwirklichung eines Bildgehaltes, um das, was vom Unbewußten geträumt wird, wenn das Bewußtsein die Metapher «keuscher Schoß» aufruft.

In deinem keuschen Schoß getragen ist deshalb die einzige Verszeile, bei der man allenfalls von einem Gewinn gegenüber Brauns *Echo Hymnodiae Coelestis* sprechen könnte. Aber auch *in deinem Leib verschlossen gtragen* ist assoziationsreich, auch der Leib als *hortus conclusus* (verschlossener Garten) hat eine starke sexualutopische Dimension. Denn Marias Schoß ist der Garten des Paradieses, aus dem *Gott uns verstoßen ließ.*

Quellenverzeichnis

*Eger 1675, *Eger 1701, *Gotteslob 1, *Gotteslob 2, *Redaktionsbericht, *Kirchenlied 1938, *Einheitslieder, *Spielmann, *Singeschiff, *Jung-Volker, *Heilige Seelenlust

Großes vollständiges Universallexikon aller Wissenschafften und Künste, Welche bißhero durch menschlichen Verstand und Witz erfunden und verbessert worden. […] Achter Band, E. Halle und Leipzig, Verlegts Johann Heinrich Zedler. Anno 1734

Kreisarchiv Eger/Cheb

Robert Eitner: Biographisch-Bibliographisches Quellen-Lexikon der Musiker und Musikgelehrten der christlichen Zeitrechnung bis zur Mitte des 19. Jahrhunderts. Band 2. Leipzig: Breitkopf & Härtel 1900.

Katechismus für das Bistum Rottenburg. Herausgegeben auf Anordnung und mit Genehmigung des hochwürdigsten Bischofs. Freiburg im Breisgau: Herder 1948 (1. Auflage 1920).

Hanns-Josef Ortheil: Die Erfindung des Lebens. München: Luchterhand 2009.

Die Schönste von allen

Ein englische Hand

Man spricht ja gewöhnlich nicht über Kirchenlieder. Man singt sie zwar gemeinsam in einer großen Menge, aber man tauscht sich nicht aus über das, was man da singt. Erklärt wird es einem auch fast nie. Ohnehin ist man beim Singen meistens nicht so scharfen Geistes; die Melodien verwischen den Satzbau und schaffen eine träumerische Stimmung, in der Traumlogik traut man auch einem kühnen Roß religiöse Bedeutung zu (*Es ist ein Ros entsprungen*), und wundert sich nicht allzusehr darüber, daß die Engländer besonders schön malen können: *Die Schönste von allen, von fürstlichem Stand, kann Schönres nicht malen ein englische Hand.* Poetisch ist es kein besonderer Gewinn, wenn man irgendwann erfährt, daß die Hand eines Engels, nicht die eines Engländers gemeint ist. Für das Verständnis natürlich schon, aber Verständnis entzaubert auch, aus einem schönen Rätsel macht es eine platte Wahrheit. Wo kein Sinn ist, wird Sinn produziert, wird die Unbestimmtheitsstelle irgendwie gefüllt. In der tatsächlichen Rezeption von Liedern ist das Verkehrte sehr wahrscheinlich häufiger als das Richtige und hat seinen Rang. Wie auch immer – um die Sache klarzustellen, ersetzen heute kursierende Versionen die *englische* durch eine *himmlische* Hand. Aber wird da nicht der Teufel durch Beelzebub ausgetrieben? Der Himmel hat nun einmal keine Hand, die Raterei geht also von vorne los. Wer seine Geliebte preist, mag ihr Händchen himmlisch finden, aber ob es gut malt? Die Hand Gottes sei gemeint, so lautet die probateste Auskunft, aber sie ist theologisch bedenklich, denn Gott wäre dann als Maler minderbegabt, jedenfalls würden seine Produkte von der Schönheit Mariens locker übertroffen.

Das Szepter sie führet

Mit der theologischen Korrektheit ist das überhaupt so eine Sache. Nimmt man den Text ohne vorwegzensurierende Hintergedanken beim Wort, dann läßt sich kaum verhehlen, daß er eine Alpha-Figur aus der mythologischen Chefetage preist:

**Kirchenlied 1938*

1. Die Schönste von allen, von fürstlichem Stand,
kann Schönres nicht malen ein englische Hand:
Maria mit Namen, an ihrer Gestalt
all Schönheit beisammen Gott selbst wohlgefallt.

2. Ihr Haupt ist gezieret mit goldener Kron,
das Zepter sie führet am himmlischen Thron,
ein sehr starke Heldin, mit englischem Schritt
der höllischen Schlange den Kopf sie zertritt.

3. Wohlan denn, o Jungfrau, der Jungfrauen Bild,
von Tugenden strahlend, mit Gnaden erfüllt,
mit Sternen geschmücket, die Sonne dich kleidt,
die Engel, den Himmel dein Anblick erfreut.

4. Die Sterne verlöschen; die Sonn, die jetzt brennt,
wird einstens verdunkeln, und alles sich endt.
Du aber wirst strahlen noch lang nach der Zeit
in himmlischer Glorie durch all Ewigkeit.

Die Schönste von allen, schon der Eingang ist gewaltig, auch wenn zunächst unklar bleibt, um wen es geht und welche Bezugsgruppe mit *allen* gemeint ist. Die *Schönste* ist *von fürstlichem Stand.* Es wird also eine soziologische Kategorie eingeführt, der Hochadel. Repräsentative Porträtmalerei war in diesen Kreisen üblich. Vor dem geistigen Auge entsteht etwas Goldgerahmtes. Etwas Schöneres als diese Fürstin kann nicht einmal ein Engel malen. Auch himmlisches Personal ist also beteiligt. Nach dieser zweizeiligen Einführung, die musikalisch ansteigt und textlich mit einem Doppelpunkt endet, wird auf den höchsten Tönen der Melodie der Name preisgegeben: die *Schönste* heißt *Maria.* Sie ist von so schöner Gestalt, daß sie sogar *Gott selbst wohlgefallt.* Auch Gott kann sich verlieben, warum nicht?

Während sich die erste Strophe des Liedes der Schönheit Marias widmet, überwiegen in der zweiten Strophe Bilder der Macht und der Kampfkraft. Schauplatz ist der Himmel, den man sich vorstellen darf wie auf einem barocken Deckengemälde. Gott sitzt auf dem *himmlischen Thron,* Maria aber trägt die Krone und führt das Szepter. Die Bilder sagen aus: Maria ist die eigentliche Regentin. Sie ist sozusagen die Bundeskanzlerin, Gott nur der Bundespräsident. Sie ist eine *sehr starke Heldin.* Ähnlich wie der Drachentöter Michael zertritt sie *mit englischem Schritt* der höllischen Schlange den Kopf. Sie ist damit in der mythischen Logik die Erlöserin vom Bösen, indem sie es tötet. Die biblische Bezugsquelle ist Genesis 3,15: Als Gott die Schlange verflucht, verheißt er ihr, einst werde der Same der Frau ihr den Kopf zertreten.

In der dritten Strophe wächst diese gewaltige Himmelsfigur weiter ins Galaktische. Sie ist mit *Sternen geschmücket* und wird von der Sonne bekleidet. Alle Engel und der gesamte Himmel erfreuen sich an ihrem Anblick. Ein Satz aus der *Geheimen Offenbarung* klingt an: «Und es erschien ein großes Zeichen am Himmel: eine Frau, mit der Sonne beklei-

Mit Sonne, Mond und Sternen

det, und der Mond unter ihren Füßen und auf ihrem Haupt eine Krone von zwölf Sternen.» (Offb 12,1) Aber die Stelle ist aus ihrem Zusammenhang genommen. Während die Offenbarung mit der Wiederkehr Christi schließt, ist das Weltende in der vierten Strophe unseres Liedes marianisch: Am Ende der Zeiten, wenn alle Galaxien erloschen sind, wird Maria *strahlen noch lang nach der Zeit/ in himmlischer Glorie durch all Ewigkeit.*

Das Lied kennt kein Ich, es kennt nur ein über alle Maßen erhabenes Du. Es ist ein Huldigungshymnus an eine überirdische mythische Frau. Sie ist so gewaltig, daß der Mensch vor ihr verzwergt. Er ist unwichtig. Das ganze gewaltige Geschehen spielt sich selbstgenügsam am Himmel ab. Es gibt an keiner Stelle eine Brücke zu dem in Anbetung versunkenen Ich. Auf das auffordernde *Wohlan denn, o Jungfrau* zu Beginn der dritten Strophe erwartet man eigentlich, daß Maria nun zu irgendeiner Aktion aufbricht, aber die Aufforderung erstirbt vor ihrer Majestät, erneut wird der Sänger von Superlativen überwältigt: *der Jungfrauen Bild, von Tugenden strahlend, mit Gnaden erfüllt.* Vor dem winzigen Menschlein entrollt sich ein apokalyptisches Szenario. Im Endkampf wird Maria siegen. *Die Schönste von allen* wird übrigbleiben wie ein einziges Sternbild, wenn alle anderen Sonnensysteme zu Schwarzen Löchern zusammengestürzt sind.

Wenn alles sich endt

Apokalypsen haben Konjunkturen. Ihre letzte große Zeit waren die 80er Jahre des vorigen Jahrhunderts, als Tschernobyl, das Waldsterben und die Klimakatastrophe mit Macht ins öffentliche Bewußtsein drängten, als Aids am Horizont aufstieg und das Wettrüsten den atomaren Weltuntergang technisch möglich gemacht hatte. Es erschienen düstere Bücher wie *Der Untergang der Titanic* von Hans Magnus Enzensberger und *Die Rättin* von Günter Grass. Selbst Kindern und Jugendlichen wurde die Untergangsangst eingeimpft, mit Jugendromanen wie *Die Wolke* von Gudrun Pausewang, der Geschichte der vierzehnjährigen Janna-Berta, die durch einen Reaktorunfall zum Strahlenopfer geworden ist. Eine Friedensbewegung entstand weltweit. Sie sang *We shall overcome.* Eine Göttin, die übrigbleibt, kann man da brauchen. Eine Tiefenströmung dieser Art, die sich, da dogmatisch inkorrekt, offiziell nicht artikulieren darf, mag dem Lied Resonanzräume geboten haben in den sechzehn Diözesen, die es im *Gotteslob 1 von 1975 allen Bedenken zum Trotz in ihre Gesangbuchanhänge aufgenommen haben.

Geht man in der Geschichte des 20. Jahrhunderts weiter zurück, stößt man auf die nächste Apokalypsen-Hausse in den Jahren nach dem Zweiten Weltkrieg. Die Angst vor einem dritten Weltkrieg saß tief. Das moralische Kapital, das ihn verhindern könnte, galt als vernichtet. Schwarze Utopien erschienen wie Aldous Huxleys *1984*, Ray Bradburys *Fahrenheit 451*, Ernst Jüngers *Heliopolis*, Arno Schmidts *Schwarze Spiegel*, Franz Werfels *Stern der Ungeborenen.* Das Weltende würde kommen, als menschliche oder als kosmische Katastrophe. Hiroshima bot einen Vorgeschmack.

Die schöne Maria gibt Halt, wenn alles einst verbrennen wird. Die vierziger und fünfziger Jahre boten der endzeitlichen Partitur ein starkes Orchester. Erst der Veränderungsoptimismus der Studentenbewegung raubte ihm die Klangfülle. Der Weltuntergang war nicht mehr aktuell. Auch von Thronen und Kronen wollte man nichts mehr wissen. Als Lehrerin der Demokratie war die schöne, das Szepter schwingende Maria nicht brauchbar. In den Stammteil des *Gotteslob 1975 konnte das Lied deshalb nicht vordringen und ist auch im Stammteil des *Gotteslob 2 von 2013 nicht zu finden. Freilich stand es schon im *Gotteslob 1 in der Mehrzahl der Diözesananhänge und konnte seine Präsenz in *Gotteslob 2 sogar noch ausbauen – es steht in 18 von 24 Eigenteilen. Das apokalyptische Denken scheint dem gegenwärtigen Menschen zwar fremd zu sein, lebt aber offensichtlich in Tiefenschichten fort.

In der Strophenzusammenstellung, in der es bisher betrachtet wurde, ist *Die Schönste von allen* eine Schöpfung von Georg Thurmair. Er hat das Lied in die Sammlung *Kirchenlied von 1938 eingefügt, von wo aus es weite Verbreitung erfuhr und auch im Horizont des Krieges präsent war, dessen Katastrophen seiner Botschaft als Verstärker dienten. Es eignete sich für Niederlagen mehr als für Siege. Es nahm sogar eine direkte politische Färbung an, sofern es die Großmannssucht Hitlers relativierte, des Häßlichsten von allen. Da gibt es eine neben ihm, die ihn locker in den Schatten stellt: Das war die Botschaft. So manchem verzweifelten Soldaten wird die übergroße Schöne Trost gegeben haben.

Thurmair war 25, als das Lied im sogenannten «grauen» *Singeschiff von 1934 seine Massenkarriere begann. Sein Name wurde nicht genannt, aber viele Indizien weisen darauf hin, daß die Arbeitsteilung genauso funktionierte wie später beim *Kirchenlied, das vom gleichen Trio geschaffen wurde: Adolf Lohmann kümmerte sich um die Melodien, Georg Thurmair um die Texte, Josef Diewald um die Organisation. Das graue Singeschiff war eine Publikation der katholischen Jugendarbeit. Es «trägt ein feldgraues Gewand, ein Soldatengewand», sagt das Vorwort. Neue kämpferische Zeit sei angebrochen. «So laßt uns singen als rechte Soldaten des Vaterlandes und des Gottesreiches!» Für diese und noch weitere Einführungsrhetorik zeichnet Ludwig Wolker verantwortlich, der damalige Generalpräses des katholischen Jugendwerks. Seine hochpathetischen Sätze dienen sich auf eine heute kaum noch erträgliche Weise dem Regime an. Sie wollen die nationale Zuverlässigkeit der katholischen Jugend erweisen und verwenden deshalb Vokabeln und kultische Signale, die auch in der Hitlerjugend gebräuchlich waren. Aber davon darf man sich nicht täuschen lassen. Das Buch will bei aller Anpassung immer auch einen Raum verteidigen, der Hitler nicht gehört. In diesem Raum wird «Christkönig» als der wahre Herrscher gefeiert, und da gibt es eben auch *Die Schönste von allen*, der nichts und niemand den Rang streitig machen kann. Das Lied hat ein gewisses Widerstandspotential, kraft seiner ersten und vierten Strophe. Vor der Majestät der apokalyptischen Frau werden alle irdischen Machtträume wesenlos.

Die NS-Epoche steht in einem apokalyptischen Sog, der aus dem verlorenen Ersten Weltkrieg entstanden war. Endkämpfe gehörten zum Zeitgeist. Nicht nur die kommunistische Internationale rief zum letzten Gefecht auf, sondern auch das Horst-Wessel-Lied (*Zum letzten Mal wird zum Appell geblasen*). Mit Hitler sollte die Endzeit anbrechen, das Tausendjährige Reich. Wer aber *Die Schönste von allen* singt, glaubt an ein anderes Ende – düster für die Menschheit, prächtig für Maria.

Das Ende des Kaiserreichs zog eine Schleppe kultureller Finalvisionen hinter sich her. *Die letzten Tage der Menschheit* betitelte der Satiriker Karl Kraus eine Art Drama, und *Menschheitsdämmerung* hieß die berühmteste expressionistische Lyrikanthologie. Der in seiner Zeit prominenteste Prophet der Untergänge war Oswald Spengler, dessen Bestseller *Der Untergang des Abendlandes* 1918 in erster, 1923 in einer wesentlich erweiterten Auflage erschien und das Klima der ersten (und auch noch der zweiten) Nachkriegszeit prägte. An *Die Schönste* dachte Spengler gewiß nicht, aber er lieferte Rezeptionshorizonte voll verlöschender Sonnen. Wir leben seiner Ansicht nach im Greisenalter unserer Kultur. Der

DER UNTERGANG DES ABENDLANDES VON OSWALD SPENGLER

Erster Band
Gestalt und Wirklichkeit

*

50. Tausend, München 1920

Mensch der Weltstädte ist zwar irreligiös. Der bei sich selbst angekommene Materialismus hinterläßt aber breitflächig einen Hunger nach Metaphysik. Im Untergang entsteht eine «zweite Religiosität», von der Spengler behauptet, sie sei, «als zöge ein Nebel vom Lande ab und die alten Formen träten erst ungewiß, dann immer klarer wieder hervor». Sie ergreife die primitiven Massen, die im Finalstadium die abendländische Menschheit bilden.

Es bleibe dahingestellt, ob der geschichtsphilosophische Panoramablick des pessimistischen Gelehrten mehr Richtiges oder mehr Falsches sieht. Die zwanziger und dreißiger Jahre des 20. Jahrhunderts sind von heute aus gesehen im Guten und im Bösen eine von Mythen erfüllte Zeit. Georg Thurmairs aus alten Vorlagen herausgeschnittene apokalyptische Frau ist ein Beitrag dazu.

Louis Pinck

Aber woher hatte Georg Thurmair die vier Strophen? Er entnahm sie den *Verklingenden Weisen*, einer dreibändigen Sammlung von lothringischen Volksliedern, die in den Jahren 1926 bis 1933 erschienen war. Der Herausgeber war Louis *Pinck, ein Priester der Diözese Metz und Volksliedforscher mit Geist und Seele. Die alten Volkslieder vor dem Untergang zu retten war sein erklärtes Ziel. Er sammelte nur Lieder, die nachweislich schon vor 1870 in Lothringen gesungen wurden. In der Tat war Lothringen für ein solches Vorhaben ausgesprochen gut geeignet. Herzog Franz Stephan von Lothringen heiratete 1736 Maria

Theresia, die Erzherzogin von Österreich und Königin von Ungarn und Böhmen war, und wurde 1745 als Franz I. zum Kaiser gekrönt. Zwar mußte er sein Herzogtum Lothringen dafür aufgeben und gegen die Toskana vertauschen, aber die kulturellen Beziehungen zwischen Wien, Metz und Nancy (Nanzig) blieben bestehen und begünstigten auch den Export von Liedern von hier nach dort. Lothringen, bis dahin ein selbständiges Reichsland, kam 1766 an Frankreich und war seitdem von der deutschen Kultur in gewissem Grade abgeschnitten. Daher konnten sich hier die alten Liedbestände besonders gut erhalten. Pinck bereiste das Lothringer Land und befragte, wohin er auch kam, die älteren Leute nach ihren Liedern. Immer wieder traf er auf Gewährsleute, die noch eine stattliche Zahl alter Gesänge in Erinnerung hatten und das sorgsam Bewahrte gern zu Gehör brachten. Insbesondere Weiler (oder Viller), ein Bauerndorf bei Château-Salins, erwies sich als Fundgrube. Dort traf Pinck die beiden Ackerbauern Baro und Manque. Ausführlich erzählt er im Anhang der *Verklingenden Weisen* davon, wie diese beiden ihren Liederschatz gehoben hatten: «Neben den Alten standen sie am Webstuhl, wenn diese im Winter ihr Leinen webten und ihre Lieder dazu sangen, waren bei den Jüngeren, wenn diese beim Liederklang in irgendeiner Scheune den Hanf klopften, schlichen sich in die Spinnstuben, sogar ins Wirtshaus, um nur singen zu hören. Als Burschen war es ihre besondere Freude, recht viele Lieder zu wissen und singen zu dürfen nicht nur dort, wo's froh und munter zuging, sondern auch in der Kirche, wo heute noch Manque einer der besten Sänger ist.»

Baro und Manque hatten eine Vielzahl von Liedern in sich aufgesogen. Auch *Die Schönste* war dabei. Sie hatten das Lied wohl in der Kirche gehört, vielleicht aber auch in der Spinnstube. Am 8. Dezember 1927 (dem Fest der Unbefleckten Empfängnis Mariens) sangen sie es vor. Pinck protokollierte den Text, die Noten schrieb der Musiklehrer Calmé auf. Ob das, was die beiden hörten, wirklich ganz «getreu nach Wort und Weise» – wie es in der Vorrede heißt – abgedruckt ist? Wir wissen es nicht. Es scheint, als hätte Pinck den letzten Zipfel einer untergehenden Überlieferung gepackt. Für die bei ihm verzeichnete Melodie gibt es

Manque

Baro mit Frau

bis dahin keinen einzigen gedruckten Beleg. Dabei paßt sie zum Text wie keine andere der überlieferten Weisen.

Für diesen Textbezug sprechen nicht nur die üblichen Techniken – die Betonung der sinntragenden Silben durch Tonhöhe und Tonlänge –, sondern generell eine geschickte Anpassung des daktylischen Metrums an den Vierviertelakt der Melodie. Alle vier Zeilen sind metrisch und rhythmisch gleich gebaut, so daß es genügt, das Prinzip an einer einzigen Zeile zu demonstrieren:

◡ — ◡ ◡ — ◡ ◡ —— ◡ ◡ —
♪ ♩ ♪♪ ♩ ♪♪ ♪♪ ♪♪ ♩

Die Längen (—) sind stets entweder durch Viertelnoten oder durch zwei gebundene Achtelnoten wiedergegeben, die Kürzen (◡) immer durch Achtelnoten. Daraus entsteht die Schmiegsamkeit der Melodie und ihr wiegender Charakter. Ob Baro/Manques singende Handarbeiterinnen und Weber diese Melodie von ihren Müttern um 1900 gelernt hatten, diese von ihren Großmüttern um 1850 und diese wieder von den ihrigen um 1800, können wir nur vermuten. Jedenfalls ließe sich über drei oder vier Generationen rückwärts leicht eine Brücke schlagen ins 18. Jahrhundert, in diejenige Zeit also, in der das Lied entstanden ist. Melodien sind überlieferungsstabiler als Texte. Es könnte daher durchaus sein, daß die von Baro und Manque gesungene und von Calmé sorgfältig aufgezeichnete Weise zwei Jahrhunderte ungedruckt überlebt hat und ursprünglich zum Text gehörte.

Es wäre schön, wenn man dafür Belege hätte. Der Nachlaß von Louis Pinck (im *DVA Freiburg) enthält erstaunlicherweise nichts dergleichen. Die schmale Überlieferung deutet leider in eine andere Richtung. Da gibt es ein Flugblatt aus dem 18. Jahrhundert, das dem Lied *Ihr Kräfte der Seelen* als Ton *Die Schönste aus allen* zuweist. *Ihr Kräfte der Seelen* wird, so ist Ditfurths *Fränkischen Volksliedern zu entnehmen, im Ton *Wie hell glänzt die Sonne* gesungen. *Wie hell glänzt die Sonne* wiederum ist, und jetzt schließt sich der Kreis, im Ton von *Maria zu lieben* zu singen, mit kleinen Variationen.

Maria zu lieben hat viele Lieder im Gefolge gehabt, darunter auch *Die Schönste.* Neben dieser relativ kräftigen Singtradition gab es, wie Einträge aus der *Gotzen-Kartothek und Handschriften aus dem Pinck-Nachlaß belegen, noch etliche weitere, durchgehend schwächere Melodien. Sie zeigen, wie unfest der Text-Melodie-Zusammenhang war. Das hat sich erst mit dem Druck in den *Verklingenden Weisen* geändert, dessen Melodie in der Folgezeit nicht mehr in Frage gestellt wird.

Die Texte sind weniger stabil, werden aber viel öfter schriftlich aufgezeichnet. Pinck selbst gibt in seinem Anhang ein siebenstrophiges Blatt, das er auf dem ehemaligen Dachboden der Saargemünder Buchhandlung Weiss gefunden haben will. Früher oder später hatte er nachweislich weitere Quellen zur Verfügung: die Gesangbücher *Nancy 1778, *Blieskastel 1787 und *Saargemünd 1829. All diese Bücher sind notenlos, zeigen aber die Verbreitung des Liedes im deutsch-lothringischen Grenzgebiet.

Louis Pinck muß an jenem Dezembertag 1927 nicht notwendig wörtlich das gehört haben, was er dann im Hauptteil seines Buches edierte. Er kann nachgeholfen haben. Er hat die Bauern vielleicht auch vom Blatt singen lassen – von einem Flugblatt nämlich, das die vier Strophen wörtlich enthält, allerdings noch sieben weitere. Pinck wollte sing- und handhabbare Lieder liefern, keine wissenschaftliche Edition. Er versäuberte die Texte nicht nur, sondern kürzte sie auch. In seiner Edition lauten die Strophen 3 und 4 jedenfalls ganz anders als in *Kirchenlied 1938:

3. Wohlan denn, o Jungfrau,
Hellglänzende Sonn,
Maria weit schöner
Als Sternen und Mond!
Viel Strahlen der Tugend,
Die schönste sogar,
Die wahre Sonn, Christus,
Erleuchtet so klar.

4. Kein Sternlein auf Erden
Kein Blümlein floriert,
So sich lässt vergleichen
Mit Marias Zierd.
Die Rosen und Nelken
verwelken gar bald,
Du aber dein Schönheit
Auf ewig behaltst.

Die apokalyptische Gewitterstimmung fehlt hier ganz. Das Lied endet hübsch und verzichtet auf Großartigkeit. Die Schönheit bleibt das Ziel. Georg Thurmair kannte aus der Liedgeschichte nur die vier Strophen, die Pinck aus den Mündern von Baro und Manque ediert hatte, und das siebenstrophige Dachbodenblatt, das Pinck im Anhang abdruckt. Er mischt diese zwei Quellen. Wir ersehen daraus, daß die apokalyptische Zuspitzung eine Idee von Thurmair war. Die Weltende-Strophe hatte es ihm angetan. Er mußte, um sie an den Schluß zu bringen, die ihm vorliegenden Strophen in einer Weise neu gruppieren, die es in der vorherigen Überlieferung nie gegeben hatte. Er nahm die Strophen 1 und 2 aus Baro/Manque sowie 3 und 4 aus der Dachbodenfassung. Ohne diese Pointierung hätte das Lied wohl kaum diesen durchschlagenden Erfolg gehabt.

Verzweigungen

Venus von Milo

Als der alte und schwerkranke Heinrich Heine nach Gott suchte, fand er zuerst den Gott der Pantheisten, konnte ihn aber nicht gebrauchen. «Dies arme träumerische Wesen ist mit der Welt verwebt und verwachsen, gleichsam in ihr eingekerkert, und gähnt dich an, willenlos und ohnmächtig.» Wenn man einen Gott begehrt, der zu helfen vermag – «und das ist doch die Hauptsache» – dann muß man ihm auch mächtige Eigenschaften lassen. Als Heine Abschied nahm von seinen alten Heidengöttern, schleppte er sich noch einmal, es war im Mai 1848, in den Louvre,

> und ich brach fast zusammen, als ich in den erhabenen Saal trat, wo die hochgebenedeite Göttin der Schönheit, Unsere Liebe Frau von Milo, auf ihrem Postamente steht. Zu ihren Füßen lag ich lange und ich weinte so heftig, daß sich dessen ein Stein erbarmen mußte. Auch schaute die Göttin mitleidig auf mich herab, doch zugleich so trostlos als wollte sie sagen: siehst du denn nicht, daß ich keine Arme habe und also nicht helfen kann?

Gesucht wird also eine Schöne, die nicht nur schön ist, sondern auch helfen kann. Dazu muß sie nahe sein. Ein altes Flugblatt unseres Liedes endet in jeder Strophe mit *denn hier ist Maria*, konkretisiert den Ort, ferner die Angesprochenen und die Art der Hilfe: *Verlassene Bedrängte, kommt in die Stadt Brünn, denn hier ist Maria als Fürsprecherin.* Kommt *alle Verehrer*, kommt *Witwen und Waisen*, kommt *Betrübte und Kranke*, kommt *ihr Sterbenden*, denn *hier* ist Maria *als Beschützerin, als Gutthäterin, als Helferinn, als Trösterinn.* Anders als die Venus von Milo ist Maria vor Ort, hat Arme und kann helfen. Die hier zitierte Fassung zeigt die Anpassungsfähigkeit des Liedes in der Flugblattzeit. Solche Versionen wird es auch an anderen Marienorten gegeben haben.

Die Version aus Brünn (Brno, heute Tschechien, damals als Hauptstadt der Markgrafschaft Mähren österreichisch) hat sich aus einem vierstrophigen Gebilde entwickelt, das mit sechs annähernd textgleichen Flugblättern aus dem 18. Jahrhundert gut bezeugt ist. Es ist kompakt und in sich stimmig. Möglicherweise verband es sich früh mit der Melodie von *Maria zu lieben*. Es gibt im Deutschen Volksliedarchiv eine Tonbandaufzeichnung aus Deutsch-Mokra, einer winzigen, 1780 von Arbeitern aus dem Salzburger Land besiedelten Sprachinsel in der heutigen Ukraine, die das bezeugt. Auch wenn die wenigen noch heute greifbaren Flugblattzeugnisse erst zwischen 1750 und 1800 gedruckt wurden, lassen weitere Kriterien eine Entstehung des Liedes zwischen 1700 und 1750 vermuten. Der Text lautet (geringfügig bereinigt, nach einem Flugblattfragment im Deutschen Volksliedarchiv):

1. Die Schönste aus allen, vom fürstlichen Stand,
nichts Schöners kann mahlen ein englische Hand:
Maria mit Namen, an ihrer Gestalt
all Schönheit beysammen, Gott selbsten gefallt.
Maria mit Namen, an ihrer Gestalt
all Schönheit beysammen, Gott selbsten gefallt.

2. Ohn Makel entsprossen, ein Lilien im Thal,
mit Gnaden begossen; des Adam sein Fall
Allein sie entgangen, schön seynd ihre Schritt,
der höllischen Schlangen den Kopf sie zertritt.
Allein sie entgangen, schön seynd ihre Schritt,
der höllischen Schlangen den Kopf sie zertritt.

3. Ihr Haupt ist gezieret mit goldener Kron,
den Zepter sie führet im himmlischen Thron.
Der kann zu ihr fliehen der Nöthen viel hat,

läßt keinen abziehen, den sie nicht begnadt.
Der kann zu ihr fliehen der Nöthen viel hat,
läßt keinen abziehen, den sie nicht begnadt.

4. Maria, der Sünder ein Zuflucht genannt,
führ deine Pflegkinder ins himmlische Land.
Hier mach sie durchs Büßen der Sünden befreyt,
damit sie dort gnießen der ewigen Freud.
Hier mach sie durchs Büßen der Sünden befreyt,
damit sie dort gnießen der ewigen Freud.

Verlöschende Sonnen gibt es hier nicht. Die Pointe ist das Büßen. Die schöne Fürstin (Str. 1) ist wie die Geliebte im Hohen Lied (Hld 2,1) eine Lilie im Tal, als einzige dem Sündenfall Adams entgangen und dadurch fähig, als neue Eva der Schlange des Bösen den Kopf zu zertreten (Str. 2). Sie trägt die Krone und führt das Szepter, daher kann jeder, der in Not ist, zu ihr kommen, keinen läßt sie ohne Hilfe ziehen (Str. 3). Stand Maria bisher grammatisch in der dritten Person, ändert sich in der vierten die Blickrichtung. Gemeinsam mit seinen Zuhörern spricht der Preisende Maria nun an und äußert eine große doppelte Bitte: *führ deine Pflegkinder ins himmlische Land* und *Hier mach sie durchs Büßen der Sünden befreyt, damit sie dort gnießen der ewigen Freud.* Mit diesem «hier» und «dort» bekommt jedes Leben ein klares Ziel und alles Leiden einen Sinn. Darin besteht die schlichte Größe des Liedes, wie immer man zum «Büßen» steht.

Diese vierstrophige Version muß nach Lage der Dinge als älteste betrachtet werden. Vielleicht ist sie in Maria Taferl entstanden, dem bedeutendsten österreichischen Wallfahrtsort nach Mariazell. Auch die Druckorte der Flugblätter, die diese Fassung überliefern, und die sammlungsgeschichtlichen Provenienzen deuten auf Niederösterreich. Eine zweite Gruppe von Textzeugen ist elfstrophig, ihre Druckorte liegen im elsässischen, saarländischen und lothringischen Bereich, wo irgend jemand um 1775 das alte, aus Österreich importierte Lied überarbeitet und erweitert hat. Auch diese Gruppe ist textlich sehr konstant. Elf Strophen lassen sich schwerer merken als vier. Die schriftliche Überliefe-

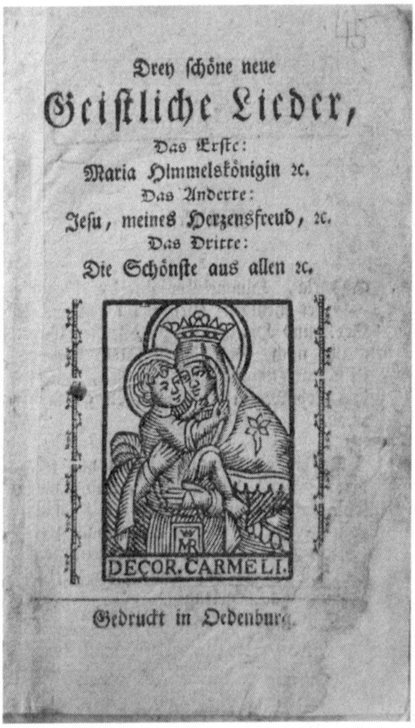

Liedflugblatt aus Oedenburg (Sopron, Westungarn)

rung ist notwendig und überwiegt. Das Lied wurde nicht von großen Volksmengen auswendig beherrscht. Die mündliche Tradierung war nicht so stark, daß sie das komplizierte Etwas noch hätte überformen können. Auch Baro und Manque haben das Lied in dieser Fassung nicht auswendig beherrscht. Sie kannten die Melodie, was die Hauptsache ist, und Textfragmente, denen Louis Pinck dann vermutlich nachhalf, indem er ihnen Stücke aus seiner Sammlung zeigte.

Die Struktur der Elfstrophigen ist wirr. Der Bearbeiter will das Lied aus irgendeinem Grund – vielleicht für eine Wallfahrt – länger machen und weicht es dabei auf, so daß es in die Breite geht, nicht in die Tiefe. Die Binnenreime (*allen – mahlen, Namen – beysammen* usw.) durchzuhalten hatte er nicht die poetische Kraft. Die erste Strophe läßt er stehen, die zweite und dritte zieht er zu einer zusammen, wie in der heute gebräuchlichen Version. Mit *Wohlan denn, o Jungfrau* beginnt er seine Eigenschöpfung, nennt erst Maria eine hellglänzende Sonne, dann Christus die wahre Sonne, läßt dann die Sonne entwendet werden – alles metaphorisch inkonsistent und nicht sehr geschickt:

3. Wohlan dann, o Jungfrau, hellglänzende Sonn',
Maria, weit schöner als Sterne und Mond!
Viel Strahlen der Tugend, o Schönste! Sogar
Die wahre Sonn': Christus erleuchtet dich klar.

4. Die Sterne vergehen, die Sonn' wird entwendt,
Ihr Glanz wird verdunkelt, nimmt alles ein Endt'
Du aber wirst glänzen zur ewigen Zeit,
Im Himmel, wo Glorie mit Ehren bereit.

In Strophe 5 ist Maria schöner und langlebiger als Perlen, Rosen und Nelken, in Strophe 6 verjagt ihr Glanz erneut die Finsternis, in den Strophen 7 bis 9 hilft ihre Schönheit den Sterbenden, in Strophe 10 hat sich die Seele mit Maria vermählt, und Strophe 11 schiebt das Treuegelöbnis nach. An zwei Stellen (in der schon zitierten dritten und in der zehnten Strophe) greift der Verfasser theologisch ein, indem er Christus oder Gott einmontiert – beide Male nur sehr notdürftig motiviert:

10. Dich Schönste mein Seele erwählt hat zur Braut,
Auf die sie nächst Gott all ihr Liebe gebaut.

Anstelle von «nächst Gott» mag hier ursprünglich «allein» oder «zutiefst» oder «entzückt» gestanden haben.

Die Elfstrophige muß im Elsaß, in Lothringen und im Saarland eine gewisse Verbreitung gefunden haben; jedenfalls inspirierte sie den Herausgeber der dritten Auflage der *Geistlichen Gesänge, Welche Bey der Königlichen MISSION In Lothringen Pflegen gesungen zu werden*, die in *Nanzig (Nancy) 1778 erschienen waren. Er sah sich zu einer ordnenden Überarbeitung veranlaßt. Daß das erst für die dritte und nicht schon für die erste (1772) oder die zweite Auflage geschah, könnte ein Indiz dafür sein, daß die Elfstrophige damals neu war. Vielleicht entstand sie um 1775, wofür auch das damals modische Wort «Tugend» (Str. 3) spricht. Sie ist vermutlich aus mehreren Quellen kompiliert. Der Nanziger Redaktor streicht vor allem energisch die Strophen 6 bis 9, wodurch kein nennenswerter Verlust entsteht. Das Lied gewinnt die folgende Gestalt (kleine Schreibunregelmäßigkeiten wurden normiert):

1. Die Schönste vor allen von Fürstlichem Stand.
Kann schöner nicht mahlen ein englische Hand/
Maria mit Namen, an ihrer Gestalt,
All Schönheit beysammen Gott selbsten gefallt.

2. Ihr Haupt ist gezieret mit güldener Kron,
Den Scepter sie führet im Himmlischen Thron,
Ein sehr starke Heldinn mit Englischem Schritt,
Der höllischen Schlange den Kopf sie zertritt.

3. Wohlan dann, O Jungfrau, hell glänzende Sonn!
Mit Sternen gezieret trägst du eine Kron,
Viel Strahlen der Tugend, O Schönste, so gar
Die wahre Sonn Christus erleuchtet dich klar.

4. Die Sterne vergehen, die Sonn wird entwendt,
Ihr Glanz wird verdunkelt, nimmt alles ein End,
Du aber wirst glänzen zur ewigen Zeit
Im Himmel, wo Glory mit Ehren bereit.

5. Kein Perllein auf Erden, kein Blümlein floriert.
So sich läßt vergleichen mit Mariä Zierd
Die Rosen und Nägelein verwelken gar bald,
Maria ihr Schönheit wohl ewig behalt.

6. Dich, Schönste, mein Seele erwählt hat zur Braut,
Auf dich sie nebst JEsus ihr Leben gebaut.
Du läßt dich vermählen, GOtt selbst es bezeigt,
Drum zu dir mein Seele auf ewig sich neigt.

7. O himmlische Fürstin es bleibt dann dabey!
Im Leben und Sterben bin ich dir getreu:
Ich hab dirs versprochen, will halten das Wort,
Bis daß du mir öffnest die himmlische Pfort.

Wie schon in der Elfstrophigen ist auch hier die vermeintliche Apokalypsestrophe nicht hervorgehoben, sondern eine von vielen. Es zeigt sich allmählich, wie sie gemeint ist. Sie gehört zu einer Überbietungsrhetorik. Nichts läßt sich der Schönheit Mariens vergleichen, kein noch so gekonnt gemaltes Bild (Str. 1), keine irdische Sonne (Str. 3), nichts innerhalb der Erdenzeit (Str. 4), keine Perle, keine Blume (Str. 5). Das Weltende ist hier nur eine rhetorische Figur, um das Überdauern Marias ins rechte Licht zu rücken. Die Karriere des Lieds im 20. Jahrhundert beruht insofern auf einer gewaltigen Verbiegung dessen, was ursprünglich gemeint war.

Die Siebenstrophige von 1778 mäandert dann durch schmale Überlieferungsrinnsale des 19. Jahrhunderts – Flugblätter, vereinzelte Gesangbücher und abgelegene Anthologien. Sie bildet immer noch Varianten aus, von denen als letzte die Fassung in *Sions heilige Gesänge*, einem *Saargemünder Missionsgesangbuch («dem unglaubigen Zeitgeist entgegengesetzt») von 1829, dokumentiert werden soll, weil sie das Lied poetisch gekonnt versäubert und dabei den Wortlaut der später von Thurmair aufgegriffenen Apokalypsestrophe schafft. Die Eva-Maria-Typologie wird durch eine Judith-Maria-Typologie ersetzt:

1. Die Schönste vor allen, von fürstlichem Stamm',
Nicht schöner zu malen: Maria mit Nam';
Von solcher Gestalt und so herrlich gemacht,
Das Bild einer Schönheit, so Gott selbst anlacht.

2. Auf ihrem Haupt' funkelt ein' goldene Kron';
Das königlich' Zepter sie führet am Thron';
Ein' mächtige Heldinn, ein' and're Judith,
Dem höllischen Drachen den Kopf sie zertritt.

3. Wohlan dann, o Jungfrau der Jungfrauen Bild!
Von Tugenden strahlend, mit Gnaden erfüllt;
Mit Sternen geschmücket: die Sonne dich kleid't;
Die Engel, den Himmel dein Anblick erfreut.

4. Die Sterne verlöschen; die Sonn', die jetzt brennt,
Wird einstens verdunk'len und alles sich end't;
Du aber wirst strahlen noch lang' nach der Zeit
In himmlischer Glorie durch all' Ewigkeit.

5. Kein Perlein auf Erden, kein Blümchen florirt,
So sich läßt vergleichen mit Mariä Zierd'.
Die Rosen und Näglein verwelken gar bald,
Sich Mariä Blüthe schön ewig erhält.

6. Dich, schönste der Bräute, mir wähle zur Braut,
Die Gottes Geist selbsten zur Zeit sich vertraut;
Mich dir will vermählen auf Leben und Tod,
Dir mich auch befehlen in jedweder Noth.

7. O himmlische Fürstinn! es bleibt dann dabei,
Daß lebend und sterbend dir halt' ich die Treu;
So hab ich's versprochen, beschlossen es fest,
Bis hier von den Banden mein Geist sich auflöst.

Die Vermählung mit Maria (die auf einen männlichen Verfasser schließen läßt) und das Treuegelöbnis bilden in den sieben- und elfstrophigen Versionen in der Regel den Schluß, die ursprüngliche Pointe «durch Büßen ins Himmelreich» verdrängend. Louis Pinck beendet das Lied harmlos mit der Perlen-und-Blumen-Strophe, aber erst Georg Thurmair verschafft ihm mit seiner kosmischen Untergangsvision ein Millionenpublikum.

Judith nach vollbrachter Tat,
als Vorbild der Mater castissima

Ein andre Judith

Maria typologisch auf Eva zu beziehen ist Standard, aber auf Judith? Da geht es um die berüchtigte Geschichte aus dem Alten Testament, wie die schöne Judith den Tyrannen Holofernes, der ihre Heimatstadt belagert, in sich verliebt macht, um dem Betörten dann beim Tête-à-tête den Kopf abzuschlagen. Sie wird damit die Befreierin ihres Volkes. Maria ist eine zweite Judith, weil sie dem Bösen den Kopf zertritt.

Das Verhältnis zum Alten Testament ist hier ganz verdreht. Maria ist bleibend Antitypus zu Eva, sie macht deren Sünde wieder gut. Judith aber ist Prototypus zu Maria, die ihr grausiges Vorbild nachahmt. So richtig kompatibel mit den übrigen Vorstellungen war die Judith-Typologie nicht. Zur Braut möchte man diese Heldin nicht.

Die Schönste

Welche Vorstellungen dürfen wir uns machen von der schönen Maria? Dürfen wir uns überhaupt eine Vorstellung machen? Die Überbietungsrhetorik des Gedichts beschert uns immer nur Negationen: was Maria alles nicht ist und was alles nicht ausreicht im Vergleich mit ihrer Schönheit. Das von einem Engel gemalte Bild ist nicht so schön wie sie, sie ist ohne Makel, Perlen und Nelken läßt sie zurück, wenn man sie mit Schmuck oder Blumen vergleicht, nicht einmal Sonne, Mond und Sterne halten auf die Dauer den Vergleich mit ihr aus, denn sie sind vergänglich. Diese Beschreibung aus der Negation heraus ist allein einer Göttin würdig, deren Schönheit alles Irdische übersteigt. Auch von Gott wird gesagt, daß kein Bild ihm gleiche, daß immer mehr Unähnliches als Ähnliches sei, wenn wir in unserer Erfahrungswelt Analogien für ihn suchen. Die Beschreibung Marias ist wie ein nach oben offener Trichter, den Gott befüllen muß, da wir

Maria

Menschen nichts bieten können, was die erforderliche Qualität aufweist. Ihre Schönheit ist paradiesisch, wie die zweite Strophe der Vierstrophigen erkennen läßt: *Ohn Makel entsprossen, ein Lilien im Thal,/ mit Gnaden begossen, des Adam sein Fall/ allein sie entgangen.* Sie ist als neue Eva und geliebte Lilie im Tal, die mit schönem Schritt der Schlange den Kopf zertritt, die Wiederherstellerin des Paradieses, das aus ihrer Schönheit leuchtet. Sie rückt damit zweifellos in eine mythische Konkurrenz mit Christus, der die Menschheit nicht durch einen eleganten Fußtritt, sondern durch seinen schrecklichen Kreuzestod erlöst. Der Gekreuzigte ist häßlich. Er ist ein krasses Gegenbild zu den marmorweißen Göttergestalten der Antike. Der asketisch-häßliche Christus und die von innen heraus schöne Maria haben einander nötig. Die schöne Maria, die mit lässigem Tritt das Böse besiegt, wirkt entlastend nach der Betrachtung des leidenden Jesus. Sie ist leichter faßbar und seelisch wohltuender für den erlösungsbedürftigen Menschen.

Maria am Kreuz

Aber wie realisiert man das in der Imagination? Welches Bild taucht vor unseren Augen auf, wenn wir *Die Schönste* singen? Von der rhetorischen Idee her müßte eine ins Unendliche reichende Sehnsucht entstehen, ein Übersteigen jeder Frauenschönheit, die man je gesehen. Wie Gott muß die *Schönste* immer mehr sein, als vorstellbar ist. Die Vorstellung muß immer für eine Steigerung geöffnet bleiben. Das endgültig Schöne ist unerreichbar, denn es ist göttlich.

In dieser Haltung ist das Gedicht um 1750 oder früher entstanden. In den darauffolgenden Jahrhunderten haben sich die Vorstellungen vom

Schönen erheblich verändert. War die Schönheit bei Leibniz noch Bild der göttlichen Vollkommenheit, so kommt bei Kant die Subjektivität dazu. Aber auch diese empfindet nicht nur etwas Privates. Die Schönheit muß zweckfrei sein, unabhängig von partikularen Interessen. Das Kunstschöne insbesondere, so Kant, soll interesseloses Wohlgefallen auslösen.

Interesselos waren die Sänger unseres Liedes in seiner Frühzeit nicht. Sie wollten Hilfe, in Brünn und anderswo. *Dein Schönheit, o Jungfrau, benimmt uns das Leid, verkehret all Trauren in himmlische Freud.* (Strophe 6 der Elfstrophigen) Die Schönheit hat eine Aufgabe. Sie soll helfen. Seit Kant aber und dem Sieg der Autonomieästhetik sind ihr die Arme abgeschlagen.

In der Romantik öffnet sich der Begriff des Schönen dem Interessanten und Pikanten, dem Neuen, Besonderen und Bizarren. Der Allgemeinheitsanspruch verschwindet, der Ästhetizismus radikalisiert sich. Die schöne Maria darf jetzt seltene, erlesene, raffinierte Empfindungen im Subjekt auslösen. Ihre Unschuld wird jetzt zur berückenden Naivität der Kindfrau psychologisiert. Die Theologie der Erbsündefreiheit verblasst oder überlebt nur noch als ästhetischer Effekt. Was die bildende Kunst betrifft, so beschleunigt sich das Auswandern der Madonnen aus den Kirchen in den Kunsthandel. Dort zählt nicht mehr die Göttlichkeit, sondern die Weiblichkeit.

> Es war eine Madonna, eine durchaus modern empfundene, von jeder Konvention freie Arbeit. Die Gestalt der heiligen Gebärerin war von berückender Weiblichkeit, entblößt und schön. Ihre großen, schwülen Augen waren dunkel umrändert, und ihre delikat und seltsam lächelnden Lippen standen halb geöffnet. Ihre schmalen, ein wenig nervös und krampfhaft gruppierten Finger umfaßten die Hüfte des Kindes, eines nackten Knaben von distinguierter und fast primitiver Schlankheit, der mit ihrer Brust spielte und dabei seine Augen mit einem klugen Seitenblick auf den Beschauer gerichtet hielt.

Thomas Manns Erzählung *Gladius Dei* (1902) hält das fest. Friedrich Nietzsche hatte zuvor schon das Schöne als des Menschen «Gattungs-Eitelkeit», mit der er sich selbst anbete, entlarvt (*Götzen-Dämmerung*

Nr. 19). Für Sigmund Freud liegt im sexuellen Interesse die Attraktivität des Schönen begründet. Wer aber in der *Schönsten* nur die Geliebte sucht, wird von diesem Lied nicht bedient. Es liefert ja nichts Sinnliches, trotz Blumen und Perlen und Kronen, und nichts Individuelles. Man erfährt nicht, ob Maria zartgliedrige Hände hatte, einen blassen Teint und ein feines Näschen. Maria hat *all Schönheit beisammen*, nicht einzelne Merkmale. Das Lied fordert zum Transzendieren auf, nicht zum Reduzieren. Wenn das Transzendieren nicht gelingt, bleibt es blaß und leer.

Quellenverzeichnis

Liedflugschriften

Vier ganz neue Geistliche Lieder, Das Erste: Wie schön gläntzt die Sonne, wie hell 2c. Das Anderte: Maria du Himmels-Königin, du 2c. Das Dritte: JEsu meines Herzens Freund, 2c. Das Vierte: Die Schönste aus allen, 2c. Gedruckt in diesem Jahr. Vierstrophig. Ohne Ort (ein Bibliothekar vermerkt: Wiener Neustadt), ohne Jahr (um 1750?) [*VANW].

Drey schöne neue Geistliche Lieder. Das Erste: Maria Himmelskönigin 2c. Das Anderte: Jesu, meines Herzensfreud, 2c. Das Dritte: Die Schönste aus allen 2c. Gedruckt in Oedenburg. [*Klier, Linz 54/7/45. Textgleich, aber nur mit «Gedruckt in diesem Jahr» ausgewiesen *Klier, Linz 56/1/47 und 56/2/23. Vergleichbare Flugschriften: *TVA BL 94 und *DVA Bl. 5713 und Bl. 5726]. Alle vierstrophig, um oder vor 1780?

Vier schöne neue Geistliche Lieder. Das Erste: O JESU mein Leben, mein einziger 2c. Das Anderte. Gegrüst seyst du Maria Jungfräuliche 2c. Das Dritte: Maria die schönste Schäfferin, ein getreue 2c. Das Virte: Die schönste aus allen, von Fürstlichen 2c. Crems, gedruckt bey den Präxlischen Erben. Vierstrophig, nach 1767, [*LA St. Pölten].

Drey schöne geistliche Lieder. Das Erste: Die Schönste aus allen, vom fürstlichen Stand 2c. Das Zweyte: Im Himmel und auf Erden, an allen Ort und End 2c. Das Dritte: So bald ich Morgens früh erwach, ruf ich mein Jesum an 2c. Gedruckt in diesem Jahr. Vierstrophig. [*VANW].

Schöne andächtige Lieder zu der allerheiligsten Jungfrau Maria. Ohne Ort [im Text auf den Wallfahrtsort Brünn bezogen], ohne Jahr. Fünfstrophig, Fragment, um 1770? [*DVA Bl. 5745, Slg. Riedl Nr. 110].

Drey schöne neue Gesänge zu Ehren der allerseligsten Jungfrau. Elfstrophig. Ohne Ort, ohne Jahr (um 1800?). [*DVA Bl. 3428].

Ein Lied von der Mutter Gottes. Ohne Ort, ohne Jahr (um 1800?). Elfstrophig. [*BN Strasbourg R 104.308 III St. 7].

Fünf neue Lieder. 1. Soldatenlied. 2. Wer kauft sich 2c. 3. Ein Sträußchen am Hute 2c. 4. Der verliebte alte Wittmann und das Mädchen. 5. Die Schönste aus allen. J. Schillinger'sche Buchdr. [Trier], ohne Jahr (um 1850), elfstrophig.

Drey schöne geistliche Lieder. Das Erste: Wunder schön prächtige, große cc. Das Zweyte: Die Schönste aus allen cc. Das Dritte: Kommt, ihr Engel! jubiliret cc. Bamberg bey J. Georg C. Gertner seel. Erben, ohne Jahr (zwischen 1789 und 1798). Elfstrophig. [*DVA Bl. 6854, *BN Strasbourg R. 104 308].

Drey schöne Geistliche Lieder. Das erste: Mariam zu lieben. Das zweyte: Die Schönste aus allen. Das Dritte: Was ist vor alles Übel gut? Ohne Ort, ohne Jahr (um 1800?). Elfstrophig. [*DVA Bl. 6906, *BN Strasbourg R. 104 303 III, St 79].

Drei schöne Lieder. 1. Der Ehestand. 2. Ich möchte gerne wissen, 2c. 3. Die Schönste aus allen von fürstlichem Stand 2c. Saargemünd, gedruckt bei Ant. Weiß. [*DVA Bl. 7772].

Zwei schöne Geistliche Lieder. 1. Ich bitt' euch, ihr Christen, 2c. 2. Die Schönste von allen von fürstlichem Stand 2c. Saargemünde, gedruckt bei Anton Weiß. [*DVA Bl: 7770; ähnlich Bl 9910; beide elfstrophig].

Vier schöne, Geistliche Lieder. Das Erste. Sey gegrüst o schönste Sonne 2c. Das Zweyte. Die Schönste aus allen von Fürstlichen Stand. Das Dritte. Nichts lieb ich also frey, als die Liebes Schäferey. Das Vierte. Um achte betrachte, daß jetzund das Leiden. Ganz neu gedruckt. Ohne Ort, ohne Jahr (um 1800, elfstrophig). [*FDH 12676-2].

Vier schöne neue Celler=Lieder, Das Erste: Mit Freud seynd wir jetzt kommen an, zu dir und deinem Sohn, cc. Das Anderte: Ach solt ich scheyden also schnell, von dir Maria=Cell, cc. Das Dritte: Ihr Kräften der Seelen, in süssester Freud, thut euch doch cc. Das Vierte: Maria schönste Zier/ mein Hertz das schenck ich dir, cc. Ohne Ort, ohne Jahr (um 1770?). [*DVA Bl. 302, Museum Steyr].

Gesangbücher und Anthologien

*Nanzig 1778, *Blieskastel 1787, *Saargemünd 1829, *Ditfurth 1855, *Gabler 1890, *Pinck 1927, *Singeschiff 1934, *Kirchenlied 1938, *Gotteslob 1, 1975, *Gotteslob 2, 2013.

Weitere Quellen

Nachlaß Louis *Pinck im *DVA Freiburg

*Gotzen-Kartothek

Oswald Spengler: Der Untergang des Abendlandes. Umrisse einer Morphologie der Weltgeschichte. 2 Bände, München: dtv 1972 (Text der Auflage v. 1923). Zitiert werden die Seiten 1, 513; 1, 527; 2, 941 f.

Heinrich Heine: Nachwort zum Romanzero (Heinrich Heine, Werke, hrsg. v. Stuart Atkins, München: C. H. Beck 1978, zitiert wird aus Band 2, S. 880–882).

Thomas Mann: Gladius Dei (Große Kommentierte Frankfurter Ausgabe Band 2.1, Frankfurt am Main: S. Fischer 2004, 228).

Maria Maienkönigin

Verbreitungsgeschichte

Die Maikönigin (Dritter Mai)

Maria, Maienkönigin!
Dich will der Mai begrüßen,
O segne seinen Anbeginn,
Und uns zu seinen Füßen.

Maria! Dir befehlen wir,
was grünt und blüht auf Erden.
O laß es eine Himmelszier
In Gottes Garten werden.

Behüte uns mit treuem Fleiß,
O Königin der Frauen!
Die Herzensblüthen lilienweiß
Auf grünen Maiesauen.

Vor allem sind's der Blümlein drei,
Die laß kein Sturm entlauben:
Die Hoffnung grün und sorgenfrei,
Die Liebe und den Glauben.

O laß die Blumen um und um
In allen Herzen sprossen,
Und mache sie zum Heiligthum,
Drinn sich der Mai erschlossen.

Die Seelen kalt und glaubensarm
Die mit Verzweiflung ringen,
Die stummen mache liebeswarm,
Damit sie freudig singen.

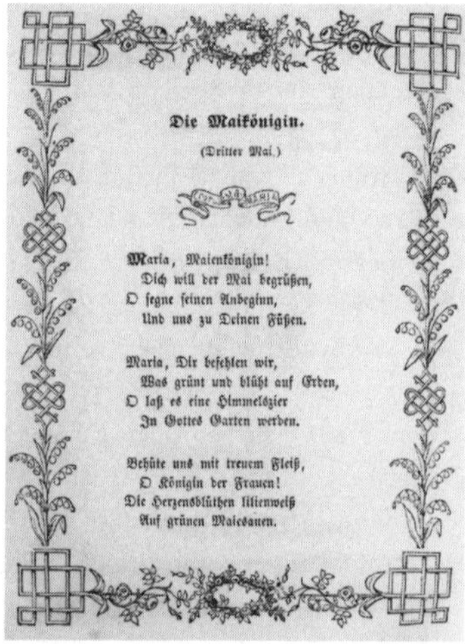

Die Maikönigin.

(Dritter Mai.)

Maria, Maienkönigin!
Dich will der Mai begrüßen,
O segne seinen Anbeginn,
Und uns zu Deinen Füßen.

Maria, Dir befehlen wir,
Was grünt und blüht auf Erden,
O laß es eine Himmelszier
In Gottes Garten werden.

Behüte uns mit treuem Fleiß,
O Königin der Frauen!
Die Herzensblüthen lilienweiß
Auf grünen Maiesauen.

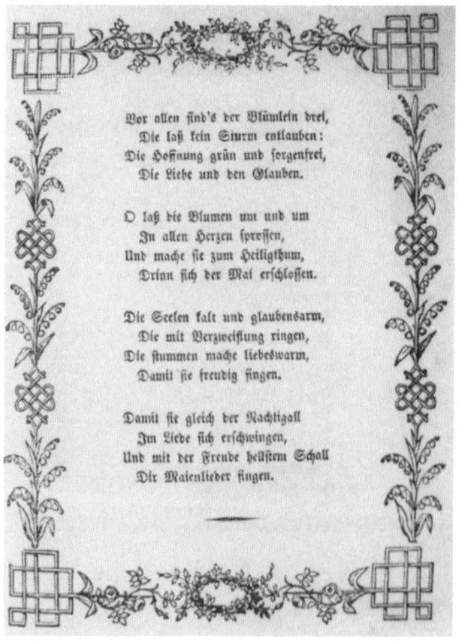

Vor allen sind's der Blümlein drei,
Die laß kein Sturm entlauben:
Die Hoffnung grün und sorgenfrei,
Die Liebe und den Glauben.

O laß die Blumen um und um
In allen Herzen sprossen,
Und mache sie zum Heiligthum,
Drinn sich der Mai erschlossen.

Die Seelen kalt und glaubensarm,
Die mit Verzweiflung ringen,
Die stummen mache liebeswarm,
Damit sie freudig singen.

Damit sie gleich der Nachtigall
Im Liede sich erschwingen,
Und mit der Freude hellstem Schall
Dir Maienlieder singen.

München 1853

Damit sie gleich der Nachtigall
Im Liede sich erschwingen,
Und mit der Freude hellstem Schall
Dir Maienlieder singen.

Maria Maienkönigin findet sich erstmals in einem Büchlein mit dem Titel: *Marienlieder zur Feier der Maiandacht gedichtet von Guido Görres. Rom im Mai 1842. Zweite, um dreißig Lieder vermehrte Ausgabe,* München: J.G. Weiß 1844. Die erste Auflage war ein Jahr zuvor erschienen. Die dritte und letzte, am weitesten verbreitete Auflage kam 1853 heraus – ein Jahr nach Görres' Tod. Sie ist von seiner Schwester Marie Görres mit weiteren Texten ihres Bruders und mit einem Gedicht zu seinem Gedenken erweitert worden.

Görres' Marienlieder erfreuten sich bald großer Beliebtheit. Dazu mag beigetragen haben, dass Johann Kaspar Aiblinger (1779–1867) insgesamt 26 Texte der Sammlung unmittelbar nach ihrem Erscheinen vertont hat. Und er blieb nicht der einzige. Andere folgten rasch, wie zum Beispiel der Einsiedeler Pater Anselm Schubiger (1815–1888). Seine Melodie zum Lied *Maria Maienkönigin* ist bis heute die geläufigste. Sie wird hier gegeben in der Version des *Gesang- und Andachtsbuchs für das Bistum Rottenburg,* Stuttgart: Schwabenverlag 1949.

*Rottenburg 1949

Im Gegensatz zu einigen anderen Liedern der Sammlung, die hauptsächlich über Andachts- und Wallfahrtsbücher in Gebrauch kamen, gelangte die *Maienkönigin* bereits Ende des 19. Jahrhunderts in verschiedene offizielle Diözesangesangbücher (Speyer, Köln und Bamberg) und gehörte in den 30er und 50er Jahren des 20. Jahrhunderts in zahlreichen Bistümern zum festen Marienliedkanon. Wie erklärt sich dieser Erfolg? Wie war das Umfeld? Was machte die Faszination aus? Warum ist die Glut heute fast erloschen? Die Antwort erfordert ein paar Umwege.

Clemens Brentano

Der alte Brentano, der seit seiner Generalbeichte 1817 zu einem ultrakatholischen Erbauungsschriftsteller mutiert war, war ein Meister der künstlichen Einfalt. Er dichtete fromm:

Wie die Lilie leuchtend strahlet
Klar und rein und ohne Schuld,
Steht Maria lichtdurchstrahlet
Von des Himmels Gnad' und Huld.

Er scheint von der Gottesmutter zu sprechen, der Lilie, die eine Rose ohne Dornen ist, aus dem *Hohen Lied*. Er bezieht sich auf Hld 2,2, eine Stelle, die im lateinischen Text lautet: «Sicut lilium inter spinas, sic amica mea inter filias.» Wie die Lilie unter Dornen, so ist meine Freundin unter den Töchtern. In Maria, so schlußfolgert die altkirchliche Deutung, seien die Liebe (die rote Rose) und die Unschuld (die weiße Lilie) vereint. Aber heimlich biegt Brentano den Sinn wieder zurück, von Maria zurück nicht nur zu Sulamith, der Geliebten im Alten Testament, sondern auch zurück zu seiner aktuellen Freundin.

Gleich der Lilie, die erhöhet,
Unter Dornen leuchtend steht,
So die Freundin rein erhöhet
Unter andern Töchtern steht.

Er schafft ein raffiniertes Gebilde, in dem die reine Lilie zugleich die gewährende Rose ist – er selbst aber als unter Dornen weidendes Schäfchen figuriert, das seinen Liebeshunger stillen will. Die Lilie ist im Klartext Emilie Linder, in die er bis zum Wahnsinn verliebt war:

Clemens Brentano 1819

Und es sang dir von der Lilie
Der in Dornen weidend geht,
Weil sie reimet auf Emilie
Die sub Rosa sich versteht.

In jeder Maria steckt eine Venus, aber das durfte niemand erfahren. Nach außen gab Brentano den frommen Pilger voll Demut und Einfalt, nach innen aber war er ein moderner Intellektueller mit allem Raffinement. Privat war der fromme Dichter nicht glücklich. Fast immer war er verliebt, fast immer mußte er verzichten. Noch seine frömmsten Produkte sind Sublimierungen seiner Sehnsüchte. Die Sexualität durchdringt alles und muß doch stets verborgen bleiben. Der poeta marianus sieht sich selbst in der Rolle Marias, wie sie den Heiligen Geist empfängt. Marias Unschuld begehrt er auch für sich. Die unbefleckte Empfängnis versteht er als die einzig richtige Empfängnis. Nur in blindem Glauben kann man empfangen, nur unbewußt, nicht mit Bewußtsein. Jeder Gedanke, sagt er in seinem Roman *Godwi*, sei eine unbefleckte Empfängnis, jedes dichterische Wort eine Menschwerdung.

Immer schwingt ein erotischer Subtext mit. Wer bei einer Empfängnis noch denkt und sich selbst besitzt, hat das Wunder verfehlt. Nur das unbewußt Empfangene ist gut. Bewußtsein und Erkenntnis trennen vom Glück, das sich nur dem Einfältigen erschließt. Die Erkenntnis aber führt zur Verstoßung aus dem Paradies.

Das *weiß* Brentano, und ist damit in einem unauflöslichen Widerspruch. Er muß das Unbewußte bewußt wollen. Er muß das Einfältige raffiniert herstellen. Er ist kein Kind, aber er will sein wie eines der

Kinder, von denen Jesus gesagt hat, ihrer sei das Himmelreich (Mt 19,14). Er muß das Unschuldige simulieren und sich dadurch schuldig machen, denn Infantilismus ist nicht dasselbe wie Kindlichkeit. Er will Emilie Linder davon überzeugen, daß sein Herz rein ist, aber in Wahrheit fühlt er sich sündig und besudelt, er bringt nur Reinheitsrhetorik zustande, mit der er sie erpressen will. Freilich wird ihm dieser ganze Kreislauf so sehr zur zweiten Natur, daß ihm die künstliche Unschuld immer natürlicher gelingt und daß er allmählich vergißt, was er tut. Er ist wie ein Schauspieler, der eine Rolle so lange gespielt hat, bis er sich selbst mit ihr verwechselt.

Guido Görres

Nach der Verheerung, die der Untergang des Alten Reichs, die Aufhebung der geistlichen Fürstentümer, die Abwicklung der Klöster, die napoleonischen Kriege, die Säkularisation und die Religionskritik der Aufklärung hinterlassen hatten, mußte sich das katholische Lager mühsam neu aufstellen. Zu den Vorkämpfern einer neuen katholischen Identität in Deutschland gehörten einige Autoren der Spätromantik, darunter Joseph von Eichendorff, Friedrich Schlegel, Clemens Brentano und Joseph Görres, der Vater von Guido Görres. Was da zwei Jahrzehnte lang insgeheim mobilisiert worden war, trat ans Licht der Öffentlichkeit, als die preußische Regierung 1837 die Torheit besaß, den Erzbischof von Köln zu verhaften, im Zuge von Auseinandersetzungen um die Kindererziehung in Mischehen. Der Kirchenmann hatte prinzipiell die katholische Kindererziehung gefordert und ignoriert, daß dann der Konfession des nichtkatholischen Partners faktisch kein Vermehrungsrecht zustände. Zeitgenössische Beschreibungen lassen ahnen, daß der Erzbischof den preußischen Staat durch sein Verhalten geradezu provoziert hatte: «Mit eisernem Starrsinn hatte der Erzbischof alle auf Anordnung der höchsten Staatsbeamten angewandten und zuletzt auf des Königs Befehl wiederholten Versuche zur Verständigung auf gütlichem Wege abgelehnt, mit keckem Trotze selbst die Warnungen über die Folgen seines Beharrens in seinem Ungehorsam von der Hand gewiesen.» Der

Guido Görres
Bleistiftzeichnung von A. Muttenthaler

Streit, den «weniger Charakterconsequenz als der hartnäkkige Eigensinn» des Erzbischofs vom Zaun gebrochen hatte, spitzte sich derart zu, daß der Staat sich schließlich zum Handeln genötigt sah.

Die enorme Protestwelle, die aufschwappte, gilt als die Geburtsstunde des politischen Katholizismus. In diese Zeit hinein stellt Guido Görres seine *Marienlieder zur Feier der Maiandacht*. Maria wird zur Identifikationsmythe des neuen Katholizismus. Was so fromm-unschuldig auftritt, ist insofern nicht frei von Absichten: die Maiandacht. Guido Görres schreibt seine Lieder, um diese aus Italien importierte neue Frömmigkeitsform in Deutschland einzuführen. Was heute vergangen und vertrocknet wirkt, war damals jung und frisch. Görres steht damals nicht im Strom einer alten, frommen Tradition, sondern schafft etwas Neues, das alt und fromm aussieht. Er ist ein Brentano-Epigone, und, wie bei Epigonen üblich, nicht so gut wie sein Vorbild. Er imitiert die Beletage, aber seine Gedichte haben kein Souterrain und keinen verwunschenen Dachboden. Er widmet Brentano zum Gedächtnis seines Todes (1842) die zweite Auflage der *Marienlieder*, in der sich auch der Erstdruck von *Maria Maienkönigin* findet. Aber er bleibt hinter seinem Idol deutlich zurück.

Die wichtigsten Inspirationen zur Maiandacht hatte Görres aus Rom mitgebracht, wo er den Mai 1842 zubrachte. Rom war damals der Magnetberg der katholischen Welt. Dort herrschte Gregor XVI. als Papst und als Fürst des Kirchenstaats, den es ja noch gab. Er verbot so ziemlich alles, was in die Zukunft wies, verbot das Gute mit dem Schlechten, verwarf den Traditionalismus des Joseph de Maistre, der ihm mit seinem dicken Buch *Du Pape* (1817) eigentlich einen riesigen Gefallen getan hatte, ächtete den frommen Fideismus, den scharfsinnigen Ontologismus, den liberalen Hermesianismus, den demokratischen Sozialkatholizismus des Priesters Félicité de Lamennais, untersagte die Gasbeleuchtung und die Eisenbahn. Zwischen all den Verboten tat sich die Wahrheit schwer. Die spätromantische Frömmigkeit unterwarf sich dennoch, weil sie den Subjektivismus überwinden wollte, und wurde so auch zu einer Übung im Gehorsam. Der Hochmut des Aufklärungsintellektuellen sollte der Demut des Gläubigen weichen, dem der Gehorsam wichtiger ist als der emanzipierte Verstand – «jene grassirende Verstandestyrannei, die alles Höhere im Menschen mit Formeln aus Ziffern und Buchstaben binden und fesseln zu können wähnt, und in diesem Wahne hochmüthig und trotzig über Alles hinwegfährt, was ihren hohlen, leeren Abstractionen durch seine innere Fülle und das einwohnende Leben widerspricht [...].» Das hatte Görres senior in seiner Kampfschrift *Athanasius* geschrieben. Vom Papste hingegen wurde an gleicher Stelle gesagt, er ruhe «in erhabener demütiger Einfalt», während die weltliche Diplomatik, mühselig am Felsen brandend, um ihn her vergeblich ihre kleinen, klatschigen, krausen und schaumigen Wellen aufbiete, ohne auch nur «die Spitze seines Fußes zu bedecken».

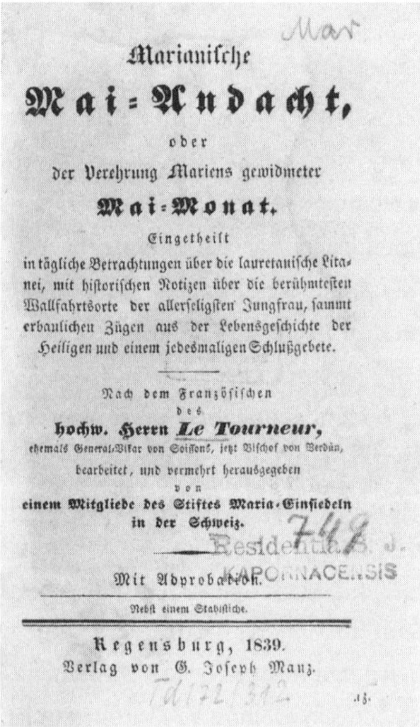
Marianische
Mai-Andacht,
oder
der Verehrung Mariens gewidmeter
Mai-Monat.
Eingetheilt
in tägliche Betrachtungen über die lauretanische Litanei, mit historischen Notizen über die berühmtesten Wallfahrtsorte der allerseligsten Jungfrau, sammt erbaulichen Zügen aus der Lebensgeschichte der Heiligen und einem jedesmaligen Schlußgebete.

Nach dem Französischen
des
hochw. Herrn *Le Tourneur*,
ehemals General-Vikar von Soissons, jetzt Bischof von Verdün,
bearbeitet, und vermehrt herausgegeben
von
einem Mitgliede des Stiftes Maria-Einsiedeln
in der Schweiz.

Mit Approbation.

Nebst einem Stahlstiche.

Regensburg, 1839.
Verlag von G. Joseph Manz.

Die Maiandacht, so lieblich sie mit ihrem verspielten Blumenkult scheint, wurde in den Dienst einer allgemeinen Disziplinierung des Geistes und der Triebe gestellt. Der Klerus hatte jedenfalls Erwartungen dieser Art – ob sie sich immer erfüllten, steht auf einem anderen Blatt. In Regensburg erschien 1839 eine *Marianische Mai-Andacht*, deren Vorrede den Zweck der Übungen ausführlich beschreibt.

Heftiger als das der sinnlichen Liebe, so liest man dort, glühe das Feuer der geistigen Liebe. Es entzünde sich an der Glut der himmlischen Liebe der Himmelskönigin und lasse den so Entzündeten freudiger auf der dornigen Bahn der Tugend fortwandeln. Maria sei «nach Gott der geliebteste Gegenstand der Herzen», ihre himmlische Schönheit und Liebenswürdigkeit vermöge die Gewalt unlauterer Leidenschaften zu schwächen und zu heiliger Liebe zu begeistern. Die Maiandacht solle «in diesem Zeitalter, das sich durch freches Bespötteln alles Heiligen, durch systematisches Untergraben alles Glaubens an alle geoffenbarte Wahrheiten und der Anhänglichkeit an die heilige katholische Kirche, durch den kältesten Unglauben charakterisirt», gern ergriffen und festgehalten werden. Die Andachtsübungen machen durch den Hinblick auf die tiefe Demut der hochbegnadeten Jungfrau mit der wahren Größe bekannt. Sie sollen

> den unbändigen, so vielfach gepriesenen Freiheitssinn und das Streben nach völliger Unabhängigkeit niederschlagen und den Menschen durch Erkenntniß seines Nichts und aufrichtige Selbsterniedrigung der höchsten Gaben Gottes würdig machen.

Wie der Sohn Gottes nur im Schoße des reinsten Geschöpfes menschliches Fleisch annehmen wollte, wollte er auch nur in reinen Seelen seinen Thron aufschlagen. In einem Schreiben vom 21. März 1815 habe Papst Pius VII. jedem Gläubigen, der im Mai öffentlich oder privat der Heiligen Jungfrau huldige, für jeden Tag dreihundert Tage Ablaß zugesagt. Als zur Ablaßgewinnung geeignete Huldigungen, Gebete und Tugendakte werden diverse Aktionen empfohlen, darunter tägliche Anrufungen aus der Lauretanischen Litanei, Gedenken vor einem Marienbild, Vereinigung im Geiste mit anderen Marienverehrern, eine Medaille der Heiligen Jungfrau bei sich tragen, bei jedem Stundenschlag sie zu grüßen, sie um einen guten Tod bitten, sich eine Abtötung auferlegen und täglich sein Gewissen erforschen. Es läuft auf eine umfassende Disziplinierung hinaus, eine Modellierung der Triebe, eine Ausrichtung aller inneren Kräfte, die Schaffung eines neuen Adam aus dem alten heraus.

Gärtnerin und Mutter der Schlachten

Die erste Auflage der *Marienlieder* enthält nur dreizehn Gedichte. Das dürften diejenigen sein, die direkt vom Romaufenthalt 1842 inspiriert wurden. Erst die zweite, in München entstandene Auflage orchestriert mit 31 Liedern (plus Prolog und Epilog) den ganzen Mai. Einflüsse der *Marianischen Mai-Andacht* sind mit hoher Wahrscheinlichkeit anzunehmen, denn Themen, Formen und Tendenzen stimmen überein. Die natürlichen Frühlingsmotive (Nachtigallen, Blüten, Sonnenschein) verknüpfen sich mit den bekannten allegorischen Blumen (Rose, Lilie). Maria ist Blume, aber sie ist auch Gärtnerin; unsere Herzen sind dann die Blumen, manchmal aber auch die Vögelein. Maria ist liebende Mutter und geliebte Jungfrau, sie begegnet als Sonne, als Meerstern, als Mond, sie ist Mutter der Betrübten und Zuflucht der Sünder, sie ist Maienkönigin und Königin der Engel. Besungen werden Haltungen (Glaube, Liebe, Hoffnung, Demut, Reue), Feste (Lichtmeß), Hymnen (Magnificat) und Geschichten aus dem Marienleben. Sogar in den Streit um die Rheingrenze mischt sich Guido Görres ein, die sanfte Blumenkönigin kann auch blank ziehen, wie sich am Ende der fünften Strophe des Liedes zum 23. Mai – *Geleite durch die Welle* – zeigt: *Maria! Deiner Milde/ Befehlen wir den Rhein,/ O wolle ihm zum Schilde,/ Zum Schwert und Panzer seyn,/ Es breche dran in Splitter/ Die Lanze fremder Ritter, Maria! O Maria hilf!* Die täglichen Andachtsübungen erzielen eine Zentrierung auf Maria, die zwar nur selten so konkret wird wie im Fall der Rheingrenze, aber, indem sie fromm, keusch, demütig und einfältig macht, ganz allgemein und für wechselnde Zwecke gefügige Werkzeuge für die katholische Sache schafft. Kriegstüchtig umgedichtet findet sich das Lied auf den 23. Mai im *Feldgesangbuch von 1939:

7. Geleite unsre Heere, o Mutter treu und mild! Den Schiffen auf dem Meere sei gnädig Schutz und Schild! Und hilf uns in den Stürmen, wenn sich die Wogen türmen! Maria, Maria, o Maria hilf!

2. Beschirme unsre Krieger, du mächtigste der Frau'n, führ' bald sie heim als Sieger in ihrer Heimat Au'n und lasse alle Wunden an Leib und Seel gesunden. Maria – – –

Geleite unsre Heere,/ o Mutter treu und mild!/ Den Schiffen auf dem Meere/ sei gnädig Schutz und Schild!/ Und hilf uns in den Stürmen,/ wenn sich die Wogen türmen!/ Maria, o Maria hilf! // Beschirme unsre Krieger,/ du mächtigste der Frau'n,/ führ' bald sie heim als Sieger/ in ihrer Heimat Au'n/ und lasse alle Wunden/ an Leib und Seel gesunden./ Maria, o Maria hilf!

Es blüht der Blumen eine

Die Maiandacht des Guido Görres wird immer abgründiger. Der liebliche Garten eignete sich für ganz unerwartete Zwecke. Wir schweifen noch einmal ab und sehen, was sich mit dem Lied auf den 2. Mai alles machen ließ.

Die Marienblume.
(Zweiter Mai.)

Es blüht der Blumen eine
Auf ewig grüner Au,
Wie diese blühet keine
So weit der Himmel blau.

Wenn ein Betrübter weinet,
Getröstet ist sein Schmerz:
Wenn ihm die Blume scheinet
Ins leidenvolle Herz.

Und wer vom Feind verwundet
Zum Tode niedersinkt,
Von ihrem Duft gesundet,
Wenn er ihn gläubig trinkt.

Die Blume, die ich meine,
Sie ist euch wohl bekannt,
Die fleckenlose, reine
Maria wird genannt.

Maria ist's die süße,
Die Lilie auserwählt,
Die ich von Herzen grüße,
Die sich der Geist vermählt.

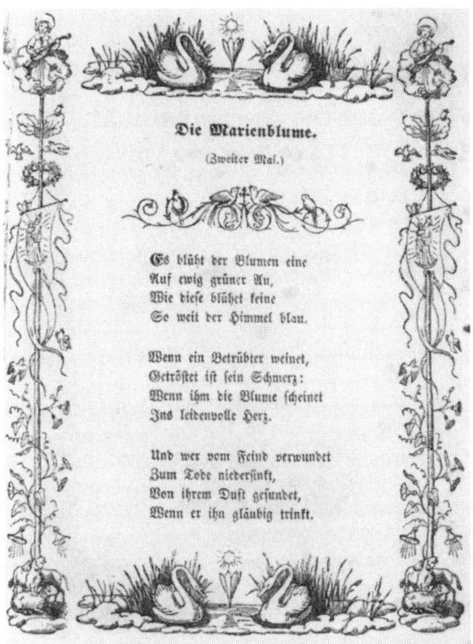

Die Marienblume.
(Zweiter Mai.)

Es blüht der Blumen eine
Auf ewig grüner Au,
Wie diese blühet keine
So weit der Himmel blau.

Wenn ein Betrübter weinet,
Getröstet ist sein Schmerz:
Wenn ihm die Blume scheinet
Ins leidenvolle Herz.

Und wer vom Feind verwundet
Zum Tode niedersinkt,
Von ihrem Duft gesundet,
Wenn er ihn gläubig trinkt.

Marienlieder zur Feier der Maiandacht, Ausgabe 1853

Maria ist's die reine,
Die also lieblich blüht,
Daß in so lichtem Scheine
Der Rosen keine glüht.

Erfreue süße Blüthe,
Der Erde finstre Gruft,
Erblühe im Gemüthe
Mit Deinem Himmelsduft.

Und Heiligkeit und Frieden
Verleihe unsrer Brust,
Und nach dem Tod hinieden
Des Himmels ew'ge Lust.

In einer kleinen Kapelle, an einem strahlenden Frühlingstag vor einer blumengeschmückten Madonnenstatue, die milde auf ihr Kind herablächelt, angestimmt, entfaltet das Lied einen betörend schönen Trost. Die Blume Maria scheint dem Betrübten *ins leidenvolle Herz* und läßt den vom *Feind* Verwundeten selbst noch im Tode von ihrem Duft gesunden. Der *Feind* kann alles mögliche sein, der gehässige protestantische Nachbar, die allmählich um sich greifende Industrialisierung, der antikatholische preußische Staat, das neue aufgeklärte Bewußtsein oder aber auch der unerreichbare Geliebte, der die ihm entgegengebrachte Empfindung nicht erwidert. Die Marienblume erscheint als wundersames Allheilmittel, welches auch noch über den Tod hinaus seine Wirkung entfaltet. Wehmütiges Sehnen, eingetaucht in einen die Sinne bezaubernden Blumenkult zu Ehren der Gottesmutter Maria – süßlich schön, den breiten Geschmack treffend, tiefe Emotionen schürend und trotzdem substanzlos.

Das Lied ließ sich gänzlich unverändert aus den herrlich grünen Maienauen umpflanzen mitten hinein in das Kampfgeschehen der Weltkriege. Es steht wortgleich im 1913 in *Landau für Pfalz-Bayern herausgegebenen *Militärgebet- und Gesangbuch*. Was geschieht, wenn ein solches Lied sich plötzlich in einem Feldgesangbuch des Ersten Weltkrieges wiederfindet? Das wollen wir testen. Wir stellen uns einen ganz bestimmten Soldaten vor, der das Lied gerade in seinem Gesangbuch entdeckt hat. Er heißt Fritz Klatt, ist Student der Germanistik und steht am 16. Oktober 1914 vor Iwangorod, das an der russisch-estnischen Grenze liegt, auf halben Weg zwischen Reval und Leningrad. Die Aufgabe ist, die russischen Truppen über die Narva zurückzuschlagen. Er schreibt in einem Brief nach Hause:

> Die Schlacht ist nichts, wo der einzelne etwa im Angreifen Mut beweisen kann. So war es früher vielleicht. Jetzt gibt es nur für alle den einen großen Heroismus des Aushaltens von Dingen, die dem Verstand und Herzen unertragbar scheinen. Das Infanteriefeuer haben wir kaum mehr beachtet, wir sind ungebückt und im Schritt dagegen vorgegangen. Aber das Artilleriefeuer – wir haben mehrmals über zwei Stunden Schrapnell- und Granatfeuer aushalten müssen, ohne einen Finger rühren zu können. Wir standen hinter den Häusern eines Dorfes, immer in Häuflein von 20 zu 30 Mann, eng angeschmiegt an die Hauswand, die nur in Gedanken einige Erleichterung gibt, nicht in Wirklichkeit. Das russische Schrapnellfeuer wird salvenweise abgegeben, d.h. etwa sechs Schuß kommen unmittelbar hintereinander, dann gibt es eine Pause, die ich nicht zu bemessen wüßte – denn Zeit ist Aufgehobenes –, dann folgt die nächste Salve. Das Schrapnell streut einmal einen Hagel kleiner Kugeln, dann die Eisenstücke des gesprengten Mantels auf etwa 50 Meter nach vorn. Die Granate wühlt sich im Bogen von oben her erst tief in den Boden, platzt unter der Erde und sendet einen Springbrunnen von Eisen und Feuer nach allen Seiten. Wir standen in den Häusern und hinter den Wänden der Häuser. Dann kommt es plötzlich heran, Zischen durch die Luft, lang und vernehmlich. Nun duckt sich alles, was Leben hat, zu einer unentwirrbaren Masse zusammen, um das Ziel möglichst klein zu machen. Keiner sieht auf; denn es ist nicht zu ertragen. Es hat dicht vor dem Haus eingeschlagen, die Stücke fliegen durch die Wände, über die Dächer ringsum. Der Kot der Straße fliegt mit. Die Rinder brüllen mit unbeschreiblicher Gräßlichkeit im Ton. Und die Getroffenen stoßen den Schrei des Todes aus. Und danach ist es still. Diese Stille ist das Schlimmste. Diese Augenblicke der völligen Schweigsamkeit sind wie das Fallen im Traum, Schrecken ohne Ende und doch auf wenige Augenblicke zusammengepreßt. Dann aber beginnt sich das Leben vom Tode zu sondern. Wer noch gesund ist, springt auf und rennt blindlings hinter eine andere Deckung, das nächste der Häuser oder hinter Bäume, Hecken oder dergleichen. Die verwundet sind, wimmern nun und schreien auch laut um Hilfe, die niemand bringen kann. Und was man nicht glaubt, einmal ertragen zu können, geschieht nun wieder und wieder.

Wir denken uns hinein in Fritz Klatt im Schrapnellhagel. Der Springbrunnen aus Eisen, Dreck und Feuer spritzt um uns herum, die Rinder brüllen mit unbeschreiblicher Gräßlichkeit, alles duckt sich zu einer unentwirrbaren Masse zusammen. Wir singen:

1. Es blüht der Blumen eine
Auf ewig grüner Au,
Wie diese blühet keine
So weit der Himmel blau.
Wenn ein Betrübter weinet,
Getröstet ist sein Schmerz:
Wenn ihm die Blume scheinet
Ins leidenvolle Herz.

Beim «Schrei des Todes» der getroffenen Kameraden und in der darauf folgenden Stille, dem «Augenblick der völligen Schweigsamkeit», taucht vor Fritz Klatt die Erinnerung an eine Blume auf. Sie steht auf einer ewig grünen Au und scheint dem Soldaten, der aushalten muß, was nicht auszuhalten ist, mitten hinein ins *leidenvolle Herz.* Kürzlich hatte er das Lied in seinem Gesangbuch entdeckt. Es hatte ihn angerührt, er konnte es auswendig und jetzt spendete es Trost im tiefen Leid.

Die zweite Strophe kommt ihm in den Sinn und schenkt ihm Hoffnung. Eine Hoffnung, die die krasse Situation der konkreten Schlacht aufgreift und zugleich über sie hinausweist:

2. Und wer vom Feind verwundet
Zum Tode niedersinkt,
Von ihrem Duft gesundet,
Wenn er ihn gläubig trinkt.
Die Blume, die ich meine,
Sie ist euch wohl bekannt,
Die fleckenlose, reine
Maria wird genannt.

Wer im Sterben den *Duft* der Blume Maria *gläubig trinkt* wird gesunden. Das wünscht der kämpfende Student den soeben Gefallenen und er wünscht es sich für sich selbst, denn der Tod ist zum Greifen nah… jeder Moment kann der letzte sein. Er träumt sich, geschockt und gelähmt hinter einer halben Hauswand kauernd, in die dritte Strophe hinein:

3. Maria ist's die süße,
Die Lilie auserwählt,
Die ich von Herzen grüße,
Die sich der Geist vermählt.
Maria ist's die reine,
Die also lieblich blüht,
Daß in so lichtem Scheine
Der Rosen keine glüht.

Der Traum von Maria ist süß. Sie erscheint vor ihm als lieblich blühende Lilie – als eine vom lichten Schein umgebene reine und unschuldige Todesgöttin. Im Geist vermählt er sich mit ihr. Dieser Bund nimmt dem Tod seinen Stachel. Erfüllung kündigt sich an. Das Artilleriefeuer wummert und zischt. Die vierte Strophe kommt:

4. Erfreue süße Blüte,
Der Erde finstre Gruft,
Erblühe im Gemüte
Mit Deinem Himmelsduft!
Und Heiligkeit und Frieden
Verleihe unsrer Brust,
Und nach dem Tod hinieden
Des Himmels ew'ge Lust.

Die Blüte bringt einen winzigen Freudenstrahl mitten hinein in die *finstre Gruft* des Schlachtfelds von Iwangorod. Ihr Duft prophezeit Frieden, den Frieden, nach dem Fritz Klatt sich jeden Tag sehnt. Aber es schwingt noch mehr mit. Ein sanfter Hauch, der sogar über das grausamste Leid erhaben zu sein scheint – die Vision von der ewigen Lust des Himmels, das immerwährende Glück. Und selbst, wenn das nur ein süßer Traum ist, und er es eigentlich gar nicht glaubt, so rettet die Blume Maria ihn in diesem Augenblick vor der Verzweiflung.

Aus der Perspektive von Fritz Klatt beginnen vor allem die eschatologischen Elemente des Textes zu leuchten: Maria wird zur Sterbehelferin. Maria, als ein über das Irdische hinausweisender Traum, der beim Sterben hilft, erblühend im Gemüte, das Innere erfüllend mit Himmelsduft und Frieden, so daß ihm der äußere Graus nichts anhaben kann. Der Weltkrieg verändert die Wirkung des Liedes auf eine Weise, an die Guido Görres nicht gedacht hat. Er schafft aus harmlosen Marienblumen gefährliche ideologische Waffen. Das unschuldige Lied macht nun das Unaushaltbare aushaltbar. Oppositionelle Regungen werden besänftigt, diszipliniert, abgelenkt oder eingeschläfert. Das schaurig schöne Lied verliert seine Unschuld. Eine Unschuld, die es, bei Licht besehen, nie gehabt hat.

Die Maienkönigin

Wir kehren zu *Maria Maienkönigin* zurück und betrachten zunächst den Text Strophe für Strophe:

Maria, Maienkönigin!
Dich will der Mai begrüßen,
O segne seinen Anbeginn,
Und uns zu Deinen Füßen.

Die Kommunikationssituation ist ebenso einfach wie merkwürdig. Ein «Wir» spricht unterwürfig und emphatisch eine über ihm thronende Königin an und versichert ihr, der Mai wolle sie begrüßen. Mit *O*, einem vorsprachlichen Juchzer, beginnt das zweite Verspaar, das Segen erbittet für zwei recht unterschiedliche Adressaten, nämlich einerseits den «Anbeginn» und andererseits die Bittenden selbst, die sich zu Füßen dieser Königin aufhalten. Dem emotional geprägten Sprachgestus steht ein blasser und diffuser Inhalt entgegen.

Maria! Dir befehlen wir,
Was grünt und blüht auf Erden,
O laß es eine Himmelszier
In Gottes Garten werden.

In der zweiten Strophe ist das «Wir» damit beschäftigt, Maria etwas zu befehlen. Gemeint ist «anbefehlen», also anvertrauen und unter ihren Schutz stellen. Die gesamte irdische Flora wird auf Maria hingeordnet. Wieder folgt ein *O*. Es bildet das Scharnier zwischen Erde und Himmel. Die Natur wird zum Vorausblick auf die Ewigkeit, die als Paradiesgarten vorgestellt wird.

Mit Rosen und Lilien

Behüte uns mit treuem Fleiß,
O Königin der Frauen!
Die Herzensblüthen lilienweiß
Auf grünen Maiesauen.

Ein drittes *O* verstärkt die Bitte der Singenden. Maria, die *Königin der Frauen,* soll sie mit *treuem Fleiß* behüten. Wen? Uns, die wir lilienweiße Herzensblüten auf grünen Maiesauen sind. Und was meint *Königin der Frauen*? Kümmert sie sich etwa nur um das weibliche Geschlecht? Das wohl nicht. Es meint vielmehr, daß Maria unter allen Frauen der höchste Rang zukommt. Maria, die hohe Frau ist unsere Gärtnerin. Das ist keine metaphorische Glanzleistung, passt aber gut zum blumengeschmückten Maialtar.

Vor allen sind's der Blümlein drei,
Die laß kein Sturm entlauben:
Die Hoffnung grün und sorgenfrei,
Die Liebe und den Glauben.

Das «Wir» zieht sich aus dem Text zurück. Es beschreibt Marias Garten jetzt aus der betrachtenden Perspektive. Drei Blümlein gibt es dort, die besondere Aufmerksamkeit erfordern. Der *Sturm* soll sie nicht *entlauben*. Man versteht, was gemeint ist, auch wenn *Sturm* und *entlauben* eher zu starken Bäumen als zu zarten *Blümlein* passen wollen. Die fragilen Gewächse sind nicht irgendwelche Pflanzen, sie haben Namen. Sie heißen *Hoffnung, Liebe* und *Glauben*. Die christlichen Kardinaltugenden also, die hier aus ihrer gängigen Reihenfolge gepurzelt sind. Wahrscheinlich aus dem gleichen Grund, aus dem die *Hoffnung* etwas unvermittelt als *grün und sorgenfrei* erscheint – des Reimes wegen!

O laß die Blumen um und um
In allen Herzen sprossen,
Und mache sie zum Heiligthum,
Drinn sich der Mai erschlossen.

Wieder ein *O*, das vierte! Gleich am Strophenanfang verleiht es der sich nun über vier Verszeilen aufgipfelnden Bitte eine geradezu enthusiastische Klangfarbe. Wieder richtet sich das außerhalb der Strophe stehende «Wir» an Maria. *In allen Herzen* soll sie sprossen lassen *die Blumen um und um* (eigentlich müßte «sprießen» stehen). Es ist nicht ganz klar, ob damit die in der vorigen Strophe genannten allegorischen *Blümlein* namens Glaube, Hoffnung und Liebe gemeint sind oder die konkreten Blumen, die man im Wonnemonat Mai überall erblühen und vor allem den Maialtar schmücken sieht. Die Blumen jedenfalls sollen nicht nur sprossen, Maria soll sie *in allen Herzen* zu einem *Heiligthum* werden lassen. Oder – das bleibt grammatisch unklar – sind die *Herzen* selbst das *Heiligthum*? Das wäre gut paulinisch; dann hätte sich in den Herzen voller Blumen *der Mai erschlossen*. Aber wer ist eigentlich *der Mai*? Ein Frühlingsgott? Oder einfach ein Monat? Und wie und wozu genau soll er sich *erschlossen* haben? Gut, daß der begeisterte Tonfall der Strophe den Sänger vor lästiger Genauigkeit schützt.

Die Seelen kalt und glaubensarm
Die mit Verzweiflung ringen,
Die stummen mache liebeswarm,
Damit sie freudig singen.

Von den Blumen zu den kalten und glaubensarmen Seelen – das ist ein weiter Sprung, den das «Wir» von der fünften zur sechsten Strophe vollzieht. Offensichtlich zählt es sich selber nicht zu diesen Seelen, die *mit Verzweiflung ringen.* Wer aber sind die stummen, kalten, glaubensarmen und verzweifelten Seelen, die Maria *liebeswarm* machen soll, damit auch sie *freudig singen* können? Aus Sicht der Singenden sind es die vielen bedauernswerten Menschen, die von der Aufklärung und durch den Unglauben in die emotionale Armut katapultiert worden sind.

Damit sie gleich der Nachtigall
Im Liede sich erschwingen,
Und mit der Freude hellstem Schall
Dir Maienlieder singen.

Die letzte Strophe setzt ein mit der finalen Konjunktion *damit.* Sie markiert deutlich, daß nun die Zielstrophe des Liedes erreicht ist. In ihr wird der Zweck der Übung auf den Punkt gebracht. Der im Text breit entfaltete Blumenkult um die Maienkönigin Maria und die so leidenschaftlich vom «Wir», das die Gruppe der singenden Gläubigen umfaßt, vorgetragenen Bitten haben nur eine einzige Absicht: Die glaubensarmen Seelen sollen dazu gebracht werden, *gleich der Nachtigall* in den Chor derer einzustimmen, die Maria Maienlieder singen, und zwar *mit der Freude hellstem Schall!*

Aber wer ist jetzt die Maienkönigin? Die vielen grammatischen Unschärfen, die widersprüchlichen Bilder, die Füllwörter, das Blasse, Beliebige, Gezwungene, Demonstrative und das künstlich naive Parfum führen dazu, daß sich keine greifbare Figur aufbaut. Die Textanalyse hat Nebel zum Ergebnis – farbigen Nebel, der Stimmungen bedient und zugleich alles in Unklarheit hüllt. Dieser Nebel ist überall dort einsetzbar, wo man Nebel braucht – im Interesse von Majestäten und Autoritäten, im Interesse von Kriegen, im Interesse von Desinformation und Aufklärungsverhinderung, im Interesse von Fortschrittverweigerung zugunsten nostalgisch aufgeladener Vergangenheitsbeschwörung. Die Aufklärung ist dann nicht Sonne, Wärme, Klarheit und Licht, son-

Flora

dern Winter, Kälte und Dunkelheit. Sie macht die Seelen frieren, anstatt sie zu erleuchten.

Die Ende des 19. Jahrhunderts einsetzende Gesangbuchkarriere des Lieds hat als kirchlichen Resonanzkörper nicht mehr nur das ultramontane Programm der Jahrhundertmitte, sondern den Antimodernismuseid der Kleriker, die Unfehlbarkeitserklärung des 1. Vaticanums und eine antidemokratische Kirchenidee. Die Maiandacht tauchte das alles in ein sanftes Licht. Im übrigen fehlte ihr ein eigentlicher Inhalt. Die Maienkönigin sollte diese Lücke füllen, aber sie bleibt eine papierene Allegorie ohne mythische Kontur. Sie reicht nicht heran an ihre römische Urahne, die Göttin Flora. Die Maienkönigin ist keine pralle Naturgottheit aus dem Geist eines sinnlichen Heidentums, sondern nur ein dürftiges Nachtschattengewächs der Gegenaufklärung.

Quellenverzeichnis

*Rottenburg 1949, *Landau 1913, *Feldgesangbuch 1939.

Marienlieder zur Feier der Mainandacht gedichtet von Guido Görres. Rom im Mai 1842. Zweite, um dreißig Lieder vermehrte Ausgabe. München: J. G. Weiß 1844. 3. Auflage 1853.

Clemens Brentano: Gesammelte Schriften, hg. von Christian Brentano, Band 1, Frankfurt am Main 1852, S. 142–144.

Clemens Brentano: *Godwi oder Das steinerne Bild der Mutter. Ein verwilderter Roman von MARIA*. Das Zitat findet sich im 34. Kapitel des zweiten Teils. (Clemens Brentano, Werke, München: Hanser [2]1973, Band 2, S. 412 f.).

Der Erzbischof von Köln Clemens August Freiherr von Droste zu Vischering seine Principien und Opposition. Nach und mit authentischen Actenstücken und schriftlichen Belägen dargestellt. Leipzig: Brockhaus 1837, das Zitat S. V.

Joseph Görres: *Athanasius*. 3. Auflage, Regensburg: Manz 1838 (1. Auflage 1838), die Zitate S. 141 und 143.

Marianische Mai-Andacht, oder der Verehrung Mariens gewidmeter Mai-Monat. [...] Nach dem Französischen des hochw. Herrn Le Tourneur [...] bearbeitet, und vermehrt herausgegeben von einem Mitgliede des Stiftes Maria-Einsiedeln in der Schweiz. Regensburg: Manz 1839.

Der Brief aus Iwangorod findet sich in der von Philipp Witkop herausgegebenen Sammlung *Kriegsbriefe deutscher Studenten*, Gotha: Perthes 1916, S. 72 f. (nur in dieser Auflage).

Alex Stock: Maria Maienkönigin. In: *Geistliches Wunderhorn. Große deutsche Kirchenlieder*. Hrsg. von Hansjakob Becker, Ansgar Franz, Jürgen Henkys, Hermann Kurzke, Christa Reich und Alex Stock. München: C.H. Beck 2001, S. 424–436.

Gegrüßet seist du, Königin

Jungfrau, Mutter, Königin

Andachtsbild

Ein Bewußtsein davon gab es meistens, daß es nicht tunlich sei, Maria immer weiter hinaufzusteigern, bis sie ranggleich erschiene mit Gott. Aber das eine ist der Kopf, das andere das Herz. Der Kopf hat immer wieder Differenzierungen eingetragen und Christus oder Gottvater die Ehre gegeben, aber dem Herzen gebot die Macht der Bilder. Wer aus dem Paradies verstoßen ist und in der Verbannung, im Elend, im Exil, im Tal der Tränen lebt, der horcht auf, wenn eine Königin auftritt, die Leben, Süßigkeit und Hoffnung verspricht, eine Mutter voll Barmherzigkeit, eine verständnisvolle Fürsprecherin, die Worte hat für alles, was man selber nicht vorzubringen weiß, eine bezaubernde Jungfrau zudem, die auf das verlorene Paradies zeigt. Das ist wie ein Traum. Das macht das Herz weit. Es will dann nicht wissen, daß Gott allein die Ehre gebührt. Es erliegt dem Charme Marias.

Das *Salve Regina*, das diese Bilder anbietet, ist ein verführerisch schönes Gedicht. Weil es so schön ist, konnte es sich gegen alle theologischen Bedenken immer wieder behaupten. Seine Stellung in der liturgischen Praxis war stark. Jahrhundertelang bildete es und bildet noch heute den Abschluß des täglichen Abendgebets der Mönche zwischen Pfingsten und Advent. Maria hat das letzte Wort: *O clemens, o pia, o dulcis virgo*

Maria. Die Mönche beten vor dem Schlafengehen zu einer süßen Frau, so sieht es jedenfalls aus. Ihre Gedanken beten korrekt zu Jesus oder zum dreifaltigen Gott, aber ihre Gefühle sind, wenn sie innig das *Salve* gebetet haben, erfüllt von einer milden, jungfräulichen Königin.

Das Einheitslied von 1947

Auch die lange Verdeutschungsgeschichte des *Salve Regina* zeugt vom hohen Rang dieses Gebildes. Als deutschsprachiges Lied kam es im 20. Jahrhundert zu einer erneuten Blüte. Seit sechs Jahrzehnten ist es ein Einheitslied aller deutschen Bistümer.

**Einheitslieder 1947*

1. Gegrüßet seist du, Königin, o Maria!
Erhabne Frau und Herrscherin, o Maria!
Freut euch, ihr Cherubim,
Lobsingt ihr Seraphim,
Grüßet eure Königin!
Salve, salve, salve Regina!

2. O Mutter der Barmherzigkeit, o Maria!
Sei uns gegrüßt, gebenedeit! O Maria!
Freut euch, ihr Cherubim,
Lobsingt ihr Seraphim,
Grüßet eure Königin!
Salve, salve, salve Regina!

3. Du bist des Lebens Süßigkeit, o Maria!
Der Engel und der Menschen Freud. O Maria!
Freut euch, ihr Cherubim,
Lobsingt ihr Seraphim,
Grüßet eure Königin!
Salve, salve, salve Regina!

4. Du unsre Hoffnung, sei gegrüßt, o Maria!
Die du der Sünder Zuflucht bist! O Maria!
Freut euch, ihr Cherubim,
Lobsingt ihr Seraphim,
Grüßet eure Königin!
Salve, salve, salve Regina!

5. Wir Kinder Evas schrein zu dir, o Maria!
Aus der Verbannung rufen wir: O Maria!
Freut euch, ihr Cherubim,
Lobsingt ihr Seraphim,
Grüßet eure Königin!
Salve, salve, salve Regina!

6. O mächtige Fürsprecherin, o Maria!
Bei Gott sei unsre Mittlerin! O Maria!
Freut euch, ihr Cherubim,
Lobsingt ihr Seraphim,
Grüßet eure Königin!
Salve, salve, salve Regina!

7. Dein mildes Auge zu uns wend, o Maria!
Und zeig uns Jesus nach dem End! O Maria!
Freut euch, ihr Cherubim,
Lobsingt ihr Seraphim,
Grüßet eure Königin!
Salve, salve, salve Regina!

Gegrüßet wird hier eine *Königin*, eine *erhabne Frau*, eine *Herrscherin*, eine *Mutter der Barmherzigkeit*, die *des Lebens Süßigkeit* ist, die Freude *der Engel und der Menschen* sowie *unsre Hoffnung* und *der Sünder Zuflucht* (Strophen 1–4). Dann wendet sich der Blick, die Grüßenden werden sichtbar: *Wir Kinder Evas*, wir *schrein*, wir rufen *aus der Verbannung* (5), wir bitten die *mächtige Fürsprecherin*, unsere *Mittlerin* bei Gott (6), sie möge ihr *mildes Auge* zu uns wenden und uns zeigen *Jesus nach dem End* (7). Jede Strophe schließt mit einem Refrain, der die *Cherubim* und die *Seraphim*, also die zwei bekanntesten Truppenkontingente der himmlischen Heerscharen, zu einer festlichen Ovation auffordert. Der Schauplatz der Szene ist ein doppelter. Die Kinder Evas grüßen von der Erde aus, die Engel grüßen im Himmel. Das Lied hat in der Fassung der *Einheitslieder von 1947 eine kanonische Gestalt erhalten, die mit geringen Veränderungen bis heute besteht (*Gotteslob 1 und 2). Aber seine Ursprünge reichen ein Jahrtausend weiter zurück.

Das Salve Regina

Denn schon seit dem 11. Jahrhundert läßt sich das *Salve Regina* nachweisen, ein lateinischer Hymnus, der im Mittelalter mit *Salve, regina misericordiae* beginnt (Sei gegrüßt, Königin der Barmherzigkeit) und textlich sehr konstant ist. Erst im 16. Jahrhundert setzt sich ein Einschub durch: *Salve, regina, mater misericordiae* (Sei gegrüßt, Königin, Mutter der Barmherzigkeit). Der Bedeutungsunterschied ist nicht unerheblich. Eine *regina misericordiae* ist Königin nur, sofern sie die Barmherzigste ist. Eine Königin, die erst *regina* und dann noch *mater misericordiae* ist, ist hingegen zuerst eine mächtige und dann noch eine barmherzige Frau. Das Bild der mächtigen Frau wird für die Neuzeit bestimmend. Das Mittelalter war in dieser Hinsicht dezenter.

Es folgt der lateinische Text in der Gestalt, in der er sich in zahlreichen katholischen Gesangbüchern des 17.-21. Jahrhunderts findet, auch in *Gotteslob 1 und 2:

1 Salve, regina,
2 Mater misericordiae,
3 Vita, dulcedo et spes nostra, salve.
4 Ad te clamamus, exsules filii Evae.
5 Ad te suspiramus, gementes et flentes in hac lacrimarum valle.
6 Eia ergo, advocata nostra, illos tuos misericordes oculos ad nos converte.
7 Et Jesum, benedictum fructum ventris tui, nobis post hoc exsilium ostende.
8 O clemens,
9 O pia,
10 O dulcis Virgo Maria.

Der Aufbau ist der typische eines Gebets: Auf eine Du-Anrede (Zeilen 1–3) folgt eine Rückwendung zu den Nöten der Sprechenden (Wir, Zeilen 4–5), daraufhin als Folgerung (*eia ergo*) die eigentliche Bitte (Zeilen 6–7) und ein Schlußlobpreis (Zeilen 7–10). Die einzelnen Elemente werden außerdem durch sprachliche Signale voneinander abgegrenzt. Die Anrede ist gerahmt durch zwei *Salve*. Es folgen zwei alliterierende Parallelpaare (*Ad… Ad…* und *Eia… Et…*), dann ein dreigliedriger O-Ruf.

Die Adressatin des Gebets wird angesprochen mit *Salve, regina*: Sei gegrüßt, Königin. Der Hymnus eröffnet mit einem unerwartet ranghohen Titel für die einfache «Magd», deren soziale «Niedrigkeit» das Evangelium ausdrücklich betont (Lk 1,48). Diese Königin ist reich an Prädikaten, sie ist zugleich Mutter der Barmherzigkeit (*mater misericordiae*), Leben (*vita*), Süßigkeit (*dulcedo*) und Hoffnung für uns (*spes nostra*), wir grüßen sie deshalb noch ein zweites Mal (*salve*). Eine geringfügig abweichende Lesart, die sich in vielen liturgischen Quellen findet, will den Ehrentitel «Leben» für Jesus reserviert halten (nach Joh 14,6) und lautet *vitae dulcedo*, des Lebens Süßigkeit; sie ist zwar vom Anspruch her bescheidener, von der Intensität her aber ebenso innig: Was immer im Leben süß ist, verdankt sich Maria.

Bis hierhin reicht die Anrede. Ihr folgen zwei Aussagesätze, die beschreiben, was gerade geschieht: *Ad te clamamus, exsules filii Evae* – Zu dir rufen wir, wir verbannte (aus dem Paradies verstoßene) Kinder Evas. *Ad te suspiramus, gementes et flentes in hac lacrimarum valle* – Zu dir seufzen wir, klagend und weinend in diesem Tal der Tränen. Die Schlußfolgerung, eingeleitet mit *Eia ergo*, wohlan denn (wörtlich «ei, deshalb»), richtet sich an die *advocata nostra*, an unsere Anwältin, unsere Fürsprecherin, und bittet sie: *tuos misericordes oculos*, deine barmherzigen Augen, *ad nos converte*, wende uns zu und *ostende nobis*, zeige uns, *post hoc exsilium*, nach dieser Verbannung (nach diesem paradiesfernen Leben) *Jesum, benedictum fructum ventris tui* – Jesus, die gesegnete Frucht deines Leibes. Das ist das Ziel. Den feierlichen, in den alten Melodien meist reich verzierten Ausklang bilden drei preisende O-Rufe: *O clemens*, o milde, *o pia*, o gottgefällige, *o dulcis Virgo Maria*, o süße Jungfrau Maria.

Salve lateinisch und deutsch

Was ist in den Jahrhunderten zwischen dem deutschen und dem lateinischen Text geschehen? Wir beginnen mit einem direkten Vergleich, der vom 20. Jahrhundert ins 11. springt, und verzichten vorerst auf die dazwischen liegenden Entwicklungsstufen. Das deutsche Lied ist weitaus geräumiger, mindestens drei Viertel der Singezeit entfallen allerdings auf gleichbleibende Teile. Es hat viele Konstanten und nur wenige Variable. Jede Strophe endet mit einem vierzeiligen Refrain, die Verszeilen 1 und 2 enden stets mit *o Maria*. Von den 42 Zeilen sind 28 konstant, und von den vierzehn restlichen ist jeweils der Zeilenschluß konstant. Der hohe Anteil der Wiederholungen gibt dem Gesamtgebilde eine Statik, die dem lateinischen Hymnus nicht zu eigen ist. Dessen Übertragung füllt von den sechs Zeilen jeder Strophe immer nur die beiden ersten, erhält also insgesamt einen Raum von vierzehn Zeilen. Der lateinische Text hat zehn Zeilen von unterschiedlicher Länge. Im deutschen Text ist mehr Platz. Dieser Platz wird gefüllt mit Reduplikationen und Interpretationen.

So wird *Salve, regina* nicht nur übertragen mit *Gegrüßet seist du, Königin*, sondern verdoppelt und zugleich verdeutlicht mit *Erhabne Frau und*

Die Himmelskönigin

Herrscherin. Während im Lateinischen anfangs die *regina misericordiae* gemeint war und traditionell die *regina caelorum* assoziiert wird, die Königin der Himmel, läßt die deutsche Verdeutlichung eher an eine Regentin denken, die auf Erden mächtig ist. Das Wort «erhaben» (eine alte Vorform von «erhoben») hat in Verbindung mit *Frau* ursprünglich eine soziale Bedeutung, im Sinne von «edel», «hoch angesehen», «hoheitsvoll». Es ist im 20. und 21. Jahrhundert selten geworden und hat eine Bedeutungsvertiefung erfahren in Richtung auf «unerreichbar», «unanfechtbar», «mit einer Aura umgeben», «über allen Zweifel erhaben». Wir werden noch sehen, daß es eine Zutat des 19. Jahrhunderts ist.

Wie schon für *Salve, regina* verwendet die deutsche Übertragung auch für *Mater misericordiae* eine ganze Strophe: *O Mutter der Barmherzigkeit, sei uns gegrüßt, gebenedeit!* Neu gegenüber dem Lateinischen ist lediglich *gebenedeit*, gesegnet, eine Anspielung auf das *Ave Maria* («Du bist gebenedeit unter den Frauen»). *Vita, dulcedo et spes nostra* wird auf zwei deutsche Strophen aufgeteilt. Das *vita, dulcedo* wird als *vitae dulcedo* verstanden, *des Lebens Süßigkeit*, und wird verdeutlicht als *der Engel und der Menschen Freud*, gilt also im Himmel und auf der Erde. Aus *spes nostra* wird *Du unsre Hoffnung, sei gegrüßt, die du der Sünder Zuflucht bist!* Das ist eine den Sinn verengende, moralisierende Beimischung. Im lateinischen Text sind die Menschen überhaupt gemeint, das Wort Sünder kommt dort nicht vor. Die *Sünder* sind offenbar Flüchtige, von einem Gericht Verfolgte, sie brauchen eine *Zuflucht*, einen Ruheort und finden ihn bei Maria. *Wir Kinder Evas schrein zu dir, aus der Verbannung rufen wir* überträgt treu *Ad te clamamus, exsules filii*

Evae. Das Verspaar arbeitet wie die Psalmen mit dem Parallelismus membrorum, der Intensivierung durch eine Wiederholung mit verändertem, aber sinngleichem Wortlaut.

An die Stelle des folgernden *Eia ergo* tritt im Deutschen das emphatische *O*. Die Bezeichnung *advocata nostra* wird doppelt wiedergegeben mit *Fürsprecherin* und *Mittlerin* sowie näher bestimmt durch *mächtige* und *bei Gott*. Marias Rolle wird damit gestärkt und präzisiert; zu einer *advocata* gehört ein Richter; das ist Gott, der in der lateinischen Vorlage nicht genannt wird, sowenig wie das Gericht. Es ist kein «lieber Gott», sondern derjenige, vor dem der Sünder bei Maria Zuflucht sucht.

Die siebte Strophe müßte nun alles noch Fehlende aus den Zeilen 6–10 des lateinischen Textes aufnehmen. Das führt zu erstaunlichen Auslassungen. Die drei O-Rufe am Ende fehlen ganz. Damit fehlt auch die *dulcis virgo*, die süße Jungfrau. Ferner fehlt mit *benedictum fructum ventris tui* eine weitere wichtige Formel aus dem *Ave Maria*. Geblieben sind die *barmherzigen Augen*, die Maria uns zuwenden möge, und *Jesus*, den sie uns zeigen soll, aber nicht *post hoc exsilium*, sondern *nach dem End*. Die Wendung «nach dem Ende» ist blasser und vieldeutiger als «nach dem Exil». Sie wird normalerweise verstanden als «nach dem Tod». *Exsilium* hingegen ist eine Wiederaufnahme von *exsules filii Evae*, erinnert also an die Vertreibung aus dem Paradies. *Post hoc exsilium* bezieht sich dann auf das Ende dieser Vertreibungszeit, mithin auf den Jüngsten Tag. Das geht in der Einheitslieder-Fassung beinahe unter. Sie individualisiert das Ende und meint nur noch den Tod des einzelnen Sünders, nicht mehr das Schicksal des ganzen Menschengeschlechts. Insgesamt wirkt der deutsche Text, der am Anfang so amplifizierend war, am Ende kupiert.

Im Dschungel der Gesangbuchgeschichte

Das ist allerdings kein Wunder. Der Einheitslieder-Text hat sich entwikkelt aus einer im späten 19. und frühen 20. Jahrhundert breit belegten Fassungstradition, die auf Albert Gereon *Stein zurückgeht, der das Lied 1852 in einer zwölfstrophigen Version veröffentlichte. In seinen

Strophen 8–12 finden wir einen Teil des in den Einheitsliedern Vermißten. Allerdings verzichtet Stein auf die Jungfrau (*virgo*) und stärkt die Mutter. Die Lobpreisstrophe heißt bei ihm *O Mutter, reich an Gütigkeit, voll Milde und voll Süßigkeit*. Das Wort «Mutter» kommt in seinen zwölf Strophen drei Mal vor, während es *mater* im lateinischen Text nur einmal und erst seit dem 16. Jahrhundert gibt. Stein stärkt die *Mutter* auf Kosten der *Jungfrau* und der *Königin*. Er folgt damit einem Trend, der schon in den Bearbeitungen aus der Zeit der Aufklärung das Feld erobert hatte.

Diese entfernen sich oft sehr weit von der lateinischen Vorlage. Im *Straßburger Gesangbuch von 1789 ist sie immerhin noch zu erkennen, aber man sieht auch deutlich, daß nun die *Mutter der Barmherzigkeit* das ganze Bild bestimmt.

> 1. Sey, Mutter der Barmherzigkeit,/ Sey, Königin! gegrüsset!/ Des Leben Trost und Süßigkeit,/ Durch die uns Leben fließet./ Zu dir, o Mutter! rufen wir,/ Mit Thränen seufzen wir zu dir.
> 2. O wend dein gütig Angesicht/ Auf uns vom Himmelsthrone!/ Versag uns deinen Zuspruch nicht/ Bei Jesu, deinem Sohne!/ Nach diesem Elend zeig uns ihm/ Bei ihm sey unsre Mittlerin!
> 3. In aller Trübsal, Angst und Noth/ Stärk uns mit Trost und Freuden;/ Komm uns zu Hilf, und bitt bei Gott,/ Wann wir von hinnen scheiden./ Erwirb uns Sieg im letzten Streit;/ O Mutter der Barmherzigkeit!

Das Lied wird rubriziert «Von Dreifaltigkeits Sonntag biß an Advent», kann also ein halbes Jahr lang gesungen werden und hat seine liturgisch starke Stellung erhalten. Es wird thematisch stark vereinfacht. Der Hauptakzent liegt jetzt auf Tod und Gericht. Auffallend ist, daß die Mutter nicht mehr den auferstandenen Jesus den Betenden zeigt, sondern daß umgekehrt die Betenden Jesus gezeigt werden. Jesus ist in dieser Vorstellung der prüfende Richter, nicht mehr der, dessen leuchtendes Angesicht zu schauen am Ende der Zeiten alle Dunkelheit, alles Leid und alle Verbannung tilgt, so wie es am Ende der Johannesapokalypse versprochen wird (Offb 22,4).

Andere von der Aufklärung (oder wie immer man die nachbarocke

Zeit benennen mag) inspirierte Gesangbücher beseitigen alle düsteren Stimmungen und schaffen ein preisendes Getöse, dessen Zielstrophe den pädagogischen Zeigefinger hebt. Im *Würzburger Gesangbuch von 1828, das die Refrains in jeder Strophe mit neuem Text versieht, lautet die fünfte:

> Ihr Welten alle preist sie hoch!/ Bringt ihr Ehre!/ Preist hoch, die frei vom Sündenjoch!/ Nehmet Lehre!/ Halten wir von Sünd uns rein!/ Streben stets gerecht zu seyn!/ Ueben gute Werk annoch!/ Lobet!/ Preiset!/ Freut euch der Tugend.

Man sieht, das Lied war auch in der nachbarocken Zeit präsent. Aber Albert Gereon Stein empfängt es nicht aus dem verwahrlosten und durch die Aufklärungszeit endgültig ins Kleinkarierte verschobenen Überlieferungsstrom, für den es auch in der ersten Hälfte des 19. Jahrhundert noch genug Belege gibt, sondern er greift 150 Jahre zurück. Er ist ein Restaurator, der aus dem Geist der Romantik etwas Altes wiederherstellen will. Seine Quelle ist das auflagenstarke *Allgemeine Gesangbuch des Martin von Cochem, das in den großen alten Bistümern an Mosel, Rhein und Main ein Jahrhundert lang hohes Ansehen genoß. Dort findet sich das Lied seit der vierten Auflage von 1697 mit seinem Text und kurz darauf mit seiner heutigen Melodie, die erstmals *Mainz 1699 in einem dem Gesangbuch oft beigebundenen *Meß- und Vesperbüchlein* zu finden ist. Der Text wird, hier um die Refrains gekürzt, nach der Auflage *Mainz 1713 wiedergegeben:

1. Gegrüsset seystu Königin/ Der Menschen und der Engelein.
2. O Mutter der Barmhertzigkeit/ Voller Genad und Gütigkeit.
3. Du bist des Leben Süßigkeit/ der Menschen und der Englen Freud
4. O Unser Hoffnung sey gegrüst/ dein Lieb kein Sünder ja ausschliest.
5. Wir Evä-Kinder kommn zu dir/ in unserm Elend schreyen wir.
6. Eja unser Fürsprecherin/ dein heiliger Nahm ligt uns im Sinn.
7. Dein milde Augen zu uns wend/ zeig uns JEsum vor unserm End.
8. O gute/ O milde Jungfrau/ auff uns herab vom Himmel schau.

Das ist noch kein geniales Gebilde. Man sieht, wo *Stein eingegriffen hat. Er hat die Verse metrisch und sprachlich geglättet und dabei auch inhaltlich einige Akzente gesetzt. Von ihm kommt *Erhabne Frau und Herrscherin*, von ihm kommt die *Verbannung*, von ihm die *Mittlerin*. Von ihm kam in den vom Bearbeiter der *Einheitslieder 1947 weggelassenen Strophen die Ersetzung von *Jungfrau* durch *Mutter*, die Vertiefung der Sünder-Thematik und die Erweiterung der Todesstrophen. Er endete mit *Ach, steh uns bei im letzten Streit, o Mutter der Barmherzigkeit*. Die Einheitslieder-Fassung hat durch die Straffung zweifellos gewonnen, auch wenn sie den Schlußlobpreis und damit die *virgo Maria* eingebüßt hat.

Wer Text und Melodie schuf, ist nicht bekannt. Vermutlich entstand die Melodie zuerst, und der Text mußte sich nach ihr strecken. Es kann eine weltliche Melodie gewesen sein, die erfolgreich geistlich überschrieben wurde. Nicht Martin von Cochem muß der Schöpfer des Liedes gewesen sein. Es wird vielleicht einem kirchenmusikalisch begabten Mainzer Ordensmann eingefallen sein. Möglicherweise hat er auf den *Marianischen Schneeberg des Oratorianerpriesters Johann Jakob Seidenbusch zurückgegriffen, der 1687 für die Aufhausener Wallfahrt ein dreizehnstrophiges *Salve Regina* schrieb, das oft als Quelle genannt wird, aber nur eine entfernte Ähnlichkeit mit der Mainzer Fassung aufweist. Das eigentlich Geniale war die Übernahme oder die Erfindung der Melodie. Für den Text konnte auf zahlreiche schon vorhandene Bausteine zurückgegriffen werden, den Refrain konnte man sich passend zurechtbiegen. Die Salve-Regina-Verdeutschungen bilden ein riesiges, kaum entwirrbares intertextuelles Gewebe. Schon vor 1700 gab es mehrere Liedfassungen, jede davon ihrerseits wieder mit einer eigenen Textgeschichte.

Bereits in den Gesangbüchern von *Vehe (1537) und *Leisentrit (1567), den ersten großen katholischen Antworten auf die Reformation, finden sich strophische Versionen des *Salve Regina*. Das Lied *Frau von Herzen wir dich grüßen* bleibt sehr nah am lateinischen Text, gewinnt aber keine poetische Qualität und geht bereits Anfang des 17. Jahrhunderts unter. Ähnlich geht es der Textfamilie, die als zweite Zeile *Himmels und Erd* *ein Kayserin* hat. Zu ihren letzten Belegen zählt *Paderborn 1765. Die erfolgreichste Konkurrenzversion zur Steinschen Vorlage im Mainzer *Allgemeinen Gesangbuch war das Lied *Gegrüßet seist du edelste Königin*, das um 1620 aufkam und um 1800 erlosch. Sein Geschwister hielt sich etwas besser, überwand aber die Schwelle zum 19. Jahrhundert nur mühsam. Seine alte Gestalt versickerte im Eichsfeld zeitgleich mit seiner Wiedereinspeisung in erneuerter Gestalt durch Albert Gereon *Stein. Konkurrieren mußte *Stein aber auch noch lange mit einer Version des 19. Jahrhunderts, die von Heinrich *Bone aufgegriffen worden war und in der zweiten Hälfte des 19. Jahrhunderts zunächst das Feld behauptet hatte, bis eine mächtige Gesangbuchfamilie der Steinschen Fassung im 20. Jahrhundert zum Sieg verhalf.

Die damals unterliegende Version bildete ihrerseits zahlreiche Varianten aus und speiste vor allem die Trierer Gesangbücher von 1846 bis zum Ersten Weltkrieg. Wir präsentieren sie hier nach Heinrich *Bone 1851 (ohne Kehrverse). Sie entfernt sich weit vom lateinischen Text, arbeitet mit einer anderen Melodie und hat die nazarenischen Akzente, die man aus der Frömmigkeit des 19. Jahrhunderts kennt – Vokabeln wie «Gnadenlicht», «Todeskampf», «Richterthron» und «Muttertreu». Stark eingetragen ist das Wort *Mutter*; ihr Angesicht, nicht mehr das des Sohns zu sehen, begehrt hier der Beter. Der Bildbereich Christi wird andererseits deutlich ausgeweitet. Er umfaßt jetzt dezidiert den *Richterthron* und, der lateinischen Vorlage gänzlich fremd, den *bittern Kreuzestod*. Die Jungfrau fehlt, wie bei *Stein. Eine mütterliche Helferin ist erwünscht, im Leben und im Tod:

1. Gegrüßet seist du Königin,
   Der Menschen Trost und Helferin.
2. O Mutter der Barmherzigkeit,
   Du Gnadenlicht der Christenheit.
3. Du süßer Brunn der Seligkeit,
   Der Engel und der Menschen Freud.
4. Du unsre Hoffnung, unser Schild,
   Du aller Menschen Mutter mild!

5. Wir Kinder Evä schrei'n zu dir
Nach deiner Hülf begehren wir.
6. Versag' uns deine Fürbitt nicht,
Zeig uns dein mildes Angesicht!
7. Erhalt' uns Gnad bei deinem Sohn,
Versöhn' uns an dem Richterthron.
8. Durch seinen bittern Kreuzestod
Erwirb uns Heil in aller Noth.
9. Im Todeskampfe steh uns bei,
Deck' uns mit deiner Muttertreu!

Reste des ursprünglichen *Salve Regina* sind zwar noch zu erkennen, aber die alten und die neuen Teile verbinden sich nicht zu einer überzeugenden Einheit. Es entsteht kein geschlossenes Bild mehr. Jede Strophe fängt etwas Neues an. Auf die *Königin* folgt ein *Gnadenlicht*, dann ein *Brunn*, dann sind da *Engel*, dann *Kinder Evä*, dann ein *Richterthron*, ein *Kreuzestod*, ein *Todeskampf* und die *Muttertreu*. Kein Bild kann ausschwingen. Der Text ist ein Beispiel für verbrauchtes religiöses Vokabular, dem jede Trennschärfe abgeht.

Poetische Qualität härtet und schützt einen Text, poetische Mängel aber sind eine Art Karies; in die weichen Stellen dringen Veränderungen ein, die mit der Zeit ein Lied vollständig zersetzen können. Es hat viel Mühe gemacht, bis sich aus der perfekten lateinischen Vorlage ein wenigstens halbwegs gutes deutsches Lied herausgearbeitet hat. Perfekt ist das Lied aber auch in der *Einheitslieder-Fassung nicht, ebensowenig wie in der nur geringfügig überarbeiteten Version von *Gotteslob 1 und *Gotteslob 2. So schön es sich singt, wenn man nicht nachdenkt, so problematisch ist bei genauerer Betrachtung sein Verhältnis zur Melodie. Sie ist strahlend und festlich und paßt ausgezeichnet zum Begrüßen einer Königin. Sie ist deutlich von der Eröffnungsstrophe her und für den überlangen Refrain entwickelt: *Freut euch, ihr Cherubim, Lobsingt ihr Seraphim, Grüßet eure Königin! Salve, salve, salve Regina!* Es ist eine Gute-Laune-Melodie, großräumig und, mit ihrem zwischenzeitlichen Wechsel zu einem Dreiertakt, auch raffiniert. Aber die Posaunenfestlichkeit paßt überhaupt nicht zu den schreienden Kindern Evä im Tal der Tränen und vernichtet den feinen melancholischen Grundton, den das lateinische *Salve Regina* anstimmt und bis zum Ende bewahrt: *O clemens, o pia, o dulcis virgo Maria.*

Speyer

Wer den Speyrer Dom betritt und durch den Mittelgang auf den Chorraum zugeht, stößt im hinteren Viertel zunächst auf die in großen Messinglettern im Boden eingelassenen Worte O CLEMENS. Etwas später, noch vor der Mitte des mächtigen Baus, folgt O PIA. Zehn Meter später kommt O DULCIS. Kurz vor den Stufen, die zum über den Kaisergräbern gelegenen Chor führen, steht dann VIRGO MARIA. Es ist ein sehr feierlicher Einzugsweg. Über dem Kaiserchor schwebt eine riesige Krone. Halblinks fällt der Blick auf eine farbig gefaßte, den ansonsten leeren Raum aus der Diagonalen beherrschende Marienstatue. Sie steht vor einem mächtigen Pfeiler auf einem Sockel, der mit dem Schriftzug SALVE REGINA verziert ist. Der Speyrer Kaiserdom ist ein Mariendom. Das *Salve Regina* erscheint als seine Sinnmitte.

Das ist das heutige Erscheinungsbild. Es wirkt erhaben und archaisch, ist aber nicht einmal ein Jahrhundert alt. Die Madonna wurde 1930 angefertigt und 1980 farbig gefaßt. Die Kaiserkrone wurde in den 1960er Jahren aufgehängt, im Zuge einer großen Domrenovierung, in deren Gefolge auch der Fußboden abgesenkt wurde und die Platten mit der Messingschrift verlegt wurden. Seit 1957 war die Ausmalung der Wände, der Kuppeln und der Apsiden entfernt worden, die vorher ein Jahrhundert lang das Erscheinungsbild des Dominnern beherrscht hatte. Die steingraue Madonna von 1930 stand in einem bunten Dom. Jetzt steht eine bunte Madonna in einem steingrauen Dom.

Auch dieser bunte Dom war nicht die Urgestalt. Veranlaßt und finanziert wurde die Ausbesserung, Ausmalung und bauliche Veränderung im 19. Jahrhundert durch die Könige von Bayern, zu deren Territorium Speyer damals gehörte. Sie inszenierten den Dom als ihr geistliches Neuschwanstein. Sie ließen den Westbau mit der Kaiserhalle neu errichten, der heute das Stadtbild beherrscht. Er nimmt Grundelemente der

Maria im Dom zu Speyer

vermuteten romanischen Gestalt des Gebäudes auf, montiert aber auch ganz neue, wie eine Marienstatue, die in einer goldgrundierten Nische das Hauptportal beherrscht. Zu ihren Füßen befindet sich der kaiserliche Doppeladler als eine Art Zitat aus der Welt der Habsburger, deren Ahnherr Rudolf I. im Dom bestattet ist. Maria und das Kaiserreich: Das war der Traum der Könige von Bayern. Mit ihm antworteten sie auf die revolutionären Ereignisse von 1789 bis 1848. Sie brachten den Dom ideologisch auf der gegenrevolutionären Seite in Stellung.

Bevor die nazarenische Ausmalung in Angriff genommen wurde, war der Dom gelb getüncht und leer. Als die Truppen des revolutionären Frankreich 1794 Speyer einnahmen, wurde der Dom geplündert. Das damals amtierende Gnadenbild wurde zerstört und verbrannt. Es hatte viereinhalb Jahrhunderten standgehalten und um 1340 eine Vorläuferdarstellung ersetzt, die keine stehende, sondern eine thronende Maria zeigte. Als der Dom verwüstet wurde, war er gerade ziemlich neu, denn er war von 1772 bis 1778 ergänzt und barokkisiert worden. Damals war auch der Westbau im Barockstil neu errichtet worden, den der Bayernkönig dann schon siebeneinhalb Jahrzehnte später abreißen ließ. Die Renovierung der Barockzeit war die späte Antwort auf die größte Katastrophe der Speyrer Geschichte, die Einäscherung von Stadt und Dom durch die Truppen Ludwigs XIV. von Frankreich im Jahre 1689. Davor liegen sechs Jahrhunderte mit weiteren Bränden, Kriegen und Erneuerungen.

Das *Salve Regina* konnte im Wechsel der Zeiten nicht so regelmäßig erklingen, wie es der Speyer-Mythos will. Seit dem 14. und 15. Jahrhundert werden Legenden schriftlich überliefert, die von einer politischen Indienststellung des Hymnus zeugen. Der Sage nach war es Bernhard von Clairvaux, der an Weihnachten 1146 als päpstlicher Legat vor Kaiser und Reich feierlich einzog und alle dreißig Fuß einen Jubelruf auf die Gottesmutter ausstieß. An der Stelle, wo er O CLEMENS rief, habe man die erste Messingplatte eingesenkt, bei O PIA die zweite, bei O DULCIS die dritte und bei MARIA die vierte. Von den Platten weiß man nur, daß sie nach der großen Katastrophe von 1689 verschwunden waren. Vielleicht wurden französische Kanonen aus ihnen gegossen. Am Anfang des 19. Jahrhunderts waren vier siebenblättrige Rosen in den Boden eingelassen, «gerade unter den vier Kreuzgewölben des Langhauses» (Geissel).

Salve Regina – Salve Bernarde

Bernhard war gekommen, um den Kaiser zum Kreuzzug zu rufen. Es ging um Orient und Okzident, um Abendland und Morgenland, um Christentum, Judentum und Islam. Es ging um das Reich, dessen symbolische Abbildung der Kaiserdom war. Der Legende nach hat Maria den heiligen Bernhard aus dem Bild heraus gerufen und gegrüßt. Ein weitverbreiteter Abbildungstypus zeigt Bernhard mit dem Speyrer Gnadenbild in einem asymmetrischen Dialog. Sie grüßt herunter mit «Salve Bernarde», er grüßt herauf mit «Salve Regina».

Bernhard erscheint auf diesen Bildern als der mythische Verfasser des *Salve Regina*. Einer anderen Version nach soll das Marienbild vernehmlich gefragt haben: Woher kommst du so spät? Er soll, ein wenig barsch, geantwortet haben: Die Frau schweige in der Versammlung (Geissel). Seither schwieg das wundertätige Bild – gehorsam, nicht verschnupft, denn es hatte ja die Demut und den Glauben der Frauen darzustellen, das «Mir geschehe nach deinem Wort» (Lk 1,38) im Dienst der herrschenden Ideologie des männlichen Klerus. Es stand nicht wie heute seitlich an der Säule, sondern mittig, dem Volk zugewandt, am Beginn des Altarraums, der einst, von einem Lettner abgegrenzt, eine eigene Kirche für den Klerus und die Reichsstände bildete.

Touristisch beworben wird der Dom von Speyer als Kaiserdom. Seine Mitte bilden die Kaisergräber, über denen die Chöre sich erheben. Er präsentiert sich als Symbol der mittelalterlichen Reichsidee. Diese zu feiern hatte eine zwanglose Logik, solange es das Reich noch gab. Sie nach dessen Untergang 1806 weiterhin zu feiern folgte einer anderen Logik. Der Dom war nun zur Parteisache geworden, zum Symbol der Gegenrevolution. Bis 1848 war die Sehnsucht nach einem Kaiser noch mit den demokratischen Bewegungen verbündet. Danach wurde sie konservativ und geriet in den Dienst von Parteiinteressen des rechten Spektrums. Die politische Ideologisierung steht in einer gewissen Konkurrenz mit der Ästhetisierung und Musealisierung. Die Romantik des 19. Jahrhunderts nahm sich der Reichsnostalgie an, entwickelte sie weiter, baute sie zum Gesamtkunstwerk aus und stellte sie der deutschen Nationalbewegung zur Verfügung, die sich ihrer bis ins «Dritte Reich» zu bedienen wußte. Maria wurde zur Gefangenen der Reichsideologie. Noch die Dom-Inszenierung der Adenauerzeit beschwört diesen Kontext. Noch wer heute einzieht, Bernhards *O clemens, O pia, O dulcis virgo maria* nachbetend, läuft auf Maria und die Krone zu. Maria und der Kaiser, *Rex* und *Regina*, die politische Macht und die mystische Macht haben sich vereinigt. Der Gruß *Salve Regina* grüßt die Seele des Reichs. Er bildet die «machtgeschützte Innerlichkeit» ab, die sich gläubig und gehorsam unter die Krone stellt und auf demokratische Mitbestimmung verzichtet.

Hermannus Contractus

Hermannus am Bronzetor des Speyrer Doms

Aber das Lied weiß sich zu wehren. Es redet ja nicht nur von einer Königin, sondern auch von den verbannten Kindern Evas in diesem Tal der Tränen. Mit denen war nicht so gut Propaganda zu machen. Denen war auch nicht so leicht etwas vorzumachen. So erlaubt das *Salve Regina* in seiner tausendjährigen Geschichte nicht nur den Mächtigen, ihre Macht zu feiern, sondern auch den Seufzenden und Weinenden, ihr Leiden vor Maria zu bringen. Der Kreuzzugsideologe Bernhard bleibt als mythischer Verfasser des Liedes nicht konkurrenzlos. Kluge Mönche wußten immer, daß er das *Salve Regina* nicht geschaffen haben konnte. Als wirklicher Verfasser galt viele Jahrhunderte lang der hochgelehrte Reichenauer Mönch Hermann der Lahme, «contractus» genannt, weil er verkrümmt, zusammengezogen, schwer behindert war – vermutlich hatte er Amyotrophe Lateralsklerose wie Stephen Hawking. Die Wissenschaft bestreitet inzwischen auch seine Autorschaft, aber hier interessiert nicht die Entstehungs-, sondern die Wirkungsgeschichte. Welchen Sinn hat die Zuschreibung, und welches Rollenmuster wird gebildet, wenn ein lahmer Mönch das *Salve* sang? Es paßte nicht so besonders zu seinem sonstigen Nachdenken, das dem Astrolabium galt, einem raffinierten Instrument zur Zeitmessung und zum Verständnis der Bewegungen der Himmelskörper.

Hermann mit Krückstock und Salve

Aber es paßte zu seiner Behinderung. Er verkörpert die leidende und entbehrende Menschheit, die zu einer Königin der Barmherzigkeit aufsieht, nicht zu einer Ikone des Kaisertums. Mit ihm, dem Verkrümmten, können sich alle Leidenden identifizieren, wenn er mit leiser Stimme singt:

Salve,
Regina misericordiae,
Vita, dulcedo et spes nostra, salve.
Ad te clamamus, exsules filii Evae.
Ad te suspiramus, gementes et flentes in hac lacrimarum valle.
Eia ergo, advocata nostra, illos tuos misericordes oculos ad nos converte.
Et Jesum, benedictum fructum ventris tui, nobis post hoc exsilium ostende.
O clemens,
O pia,
O dulcis Virgo Maria.

Quellenverzeichnis

*Einheitslieder 1947, *Gotteslob 1975, *Gotteslob 2013, *Stein 1852, *Straßburg 1789, *Würzburg 1828, *Allgemeines Gesangbuch Mainz 1697, *Mainz 1699, *Mainz 1715, *Marianischer Schneeberg, *Vehe, *Leisentrit, *Paderborn 1765, *Bone 1847, *Bone 1851.

Führer durch Speyer, den Kaiserdom und seine Gemälde. Elfte Auflage. Nebst Bericht über dic Oeffnung der Kaisergräber im Jahre 1900. Speyer: Dr. Jäger 1901.

Bruno Thiebes: O clemens, o pia, o dulcis virgo Maria. Der hl. Bernhard v. Clairvaux im Dom zu Speyer. Speyer: Pilger-Verlag 1980.

Simon Knoll: Das Salve Regina in einunddreißig Vorträgen. Regensburg: Manz 1860 (S. 1–4 über Hermannus Contractus und über die Lage der Messingplatten im Speyrer Dom).

A. Schöppner: Sagenbuch der Bayerischen Lande. München: Rieger 1852 (S. 313 Bernhards Dialog mit dem Marienbild).

Johann Geissel: Der Kaiser-Dom zu Speyer. Eine topographisch-historische Monographie. Erster Band, Speyer: Kranzbühler 1826 (Baugeschichte des Doms, Bernhard-Legenden, vor allem S. 90–97, die Zitate S. 93 und S. 95).

Die Wendung von der «machtgeschützten Innerlichkeit» als eines deutschen Problems hat Thomas Mann 1933 in seiner Rede *Leiden und Größe Richard Wagners* geprägt (*Gesammelte Werke in dreizehn Bänden*, Frankfurt: S. Fischer 1974, Band IX, S. 429).

Mein Zuflucht alleine

Zeig ihm deine Brüste

7. Mach daß mir verschone/
dein süssester Sohne
geh hin vor sein Throne/
halt an umb Gnad.
Zeig ihm deine Bruste/
die er offt mit luste/
in seins Lebens friste/
gesogen hat.

«Ja, das sollte helfen!», mag manch einer beim Lesen dieser Zeilen gedacht haben. Vielleicht hat er, die Tatsache ausblendend, daß es sich hier um Mutter und Sohn handelt, seine Angebetete vor sich gesehen und sich aufseufzend eingestanden, ihr könne er in solch einem Moment gewiss nichts abschlagen. Die Geste ist stark: An die Stelle des Überredungsversuchs tritt eine sinnliche Handlung – das Zeigen der Brüste. Das ist provokant. Und wenn wir uns dann vergegenwärtigen, daß es Maria ist, die in unser aller Auftrag ihrem auf dem Richterthron sitzenden Sohn die mütterlichen Brüste zeigen soll, dann vertieft sich das Staunen. Es ist ein seltsamer Handel: Brüste zeigen gegen Straffreiheit. Das Motiv ist zwar schon vorreformatorisch, aber im Kirchenliedbereich ein Specificum der Barock-

Maria lactans,
Jesuskind mit Richtergebärde

zeit und ihrer Erotik, die erfrischend naiv war und zugleich naiv berechnend.

Aber damit nicht genug. Maria soll noch mehr tun. Sie soll ihren *süssesten Sohn* an das Leid erinnern, welches sie, die sie ihm doch frühkindliche Lust und wohlige Geborgenheit geschenkt hat, um seinetwillen erdulden musste:

8. Erzehl ihm die schmertzen/
die du in deim Hertzen
wie brinnende Kertzen/
gelitten hast.
In selben drey Stunden/
da Jesus voller wunden/
ja gar hieng geschunden/
am Creutz ohn Rast.

Das ist nach unseren Maßstäben eine Zumutung. Der arme Mensch, der da singt, fordert Maria tatsächlich auf, ihren brennenden Schmerz über die Kreuzesfolter ihres Sohnes in den Ring zu werfen, um damit den Gemarterten selbst gnädig zu stimmen. Daraus spricht ein verzweifelter Glaube. Die Singenden hoffen darauf, daß Jesus Erbarmen hat mit den Schmerzen seiner Mutter, und daß sie sich an dieses Erbarmen mit ihren eigenen Schmerzen anhängen können.

Sie klammern sich an Maria wie an einen Strohhalm. Sie kann helfen, sie wird das schon machen, mit ihrem Beten und Bitten wird sie die Menschen erretten aus den Ketten ihrer Laster. Schuld und Pein werden ihnen erlassen werden, denn Maria wird bei Jesus, ihrem Kinde, das über alle Menschen zu Gericht sitzt, für sie Verzeihung der Sünden gefunden haben. So etwa ist die orthographisch und grammatisch sehr frei gefügte neunte Strophe zu entschlüsseln:

9. Durch dieses dein Betten/
wirst du mich erretten/
auß allen den Ketten/
der Laster mein.

Und wirst mich thun finden/
bei Jesu deinem Kinde/
Verzeyhung der Sünden/
an Schuld und Pein.

Aber noch ist die Angst groß. Wenn es ans Sterben geht, wird der Satan nach dem armen Menschen greifen. Er wird dem Jesuskind den Besitz dieser Seele streitig machen. Im gewaltigen Ringen des Himmels mit der Hölle müßte die arme Seele vor Angst verzagen, hätte sie nicht eine Helferin, eine Trösterin, eine starke bergende Mutter.

10. Wan den endlich muß scheiden/
in Schmertzen und Leyden/
wan mich wird bestreiten/
der höllisch Drach.
Dan hilff mir O Maria/
dan tröst mich O Maria/
dan stärck mich O Maria/
daß ich nit verzag.

Wir haben bisher eingesetzt mit den Strophen 7–10 eines zehnstrophigen Lieds und müssen noch die davorstehenden Partien nachtragen, zunächst die Strophen 4–6. Deren Klima ist düster. Jemand spricht aus tiefer Verzweiflung. Das Dasein ist unerträglich geworden. Das Herz kennt keine Freude mehr. Zu hören ist ein Unwürdiger und Verworfener, ein Belogener und Betrogener, ein Getriebener und Verfolgter, der Beistand sucht. Es geht nicht um körperliches Elend. Er wäre lieber krank als ein Sünder:

4. Ich kan nicht all zehlen/
mein Sünd die mich quälen/
die mir thun abstehlen
all Hertzens Frewd.
Wan ich thu dran dencken
so möcht ich erkräncken/

und mich gar versencken/
in lauter Leyd.

5. Ach schaw wie viel Sünden/
all Tag und all Stunden/
mein Hertz mir verwunden/
mit Bitterkeit.
Die Welt mich beliegent/
das Fleisch mich betrieget/
der Feind mich bekrieget/
mit hartem Streit.

6. Drumb süsseste Mutter/
voller Gnaden und Güter/
auß gantzem Gemüte/
ich zu dir schrey.
Du wöllest ansehen/
wie mirs thut ergehen/
und sicher beystehen
in rechter trew.

Maria alleine

Die bisher zitierten Strophen 4–10 sind eine Erweiterung zu einem schon vorher existierenden Lied, dem sie die Strophen 1–3 entleihen. Dieses war auf Kritik gestoßen. Es gehörte zu jener nicht ganz kleinen Gruppe von Marienliedern, in denen weder Gott noch Jesus vorkommen. Pointiert setzt es ein: *Mein Zuflucht alleine, Maria die Reine.* Da war nicht Raum für andere göttliche Wesen. MARIA *alleine* beherrscht das Bild, und ihr gegenüber ein Bittender. Das ursprüngliche Lied erschien zuerst im Gesangbuch *Münster 1677 und hat dort den Wortlaut:

Ein ander schön Bitt-Liedt zu der Mutter Gottes.

Mein Zuflucht alleine/
MARIA die reine
Von Hertzen ich meine
Zu ruffen an:

Daß sie mich regieren/
Mit Gnaden verzieren
Gantz trewlich wöll führen/
Auff rechte Plaan.

Ach Crone der Frawen/
Mit höchsten vertrawen/
Bitt wöllest anschawen
Die Seele mein:
Erett mich Elenden/
auß feindtlichen Händen/
Thu niemahl abwenden
Die Augen dein.

Recht alle dich nennen/
Mit Lefftzen bekennen
Von Hertzen erkennen
Der Menschen Heyl:
Drumb darff ich es wagen/
Mit Jammer und Plagen/
Dir Jungfrau zu klagen:
Hilff mir in Eyl.

In stättigen Leyden/
Ohn einige Frewden/
All Stunden hinscheiden
Ohn Ziel und Maß.
Wann deiner gedencke/
All Trübsal versencke/
Was immer mich krencke/
Passiren laß.

All Sinn und Gemüthe/
All Fleisch und Geblüthe
O Mutter der Güte/
Dir anbefehl.
Wann endtlich muß sterben/
Mir wollest erwerben/
Beym Himmlischen Erben/
Ein g'wisse Stell.

Hier ist von vielem nicht die Rede – nicht von Brüsten und nicht vom Jesuskind, nicht vom Kreuzestod, nicht vom höllischen Drachen, auch nicht von Sünden und Lastern und Schuld. Das Ich dieses Liedes kennt Elend, Jammer und Plagen, Leiden und Freudlosigkeit, aber es ist der Jammer des Lebens überhaupt, nicht eine persönliche Schuld. Der etwas wirren Logik der erweiterten Fassung – mit Jesus als Kind, als Gekreuzigtem und Richter, mit Maria als busenschöner Mutter und verläßlicher Anwältin, mit dem höllischen Drachen und ohne Gottvater – steht hier eine klare Ordnung gegenüber: der Mensch in seinem Daseinskampf, und Maria, die ihn begleitet von Anfang bis Ende.

Sie von Herzen anzurufen nimmt er sich in der ersten Strophe vor. Sie soll ihn regieren, zieren und führen nach ihrer Landkarte. Voll Vertrauen bittet er sie in Strophe 2, seine Seele anzuschauen, obgleich er elend ist und in Feindes Hand. Sein Vertrauen gründet sich auf Strophe 3. Zu Recht, sagt er dort, erkennen und bekennen alle sie mit Herz und Mund als der Menschen Heil. Nur deshalb darf er vor ihr jammern und klagen. Randvoll ist er, der arme Mensch, von Jammer, unermeßlich ist sein Leid, nur wenn er an Maria denkt, kann er seine Trübsal versenken und vergessen; was immer ihn kränkt, kann er dann einfach geschehen und vorbeigehen lassen (Strophe 4). So kann er Seele (*Sinn und Gemüthe*) und Leib (*Fleisch und Geblüthe*) unter ihren Befehl stellen (Strophe 5), in der Hoffnung, sie werde ihm nach seinem Absterben einen sicheren Platz *(ein g'wisse Stell)* im Himmel verschaffen. Sehr verborgen ist hier doch noch von Jesus die Rede, denn *Beym himmlischen Erben* bezieht

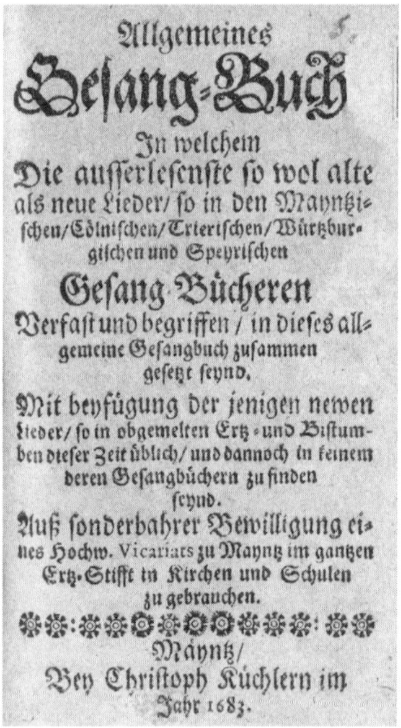
Allgemeines
Gesang-Buch
In welchem
Die ausserlesenste so wol alte
als neue Lieder/ so in den Mayntzischen/Cölnischen/Trierischen/Würtzburgischen und Speyrischen
Gesang-Bücheren
Verfast und begriffen / in dieses allgemeine Gesangbuch zusammen gesetzt seynd.
Mit beyfügung der jenigen newen Lieder/ so in obgemelten Ertz- und Bistumben dieser Zeit üblich/ und dannoch in keinem deren Gesangbüchern zu finden seynd.
Auß sonderbahrer Bewilligung eines Hochw. Vicariats zu Mayntz im gantzen Ertz-Stifft in Kirchen und Schulen zu gebrauchen.
Mäyntz/
Bey Christoph Küchlern im Jahr 1683.

sich auf Röm 8,17: Wir sind, wenn wir mit ihm gelitten haben, «Miterben Christi».

Die zehnstrophige Fassung findet sich zuerst im *Allgemeinen Gesangbuch des Martin von Cochem, das in der ersten von zahlreichen folgenden Auflagen 1683 in Mainz erschien. Die Strophen 1–3 übernimmt sie aus *Münster 1677. Man sieht gut, wo der Bearbeiter, vielleicht war es Martin von Cochem selbst, unruhig wurde und eingriff: als er bis zur vierten Strophe gekommen war und dort jenes trübselige allgemeine Klagelied las, das ihm erklärungsbedürftig vorkam. Er hatte eine wesentlich konkretere Vorstellungen vom letzten Gericht und dem, was sich dort ereignen würde. Er kannte den Grund des Elends, nämlich die Sünde, und war überzeugt von der helfenden Fürsprache der alles verstehenden Mutter Maria. Aber er kannte auch den höllischen Drachen und seinen Besieger, den Sohn des allmächtigen Gottes. Das mythische Personal mußte wesentlich breiter entfaltet werden als in der ursprünglichen Fassung. Er besorgte das gründlich und dichtete versiert sieben weitgehend neue Strophen. Er nahm in Kauf, daß die beherrschte Ordnung der ursprünglichen Fassung aus der Façon geriet. Sie verbeulte gewissermaßen.

Maria metrisch und melodisch

Die dichterische Form der Münsteraner Fassung unterstützt diese Ordnung. Das Akrostichon M.A.R.I.A hält die fünf Strophen streng zusammen. In der Mainzer Version wird der Effekt durch die Erweiterung geschwächt – auf M.A.R.I.A (Strophe 1–5) folgt ein sinnfreies D.M.E.D.W (Strophe 6–10). Die Einzelstrophen sind in beiden Fassungen kunstvolle Gebilde, mit ihrem erweiterten Schweifreim, der jeweils drei Zeilen mit der gleichen Reimsilbe zusammenschließt (1–3 + 5–7) und durch die Rückbindung der achten auf die vierte Zeile noch eine zweite Ordnungsebene schafft. Daß erst nach acht Zeilen die letzte Reimantwort gegeben wird, gibt dieser achten Verszeile eine endgültig beruhigende Wirkung, auch ein besonderes inhaltliches Gewicht: Sie spricht vom *rechten Plaan* und von der *gewissen*, also der sicheren und fest zugesagten Stelle im Himmel. Das kunstvolle Reimschema bildet die himmlische Ordnung ab, auf die der Elende hofft.

**Einheitslieder 1947*

Die Zeilen 1–3 und 5–7 haben immer sechs Silben, in den Zeilen 4 und 8 sind es jeweils vier. Während die Sechssilbigkeit in Verbindung mit der dreifachen Reimbindung eine Beschleunigung bewirkt, führt die Viersilbigkeit zu einer Verlangsamung. Dieser Effekt wird verstärkt durch das daktylische Metrum (áaa), das walzertaktmäßig im 123–123–Rhythmus über die Versgrenzen hinwegeilt: aáaaáa|aáaaáa|aáaaáa|aá(a) aá(a) Die eingeklammerten Silben sind sprachlich nicht, aber klanglich sehr wohl vorhanden, in Gestalt von Pausen, in denen der Grundschlag weiterhallt und durch die der Verlangsamungseffekt erzielt wird. Dieser Befund ist auch an der Melodie ablesbar, die an diesen Stellen nicht wie sonst Viertelnoten, sondern halbe Noten zum Einsatz bringt.

Die metrische Struktur wird von der Melodie so perfekt aufgenommen, dass man mit Sicherheit sagen kann, dass die Melodie nicht schon vorlag, sondern eigens zu diesem Text geschaffen wurde. Sie bildet mit ihrem ¾-Takt und ihrer Entschleunigung in den Zeilen 4 und 8 die dichterische Form des Gebildes exakt ab. Ihr eignet eine tiefe Wehmut, ein klagender Ton, der durch die ausdrucksvolle Chromatik – die erhöhten Noten ais und gis und ihre Auflösungen zu a und g – erzielt und durch die Punktierungen verstärkt wird. Man könnte die ganze Melodie auf die Silbe «ach» singen, das wäre durchaus passend. Mit diesem *Ach* beginnt am Anfang der zweiten Strophe das eigentliche Mariengebet. Die Melodie ist sehr stark und trägt das Lied auch über Zeiten hinweg, in denen der Text nicht zu überzeugen weiß.

Jesuiten und Kapuziner

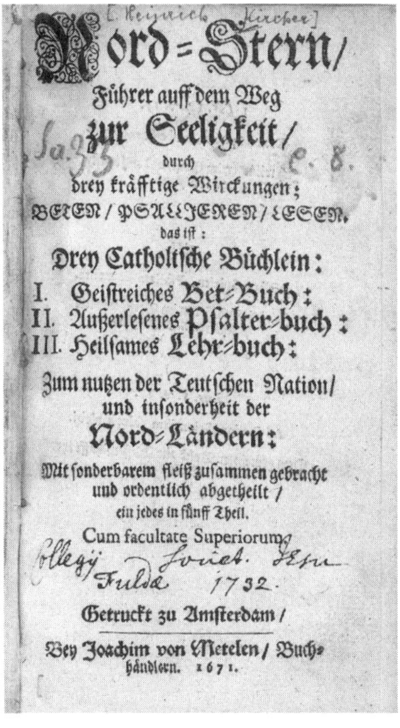
Nord=Stern/
Führer auff dem Weg
zur Seeligkeit/
durch
drey kräfftige Wirckungen:
BETEN / PSALLIEREN / LESEN.
das ist:
Drey Catholische Büchlein:
I. Geistreiches Bet=Buch:
II. Außerlesenes Psalter=buch:
III. Heilsames Lehr=buch:
Zum nutzen der Teutschen Nation/
und insonderheit der
Nord=Ländern:
Mit sonderbarem fleiß zusammen gebracht
und ordentlich abgetheilt /
ein jedes in fünff Theil.
Cum facultate Superiorum
Getruckt zu Amsterdam /
Bey Joachim von Metelen / Buch=
händlern. 1671.

Die streng geordnete Münsteraner Fassung stammt aus der Gesangbucharbeit der Jesuiten. *Münster 1677 ruht weitgehend auf jesuitischen Quellen, vor allem den Gesangbüchern *Außerlesene Catholische Geistliche Kirchen-Geseng* (*Münster 1665) und *Nord-Stern (*Amsterdam 1672). Auch der Verfasser von *Mein Zuflucht alleine* war höchstwahrscheinlich ein Jesuit. Früher wurde das Lied, da es so knapp und formvollendet war, Friedrich von Spee zugeschrieben. Das kommt nicht ernsthaft in Frage, weil Spee schon 1635 gestorben ist und ein Lied dieser Qualität nicht vierzig Jahre unentdeckt geblieben wäre. Aber der junge Mitbruder, der es vielleicht schrieb, hat sich ganz sicher in der Speeschen Tradition bewegt, die durch die Jesuitengesangbücher weitergetragen wurde.

Anders als die hochgebildeten und ästhetisch anspruchsvollen Jesuiten verstanden sich die Kapuziner in erster Linie als Volksprediger. Sie wollten die Massen gewinnen und hatten darum ein ganz entspanntes Verhältnis zu den Mythen dieser Massen. Daß der «höllische Drache» vorkommen mußte, verstand sich von selbst, war er doch der entscheidende mythische Widerpart zu Maria. Die Drohung mit der Sünde wirkte disziplinierend. Dazu der Sohn auf dem Thron und die süßen Brüste – das war vielfarbiger, populärer und zielgerichteter als das ethisch ziellose jesuitische Jammerlied.

Stets Gutes hier üben

Beide Versionen mäandern bis ins letzte Drittel des 18. Jahrhunderts durch die Gesangbuchgeschichte großer Regionen, aber keine kann Bayern oder Österreich erobern. Auch die nördlicheren Gefilde müssen sie sich teilen. Das jesuitische Original verbreitet sich von Münster nach Essen, Hildesheim, Fulda, Würzburg und Bamberg, mit dem Initium *Maria alleine, von Sünden ganz reine* auch nach Erfurt und ins Eichsfeld (Erika Heitmeyer). Die Mainzer Tradition ist die stärkere. Sie verbreitet sich nach *Köln (1747) und bis *Straßburg (1697). In *Fulda verdrängt sie 1724 die fünfstrophige, die noch im *Fuldaer Gesangbuch von 1695 zu finden war. Zeitweise wird in die dritte Zeile eine theologische Korrektur eingetragen: *Mein Zuflucht alleine/ Maria die reine/ nächst Gott ich vermeine zu rufen an* (*Mainz 1712, *Fulda 1724). Schon lange aus der Mode gekommen, gehen all diese Versionen mit dem Ende des Alten Reichs gemeinsam unter.

Aktualisierungen im Geist der neuen Zeit werden lokal versucht. Im *Mainzer Gesangbuch von 1787, das bis 1865 in zahlreichen Auflagen in

Gebrauch war, findet sich ein Versuch, das Lied dem Programm der Aufklärung zu unterwerfen:

> 1. Die du uns auf Erden/ in allen Beschwerden/ zur Zuflucht willst werden,/ Mutter des Herrn!/ beladen mit Sünden,/ laß Reu uns empfinden,/ die Gnad' uns entbinden,/ die wir begehr'n!
>
> 2. Ach! laß uns bestreben,/ der Tugend ergeben,/ gleich dir fromm zu leben/ auf dieser Welt,/ im Glück und in Freuden,/ in Kummer und Leiden/ sorgfältig vermeiden,/ was Gott mißfällt.
>
> 3. Gott! laß uns recht lieben!/ aus reinesten Trieben/ stets Gutes hier üben,/ und Gott allein/ im Glauben anhangen,/ mit Tugenden prangen,/ mit Gott nur verlangen,/ vereint zu seyn.

Die neuen Akzente sind sehr deutlich. Maria ist nicht mehr *alleine*, sondern *Mutter des Herrn.* Dem Sünder soll sie auf eine nicht näher definierte Weise helfen, Reue zu empfinden und für die Gnade bereit zu werden (Strophe 1). Sie wird zum Vorbild für einen tugendhaften Lebenswandel *auf dieser Welt* (Strophe 2). Der Akzent des Liedes liegt auf der Bewährung im Diesseits. Die eschatologische Szenerie des Barockliedes wurde ersatzlos entfernt. Die Aufgabe ist, *aus reinesten Trieben* auf Erden zu lieben, *stets Gutes hier üben,* und nicht irgendwelchen mythologischen Mischwesen, sondern *Gott allein im Glauben anhangen* (Strophe 3). In dieser Gestalt entspricht das Lied der vernünftigen Gottesverehrung, die von der Aufklärung gepflegt wurde.

Neues
christkatholisches
Gesang- und Gebetbuch
für die
mainzer Erzdiözes.

Fünfte Auflage.

Mit kurf. gnädigstem Privilegium, und Erlaubniß der Obern.

Mainz
gedruckt und im Verlage der St. Rochus Hospitals-Buchdruckerei,
durch Johann Wirth 1789.

Das Mainzer Aufklärungsgesangbuch

Die hilflose Frau

Ein Hauptwerk der Kirchenliedrestauration

Mehr als ein halbes Jahrhundert sind die Originalversionen vergessen, als Heinrich *Bone sie entdeckt und sogleich eine klare Entscheidung trifft: für die Münsteraner Fassung. Darin drückte sich außer dem Formbewußtsein, das die strengere Ordnung bevorzugte, auch der Ursprungsgedanke der Romantik aus – die älteste Fassung mußte es sein. Er nimmt sie in sein *Cantate* (*Mainz 1847) auf. Die vierte Strophe bereitet ihm allerdings Bauchgrimmen. Auch er stößt sich an der völligen Freudlosigkeit und trägt eine Milderung ein. Er meint etwas farblos, alle irdischen Freuden brächten keinen wirklichen Gewinn. Außerdem sieht er sich genötigt, als eigentliche Last die «Sünden» einzubringen. Seine vierte Strophe lautet:

4. In Trübsal und Leiden,
Die Stunden hier scheiden;
All' irdische Freuden
Sind kein Gewinn!
Viel Sünden mich drücken,
Mit Aengsten verstricken,
Du kannst mich erquicken,
O Trösterin!

Weil diese Lösung nicht allgemein zufriedenstellte, weil andere Kirchenliedwiederhersteller andere Entscheidungen trafen, weil das Lied aber zugleich rasch an Beliebtheit gewann, entstand ein Wirrwarr von alten und neuen Varianten, der für Jahrzehnte die Gesangbücher beherrschte, bis Georg Thurmair für die Sammlung *Kirchenlied (1938) zu der Erkenntnis kam, daß eine Einigung nur auf der Basis der Urtextes möglich war. Bones «Sünden» werden wieder aus dem Verkehr gezogen, das Leben verrinnt wieder *in stetigem Leiden, ohn einige Freuden.* Nicht sachlich, aber sprachlich störte sich Thurmair jedoch an der Schlußzeile *Ein g'wisse Stell.* Auch Bone hatte sie schon verändert und hatte geendet mit *Den Himmel zu erben/ der armen Seel.* Thurmair bringt es allerdings nur zu einer Verlegenheitslösung: *den Himmel zu erben/ hilfreiche Frau.* Des Reimes halber mußte er ferner *anbefehl* (5,4) in *anvertrau* verwandeln.

Die *hilfreiche Frau* steht in einer bildlogischen Konkurrenz zur *Krone der Frauen* (2,1), die Thurmair noch als *Wonne der Frauen* gelesen hatte, und wirkt als Abschluß blaß. Poetisch gesehen ist sie eine hilflose Frau, die nicht mehr gegen einen höllischen Drachen kämpfen (*Mainz 1683) oder als energische Anwältin einen sicheren Platz im Himmel verschaffen kann (*Münster 1677), sondern nur noch kraftlos daneben steht, während ich selbst mir die Gnade erwerbe, den Himmel zu erben. Dabei bleibt es auch in den *Einheitsliedern von 1947, die Thurmairs Text übernehmen.

Von dort aus und in dieser Gestalt gelangte *Mein Zuflucht alleine* flächendeckend in die Diözesangesangbücher der Nachkriegszeit und erreicht damit den späten Höhepunkt seiner Wirkungsgeschichte – um dann plötzlich erneut abzustürzen und in der Bedeutungslosigkeit zu versinken. Aus dem Stammteil verbannt, fristete es nur noch in fünf verstreuten Diözesananhängen des *Gotteslob 1 sein Dasein (Aachen, Berlin, Görlitz, Regensburg, Speyer). Im *Gotteslob 2 blieb davon nur Speyer. Es ist letzten Endes die eschatologische Instabilität, die den Versuch mißlingen läßt, dieses Lied im 19. und 20. Jahrhundert neu zu etablieren. Das Lied hat seine überzeugendste Gestalt im 17. Jahrhundert gehabt und hat seine mythologische Tragfähigkeit nicht in die Gegenwart hinüberretten können.

Quellenverzeichnis

*Münster 1677 (offenkundige Druckfehler und Schreibwillkürlichkeiten wurden geringfügig korrigiert), *Allgemeines Gesangbuch (*Mainz 1683), *Mainz 1710 (= 10. Auflage, dort die zehnstrophige Fassung, geringfügig versäubert), *Münster 1665, *Nord-Stern (Amsterdam 1672), *Köln 1747, *Straßburg 1697, *Fulda 1695, *Fulda 1724, *Mainz 1712.

Erika Heitmeyer: Struktur und Genese des Münsteraner Gesangbuchs 1677. In: Benedikt Kranemann/Klemens Richter: Zwischen römischer Einheitsliturgie und diözesaner Eigenverantwortung. Gottesdienst im Bistum Münster. Altenberge 1997, S. 93–96.

Segne Du, Maria

Auf dem Gipfel

T: Cordula (Peregrina) Wöhler [1870] 1916, M: Karl Kindsmüller 1916

**Gotteslob 2, 2013*

Als das Liturgische Institut Trier 2003 im Auftrag der deutschen Bischofskonferenz eine Umfrage durchführte, um das Liedcorpus eines künftigen katholischen Einheitsgesangbuchs vorzubereiten, erwies sich *Segne Du, Maria* als das meistgewünschte, im bisherigen *Gotteslob* am meisten vermisste Lied. Theologische und ästhetische Bedenken hatten zu verstummen angesichts der Nachdrücklichkeit, mit der «das Volk» gesprochen zu haben schien. Die zuständigen Bischöfe setzten *Segne* auf die Liste derjenigen Lieder, deren Aufnahme beschlossene Sache war. Mit dem erstmaligen und diskussionslosen Eingang in den Stammteil eines Einheitsgesangbuchs aller deutschsprachigen Diözesen (außer den schweizerischen) hat das Lied seinen bisherigen Wirkungshöhepunkt erreicht. Welchen Eigenschaften verdankt es diese erstaunliche Karriere?

Mutter und Kind

Da steht gewiß erst einmal die schmelzende, strahlende, terzenselige und zum genießerischen Verschleifen ermunternde Melodie im Vordergrund. Sie hebt durch einen imposanten Quartsprung, durch Tonhöhe und -länge sowie durch eine gefühlvolle Terz (c-a) in allen drei Strophen *Ma-**ri-a*** hervor, was wenig überraschend ist. Als melodische Wiederholung folgt musikalisch *daß ich hier den Frieden*, aber die erwartete Terz c-a bleibt aus, an ihrer Stelle steht c-h, die Erfüllungslust wird hinausgeschoben. Das Geschehen wogt dann in mittleren Tonhöhen dahin, mit Zwischenhalten hier und dort, um am Ende noch einmal in die Höhe zu steigen, erst bis zum c, dann sogar bis zum d, um so mit den Schlußversen, die wiederholt werden, eine Art doppelten musikalischen Segensbogen zu bilden. Unter dieses doppelte Dach schlüpft die Schlußzeile. Sie bringt das musikalische Endergebnis mit der letzten und tiefsten Note (c), die geborgen und satt die Vokabeln ***ruhn***, ***Haus*** und ***du*** zum Klingen bringt.

Um die Verse besser überblicken zu können, trennen wir nun den Text von den Noten:

1. Segne du, Maria,
segne mich, dein Kind,
daß ich hier den Frieden,
dort den Himmel find!

Segne all mein Denken,
segne all mein Tun.
Laß in deinem Segen
Tag und Nacht mich ruhn.

2. Segne du, Maria,
alle, die mir lieb,
deinen Muttersegen
ihnen täglich gib!
Deine Mutterhände
breit auf alle aus,
segne alle Herzen,
segne jedes Haus!

3. Segne du, Maria,
unsre letzte Stund!
Süße Trosteswort
flüstre dann der Mund!
Deine Hand, die linde,
drück das Aug uns zu,
bleib in Tod und Leben
unser Segen du!

Die erste Strophe umfaßt schon alles, Leben und Tod. Ein Ich betet zu Maria. Das Ich ist ein *Kind*, Maria eine *Mutter*. Das Kind will *hier den Frieden, dort den Himmel* finden. Es beschäftigt sich mit *Denken, Tun* und *Ruhn.* Alles geschieht unter dem Segensdach. In der zweiten Strophe wendet sich der Blick nach außen. Das Ich schließt eine Gruppe von Mitmenschen ins Gebet ein (*alle, die mir lieb*), auch sie soll Maria segnen, ihre *Mutterhände* dann aber noch weiter öffnen und auf *alle* überhaupt ausbreiten, soll *alle Herzen* und *jedes Haus* segnen. Die dritte Strophe wendet sich dem Tode zu. Aus dem Ich wird ein Wir: *Segne du, Maria, unsre letzte Stund.* War das Lied bisher relativ allgemein, so wird es jetzt sehr intim: *süße Trosteswort flüstre dann der Mund!* und *Deine Hand, die linde, drück das Aug uns zu.* Als Sterbende sind wir hilflos und bedürfen der Mutter. Das Lebensende neigt sich regressiv zurück zum Lebensanfang. Der Mensch ist und bleibt *Kind.* Als erwachsene Persönlichkeit kommt er in diesem Lied nicht vor. Unterhalb der demokratie-offiziellen Mündigkeitserziehung gibt es verbreitet ein Bedürfnis, Kind bleiben zu dürfen und die Verantwortung abzugeben. Dieses Bedürfnis wird hier befriedigt. Die Mutter soll die Verantwortung übernehmen, nicht in der Form des direkten Eingreifens, sondern indirekt, durch ihren Schutz und durch die Schaffung einer Atmosphäre des Gelingens, für die das Wort *Segen* zum Einsatz kommt.

Das Lied unterscheidet sich deutlich vom Hauptstrom der marianischen Tradition. Maria ist nur noch *Mutter*, nicht mehr Jungfrau oder Königin. Für die göttliche Trinität ist kein Platz. Maria füllt den ganzen Raum. Unabgelenkt durch den Vater, den Sohn und den Heiligen Geist kommt das Mutter-Kind-Verhältnis stark und rein zum Tragen. Das Lied ist regressiv. Der Mensch ist ein Kind, das realitätsflüchtig und kritiklos sein ganzes Leben einer Muttergottheit anheimgibt, die ihn beschützen soll und in deren Segenszelt er nach dem Tode zurückschlüpft. Der ungestörten Regression verdankt das Lied eine Gefühlsmacht, deren Wucht man, ähnlich wie bei *Stille Nacht*, durch intellektuelle Verachtung nicht beikommt. Unzweifelhaft ist das Lied sentimental, pathetisch, inbrünstig, vielleicht auch kitschig, also literarisch eigentlich untragbar. Aber es hat auch eine gewisse Größe, so wie Neuschwanstein. Es verdankt diese Größe einer schlichten und festen Frömmigkeit, die weder theologische noch philosophische Zweifel kennt. Es ist diese zweifelsfreie Sicherheit, der im Jahrhundert der Zweifler, im Jahrhundert von Feuerbach, Marx, Darwin, Nietzsche und des jungen Freud ein besonderer ästhetischer und psychologischer Wert zukommt.

Segne

Das Wort «Segen» haussiert in unserer Zeit. Es gibt den Reisesegen, den Eiersegen, den Erntesegen, den Kindersegen und den elterlichen Segen bei gelungener Partnerwahl ihrer Sprößlinge. «Meinen Segen hast du», sagt man, wenn man eine Unternehmung zuläßt. Man segnet Eheringe, Altenheime, Brücken, Kräuter, Rosenkränze, Fahrzeuge, Palmzweige, Waffen und Asche. Der Blasiussegen hilft gegen Halsweh. Manche Sorten Segen lassen sich an ein Objekt binden, an eine Flasche Lourdeswasser etwa, und strahlen dann transportablen Segen aus, wo immer sie sich befinden. Sehr modern und gefragt sind zur Zeit auch rätselhaft anmutende Formulierungen wie «Du sollst ein Segen sein» oder «Bleib unser Segen», in denen der Segen grammatisch zu einem personifizierten Wesen wird. Sie wirken wohlig geheimnisvoll – wobei sie einen sehr alten Ursprung haben. Gott selbst beruft im Alten Testament Abraham mit den Worten: «Ein Segen sollst du sein!» (Gen 12,2). Das zugrundeliegende hebräische Wort hat die Bedeutung «Gut(es) sagen und tun». Bene-dicere und bene-facere. Es meint die guten Worte und Taten von Mensch zu Mensch ebenso wie die von Gott zu Mensch und von Mensch zu Gott. Das deutsche Wort «Segen» gibt diese Bedeutungsfülle nur unzureichend wieder.

Etymologisch kommt das Wort vom lateinischen «signare», bezeichnen, mit einem Zeichen (signum) versehen, durch ein Zeichen, zum Beispiel ein Brandzeichen als Eigentum beanspruchen. Zur Herde Gottes gehört, wer sich mit dem Kreuz bezeichnet. Als Zugehörigkeitsversicherung gibt der Segen Geborgenheit und Identitätsbestätigung. Gesegnete sind Auserwählte, aus der Anonymität Herausgenommene.

Das lateinische Wort für «segnen» ist «benedicere», wörtlich übersetzt «gutsagen» oder «gutsprechen». Etwas wird zu etwas Gutem gemacht, indem der Segen darüber gesprochen wird. Die Nähe zu Praktiken, die aus der Magie kommen, ist offenkundig. Das richtige Zeichen und den richtigen Zauberspruch muß der Magier kennen, soll sein Werk gelingen. Ein Segen ist schon in althochdeutscher Zeit ein fest formulierter Spruch, dem eine übernatürliche Kraft beigelegt wird. Er ist nicht an Gott gerichtet, sondern redet durch einen dazu befugten Sprecher, meistens einen Priester, das an, was beeinflußt werden soll. Der Aussendungssegen nach der heiligen Messe ist aus dieser Optik eine Beschwörung der Gottesdienstbesucher, die in Verbindung mit dem Kreuzzeichen magische Kräfte entfalten soll. Die evangelische Segenspraxis scheut das Kreuzzeichen, appelliert aber mit der Geste der ausgebreiteten Hände (die Handteller nach unten) nicht minder an geheimnisvolle Kräfte, die einen Schirm über dem Davonziehenden aufspannen sollen. Mit *Segne du, Maria* wird Maria aufgefordert, eine solche schützende Beschwörung über wechselnde Personengruppen zu sprechen. Maria wirkt wie ein Amulett. Der Segen ist eine Art Abwehrzauber gegen das Böse, das an den Gesegneten dann nicht mehr herankann. Dieser lebt wie in einem Schutzzelt. Das Böse ist gebannt. Es ist wie gelähmt und muß draußen bleiben. Gesegnete leben unter den Menschen wie Glückskinder. Alles, auch das in den Augen der Welt Mißlingende, schlägt denen zum Guten aus, deren Bitte *Segne all mein Denken, segne all mein Tun* erhört wurde. In dieser Bitte ist alles eingeschlossen. Wenn Maria der Bitte um Segnung folgt, ist eine universale Einverständniserklärung für alles da, was immer man tun und denken wird. Die ungeheure Komplexität des modernen Lebens, die das *Kind* restlos überfordert, richtet sich unter der magnetischen Macht des Muttersegens zu einer einfachen Ordnung aus. Der Weg, wo immer er verläuft, führt jetzt «immer nach Hause» (Novalis).

Entstehungslegende

Cordula Wöhler (1845–1916), Pseudonym Cordula Peregrina, verheiratete Cordula Schmid, war in ihrer Zeit eine überaus erfolgreiche katholische Erbauungsschriftstellerin. Dazu war ein Bruch mit ihrer Herkunft notwendig gewesen, denn sie war die Tochter eines protestantischen Theologen und Pastors aus Lichtenhagen bei Rostock. Sie konvertierte unter dem Eindruck zweier Reisen nach Süddeutschland und Tirol sowie unter dem Einfluß des Seelsorgers und religiösen Schriftstellers Alban Stolz. Das geschah im Juli 1870 gegen den Willen ihrer Eltern. Noch als Protestantin, aber schon länger zum Konfessionswechsel fest entschlossen, schrieb sie am

31. Mai 1870 das Gedicht *Segne Du, Maria.* Soviel ist einem zuerst 1913 erschienenen Band der *Konvertitenbilder* zu entnehmen, der die Geschichte ihrer Konversion anhand ihres mehrere Jahre dauernden Briefwechsels mit Alban Stolz und anhand ihrer Tagebücher (aus der Zeit von 1861 bis 1870) dokumentiert. Einem dieser Tagebücher soll auch der Liedtext entnommen worden sein. Für dieses Tagebuch bilden die *Konvertitenbilder* derzeit die älteste bekannte Quelle. Ob das Buch im Original heute noch existiert, war trotz vieler Mühe nicht herauszufinden. Nach dem momentanen Kenntnisstand muß es als verschollen gelten. Es kann aber jederzeit irgendwo auftauchen.

Familie Wöhler-Schmid

Jedenfalls stammt das Lied aus einer dramatischen Konfliktsituation. Die Eltern drohten Cordula mit der Hölle und enterbten sie. Der Glaubenswechsel kostete sie Heimat und Familie. Sie kam nie wieder nach Mecklenburg zurück und lebte fortan zumeist in Schwaz in Tirol. Sie heiratete Joseph Anton Schmid, dem sie sich brieflich versprochen hatte, ohne ihn persönlich gesehen zu haben. Da sie ein Jungfräulichkeitsgelübde abgelegt hatte, sollen sie wie Bruder und Schwester zusammengelebt haben. Sie haben zwei Kinder adoptiert. Cordula Wöhler starb am 6. Februar 1916, Joseph Schmid wenige Wochen später.

Ursprung

Eine unzweideutige Verfasserzuweisung und ein Entstehungsdatum auf den Tag genau: Das verspricht eigentlich philologische Klarheit. In Wirklichkeit bleiben viele Rätsel. Die Liedgeschichte ist viel schwieriger als bei einer Autorin des 19./20. Jahrhunderts normalerweise zu erwar-

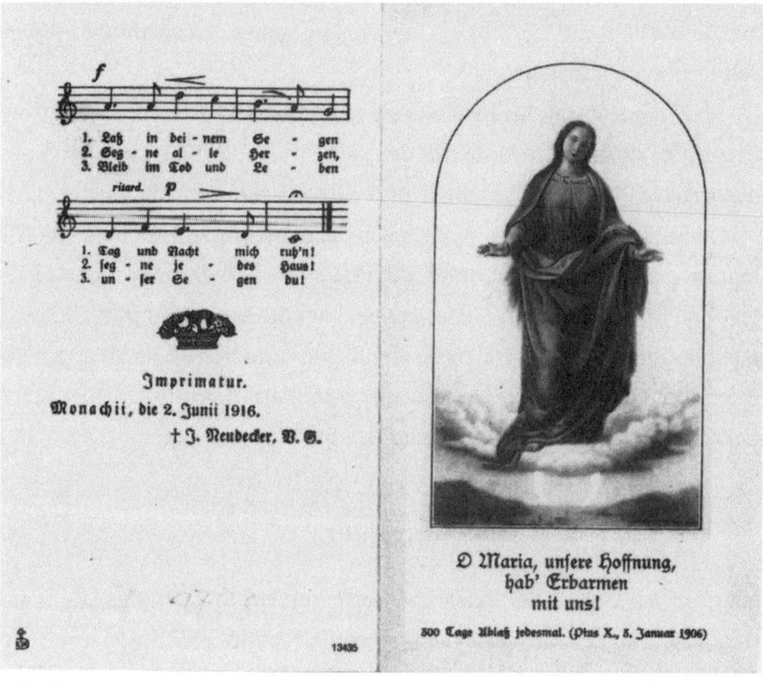

Andachtsblatt 1916

ten ist. Was fehlt, ist ein wirklich legitimierter Ausgangstext. *Gotteslob 2 (2013) hat Text und Melodie offenkundig aus österreichischen Anhängen zu *Gotteslob 1 (1975) übernommen. Diese dreistrophige Fassung geht letztendlich auf ein 1916 gedrucktes Andachtsblatt zurück, von dem im bischöflichen Zentralarchiv Regensburg ein Exemplar erhalten geblieben ist (Imprimatur 2. Juni 1916). Es kann als Erstdruck der Melodie betrachtet werden.

Ein weiteres Liedblatt mit Bilderschmuck und Klaviernoten ist nicht datiert, stammt aber vermutlich aus der gleichen Zeit. Der auf beiden Blättern über dem Lied abgedruckte Vermerk «Dem Andenken der frommen Dichterin Cordula Peregrina Wöhler. Gestorben am 6. Februar 1916» läßt vermuten, daß diese Blätter (und damit auch die Melodie) aus Anlaß ihres Todes entstanden sind. Es ist denkbar, daß Geistliche aus Cordulas Umgebung – vielleicht Mönche des Franziskanerklosters Schwaz oder solche des Benediktinerklosters Georgenberg-Fiecht – den Regensburger Priester, Gymnasiallehrer und Hobbykomponisten Karl Kindsmüller um eine Vertonung baten und ihm den Text zur Verfügung stellten.

Aber woher stammte dieser Text? Hatten die Textlieferanten Cordulas Tagebuch oder ein anderes handschriftliches Zeugnis zur Hand? Wir wissen es nicht. Da die Tagebücher von 1870 heute verschollen sind, müssen wir uns bei der Suche nach dem Ursprung mit den wenigen gedruckten Quellen begnügen. Diese sind widersprüchlich genug. In den 1913 von Julius Mayer veröffentlichen *Konvertitenbildern* finden sich nur die ersten beiden Strophen des Liedes. Sie stimmen wörtlich mit den ersten beiden Strophen der Liedblätter von 1916 überein. Sollte es im Tagebuch weitere Strophen des Liedes gegeben haben, dann hätte Mayer an dieser Stelle auf ihre Wiedergabe verzichtet. Sucht man weiter nach rückwärts, so zeigt sich, daß Cordula Wöhler *Segne du, Maria* wenige Jahre zuvor in einem ihrer zahlreichen Gedichtbände veröffentlicht hat. Das Buch trägt den Titel *Aus Lebens Liebe, Lust und Leid, ein Pilgersang zur Abendzeit* und ist 1898 in Innsbruck erschienen. In der Vorrede berichtet die Dichterin, daß sie mit diesem Büchlein endlich dem so lange an sie herangetragenen Wunsch entsprechen wolle, die Geschichte ihrer Konversion bekannt zu machen. Nicht, indem sie den Inhalt ihrer Tagebücher ediere, wovor sie zurückbebe, sondern auf andere Weise. Sie schreibt: «Ich habe nämlich aus all' diesen Tagebüchern – vom 16. Lebensjahr an geführt – einen kleinen Teil der Lieder gesammelt, wie sie damals der suchenden, sehnenden, seufzenden, aber auch der hoffenden und oftmals im Übermaß himmlischen Trostes selig jubelnden Seele entsprossen sind, und habe sie zu einem Ganzen geflochten ‹aus Lebens Liebe, Lust und Leid›, und lasse sie nun ‹als Pilgergesang zur Abendzeit›, beim Hereindämmern meines Lebensabends – an die Öffentlichkeit treten.»

Im dritten Teil dieses Buches, in dem Cordula Wöhler nach eigener Aussage diejenigen Gedichte versammelt hat, die ihr in ihrer Zeit als Protestantin jeweils im Monat Mai zu Ehren Marias aus der Feder geflossen sind, findet sich ohne Jahresangabe eine fünfstrophige Fassung von *Segne du, Maria*. Der Text ist überschrieben mit *Muttersegen*. Die Hervorhebungen durch Sperrung entstammen diesem Druck und zeigen, was Cordula Wöhler wichtig war.

Segne Du, Maria,
Segne mich, dein Kind!
Nur durch Muttersegen
Kinder glücklich sind!
Segne all' mein Denken,
Streben, Sein und Thun,
Laß in Deinem Segen
Tag und Nacht mich ruh'n.

Segne Du, Maria,
Alle, die mir lieb,
Deinen Gnadensegen
Ihnen täglich gieb;
Deine Mutterhände
Breit' auf Alle aus,
Segne alle Herzen,
Segne jedes Haus.

Segne Du, Maria,
Die mir wohlgethan,
Laß für ihre Treue
Sie den Lohn empfah'n
Was sie mir erwiesen,
O vergilt es Du,
Jede Gnadengabe
Wende ihnen zu!

Segne Du, Maria,
Die so weh mir thun,
Die so tief mich kränken
Und verwunden nun!
Bringe sie zum Frieden
Und zum wahren Heil,
Gieb am wahren Glauben
Einst auch ihnen Theil!

Segne Du, Maria,
Uns're letzte Stund'!
Süße Trosteworte
Flüstre dann Dein Mund,
Deine Hand, die linde,
Drück' das Aug' uns zu,
Bleib' in Tod und Leben
Unser Segen – Du!

Der Ursprung der dritten Strophe auf unseren Andachtsblättern (und damit auch in *Gotteslob 2) scheint somit geklärt. Sie stimmt wörtlich mit der fünften Strophe dieses Textes überein. Gleichzeitig entsteht aber neue Verwirrung. Die ersten beiden Strophen weichen deutlich vom Text der *Konvertitenbilder* ab, durch altklug wirkende Sentenzen wie *Nur durch Muttersegen Kinder glücklich* sind, durch die Einfügung von *Streben* und *Sein* sowie durch die Neubildung *Gnadensegen*. Die Strophen drei und vier (*wohlgetan* und *weh mir tun*) haben auf dem Gedenkblatt gar keinen Platz gefunden. Da den *Konvertitenbildern* von 1913 nicht zu unterstellen ist, dass sie den Text, den sie in den originalen Tagebüchern vorgefunden haben, manipuliert haben, muss es Cordula

Wöhler selbst gewesen sein, die 1898 die ersten beiden Strophen verschlimmbessert hat. Ob sie innerhalb dieses Bearbeitungsprozesses die in den *Konvertitenbildern* nicht überlieferten Strophen neu hinzugedichtet hat oder ob diese schon 1870 existiert haben, ist unbekannt. Die ältesten heute noch greifbaren Textfassungen werfen insofern mehr Fragen auf als sie beantworten.

Denn mit diesem Kenntnisstand ausgestattet müßte man annehmen, daß diejenige Fassung, mit der Cordulas Gedicht 1916 zuerst zum Lied wurde, zusammengefügt wurde aus den in den *Konvertitenbildern* von 1913 überlieferten Strophen eins und zwei und aus der fünften Strophe des Gedichtbandes von 1898. Das ist aus verschiedenen Gründen sehr unwahrscheinlich. Eine solche Quellenmixtur wäre 1916 pietätlos gewesen und entsprach nicht der üblichen Praxis. Wahrscheinlicher ist es deshalb, daß dem Blatt von 1916 eine eigene und einheitliche, aber derzeit nicht dokumentierbare Quelle zugrunde lag. So kann es gut sein, daß in der Zeit, in der Julius Mayer das Originaltagebuch hatte, Gedichtabschriften entstanden und bald kursierten. Sie könnten zum Beispiel fünfstrophig gewesen sein, mit der Folge – *Kind*, – *lieb*, – *wohlgetan*, – *weh mir tun*, – *letzte Stund*. Auf dem Gedenkblatt von 1916 wären dann aus reinen Platzgründen zwei Strophen weggelassen worden.

Aber vielleicht hat Cordula Peregrina auch sieben Strophen gedichtet, die fünfte wäre dann – *Ave ringt*, die sechste – *die voll Schmerz* und erst die siebte – *letzte Stund*. Wahrscheinlich in die Zeit um 1890 datiert ein Andachtszettel, eigenhändig unterzeichnet mit «Cordula Nothburga», der *Segne* dreistrophig bringt – Strophe 1 und 2 wie auf dem Blatt von 1916, als Strophe 3 aber nicht die *letzte Stund* akzentuiert, sondern den Schmerz:

Segne du, Maria,
Alle, die voll Schmerz!
Gieße Trost und Frieden
in ihr wundes Herz!
Sei mit deiner Hilfe
nimmer ihnen fern!
Sei durch Nacht und Dunkel
stets ein lichter Stern!

Segne du, Maria,
Segne mich, dein Kind,
dass ich hier den Frieden,
Dort den Himmel find'.
Segne all mein Denken,
Segne all mein Tun,
Laß in deinem Segen
Tag und Nacht mich ruhn'!

Segne du, Maria,
Alle, die mir lieb;
Deinen Muttersegen
Ihnen täglich gib:
Deine Mutterhände
Breit auf alle aus:
Segne alle Herzen,
Segne jedes Haus!"

Segne du, Maria,
Alle, die voll Schmerz!
Gieße Trost und Frieden
in ihr wundes Herz!
Sei mit deiner Hilfe
nimmer ihnen fern!
Sei durch Nacht und Dunkel
stets ein lichter Stern!

Schmerzenmutter mit Deinem Sohn so lieb
Deinen Segen uns gib!

Andachtsblatt 1890 aus Kloster Georgenberg, Tirol

Es ist nicht ausgeschlossen, daß Cordula Peregrina selbst auf solchen Andachtsbildern anlaßbezogen verschiedene Strophenzusammenstellungen publiziert hat. Das Blatt von 1916 kann auf einer solchen autorisierten Strophenzusammenstellung beruhen. Wie viele Strophen Cordula Wöhler 1870 gedichtet hat, läßt sich erst klären, wenn ihr Tagebuch wiedergefunden wird.

Überlieferungsgeschichte

Jedenfalls spaltet sich die Druckgeschichte nach dem Ersten Weltkrieg in eine österreichische Tradition, die dreistrophig ist und auf dem Totenzettel von 1916 basiert, und in eine bayerische, die vierstrophig ist und deren früheste Vorlage unbekannt ist. Die bayerische wird bereits in den zwanziger Jahren auch im Bistum Speyer überliefert, was die bleibende Wirkmächtigkeit der bis 1918 bestehenden politischen Verhältnisse spiegelt, als die Rheinpfalz zu Bayern gehörte. Auch für die österreichische Tradition gelten alte Muster des Habsburgerreichs fort.

INRI

1511

Er ist gehorsam geworden bis zum Tode, ja bis zum Tod am Kreuze

D 51

Katholisches Militär-Gebet- und Gesangbuch

Zusammengestellt von
Franz Justus Rarkowski
Apostolischer Administrator
k. Feldbischof der Wehrmacht

Mit kirchlicher Genehmigung

Berlin 1937
Wehrverlag Joseph Bercker

Breitenwirkung

Sie verbreitet sich nach Norden und Osten, nach Schlesien, ins Sudetenland und in weitere Ostgebiete bis hin zum ostpreußischen Ermland. Diese ostdeutsche Karriere war die Voraussetzung für den ersten gesamtdeutschen Auftritt des Liedes, die Aufnahme in ein Einheitsgesangbuch lange vor dem *Gotteslob, nämlich in das reichsweit gültige katholische Militärgesangbuch *Berlin 1937.

Als der Krieg verlorenging, erklang das Lied infolgedessen auch in den Gefangenenlagern. Die Letzte-Stund-Strophe fehlt dort. Bis dahin hatte das Lied den Soldaten auch Sterben geholfen. Für die Gefangenen war der Krieg beendet, die Todesgefahr gebannt, die Sterbekunst nicht mehr so wichtig – vielleicht war das der Grund der Kürzung.

Die Kirchengesangbücher der Nachkriegszeit bleiben zurückhaltend. Sie enthalten das Lied weiterhin nur in den bayerischen und österreichischen Stammgebieten. Doch zeigt sich, dass Hefte und Anhänge, die das Liedgut der Vertriebenen nach 1945 in den Westzonen einspeisen wol-

Segne du Maria
für Kriegsgefangene
New York 1944

len, fast immer *Segne* enthalten. Die Vertriebenen bringen es aus dem Osten mit und verstreuen es in der gesamten Bundesrepublik. Die Art und Weise, wie es dort lebt, wird von den gedruckten Quellen nur unzureichend abgebildet. Die Durchsicht vieler Regalmeter mit Andachtsliteratur förderte nur vergleichsweise wenige Drucke zutage, so daß sich die Annahme immer mehr erhärtet, daß auch ein halbes Jahrtausend nach der Etablierung des Buchdrucks das eigentliche Trägermedium ein anderes war und ist: die mündliche Überlieferung. Man kann dieses Lied in vielen Regionen auswendig, so wie *O du fröhliche* oder *Stille Nacht*. Man hat es bei Beerdigungen, Hochzeiten und Maiandachten gesungen, man hat es mit nach Hause genommen, es war ein Ohrwurm, man brauchte kein Buch dafür.

Youtube

Wie ein auftauchender Walfisch, von dem die Wasser abfließen, erhebt sich die vorher unsichtbare mündliche Tradition, seit es das Internet gibt. Wer *Segne Du, Maria* in eine Suchmaschine eingibt, stößt auf ein breites Spektrum von Einträgen. Kleine Musikverlage bieten vierstimmige Sätze des Liedes zum Kauf an, Bistümer rufen mit ihm zu Wallfahrten auf, Kirchengemeinden präsentieren Textfassungen des Liedes oder erzählen seine Entstehungsgeschichte. Auf der Plattform Youtube gibt es Videos von *Segne Du, Maria,* eingesungen von Ordensschwestern, Kirchenchören oder Heimatmusikern, oft mit kitschigen Bildern versehen, massenhaft angeklickt und oft kommentiert. «Dieses Lied erinnert mich daran, wie ich einst eine sehr schwere Zeit überstand.» «Meine Mutter sang das zu Herzen gehend.» «Bin gerade ein bißchen traurig meine Oma hat das früher immer mit mir gesungen als ich klein

Maria mit Segenshänden, ohne Kind

war und auch als sie ganz krank war hat sie das auch immer noch gesungen nun ist sie seit 3 Jahren tot und ich vermiss sie sehr das Lied erinnert mich an sie danke.» «In unserem Gotteslob steht es nicht. Wir haben Heftchen mit den Texten unserer ‹allerliebsten Gemeindelieblingslieder› drucken lassen. Die alten Lieder berühren die Herzen so tief.»

«Dieses Lied ist das schönste Marienlied überhaupt. Ich bekomme immer Tränen in die Augen beim Anhören des Liedes. Ich bin immer froh, wenn unser Organist es mal wieder in der Messe spielt, immer ganz zum Schluss, immer wunderschön!» «Ja ein schönes Lied. Es wurde an der Beerdigung meiner Oma gesungen. Es ist vom Text her das schönste was sie uns noch mitgeben konnte. Segne du Maria, alle die mir lieb. Deinen Muttersegen, ihnen täglich gib… Weil sie nun nicht mehr für uns da sein kann, praktisch die Bitte an die Mutter Gottes ihre Aufgabe zu übernehmen…»

Schwarmdichtung

Das Internet bietet eine Vielfalt an Strophenzusammenstellungen. Neben drei- und fünfstrophigen finden sich vier-, sechs-, sieben- und sogar zwölfstrophige Fassungen. Gerade die Langfassungen, die für Wallfahrten oder Prozessionen geeignet sind, überraschen mit immer wieder neuen Strophen. Wir haben daraus eine Art Maximalfassung gemacht:

1. Segne Du, Maria, segne mich Dein Kind.
Daß ich hier den Frieden, dort den Himmel find!
Segne all mein Denken, segne all mein Tun,
laß in Deinem Segen Tag und Nacht mich ruhn!

2. Segne Du Maria, alle die mir lieb,
Deinen Muttersegen ihnen täglich gib!
Deine Mutterhände breit auf alle aus,
segne alle Herzen, segne jedes Haus!

3. Segne Du, Maria, die mir wohlgetan,
laß für ihre Treue sie den Lohn empfahn
Was sie mir erwiesen, o vergilt es Du.
Jede Gnadengabe wende ihnen zu.

4. Segne Du, Maria, die so weh mir tun,
die so tief mich kränken und verwunden nun.
Bringe sie zum Frieden und zum wahren Heil,
gib am ewgen Leben einst auch ihnen Teil.

5. Segne Du, Maria, jeden der da ringt,
der in Angst und Schmerzen Dir ein Ave bringt.
Reich ihm Deine Hände, daß er nicht erliegt,
daß er mutig streite, daß er endlich siegt!

6. Segne Du, Maria, alle die voll Schmerz,
gieße Trost und Frieden in ihr wundes Herz.
Sei mit deiner Hilfe nimmer ihnen fern;
sei durch Nacht und Dunkel stets ein lichter Stern.

7. Segne Du, Maria, all' die krank und arm,
denn der Heiland aller ruht auf Deinem Arm.
Lohne ihr Vertrauen, lindre ihren Schmerz,
denn für alle Armen schlägt Dein Mutterherz.

8. Segne Du, Maria, all' die taub und blind,
die den Weg verloren, nicht mehr Gottes Kind.
Führe durch die Engel liebreich sie zurück,
daß sie wieder finden Seelenruh und Glück.

9. Segne Du, Maria, unsern Heimatort,
Deine Segensquelle fließe fort und fort.
Mutter aller Völker, schütze uns vor Krieg;
Mutter unsrer Kirche, führe sie zum Sieg.

10. Segne Du, Maria, unser Vaterland!
Daß es allen Stürmen siegreich halte stand!
Deine Macht und Güte, Königin, uns leih,
allen armen Kindern Gnadenmutter sei!

11. Segne Du, Maria, Mutter Gottes mein,
laß mich hier auf Erden Dir befohlen sein.
Führe mich zu Jesus, Deinem Sohne hin,
daß in seiner Liebe ich geborgen bin.

12. Segne Du, Maria, unsre letzte Stund!
Süße Trosteswortе flüstre dann Dein Mund.
Deine Hand, die linde, drück das Aug uns zu,
Bleib in Tod und Leben unser Segen Du!

13. Segne Du, Maria, unsre letzte Stund.
Mach uns armen Sündern Gottes Gnade kund.
Deine Mutterhände reiche uns dazu,
bleib in Tod und Leben unser Segen Du.

14. Segne Du, Maria, die im Läutrungsort,
voller Sehnsucht warten vor der Himmelspfort.
Tröste sie im Leiden, kürze ihre Zeit,
dass sie bald sich freuen ewger Seligkeit.

Der geschulte Betrachter kann in den Strophen eins und zwei sofort diejenigen aus den *Konvertitenbildern* erkennen. Sie lassen sich eindeutig auf den 31. Mai 1870 datieren. Die Strophen 3 und 4 finden sich zuerst 1898 in dem Band *Aus Lebens Liebe, Lust und Leid* und sind auf jeden Fall von Cordula Wöhler selbst gedichtet worden. Sie können rückblikkend für die Gedichtsammlung oder bereits 1870 angefertigt worden sein. Vor diesem Hintergrund ist es nicht schwer, diejenigen, die ihr *wohlgetan* (Strophe 3) haben, zu identifizieren. Es handelt sich um Alban Stolz und weitere ihr wohlgesonnene Katholiken. Diejenigen, *die so weh* ihr *tun* (4), sind vor allem ihre Eltern.

Die Strophe *der da ringt* (5) ist die erste, bei der sich kein Nachweis für Cordula Wöhlers Autorschaft finden läßt. Sie wird wahrscheinlich von ihr sein, kann aber auch von einem der zahlreichen Nachdichter stammen, die in ihren Spuren wandeln. Die Strophe hat eine breite Tradition und läßt sich bereits seit dem Ende der 1920er Jahre in den bayerischen und speyerischen Gesangbüchern nachweisen. Für die Schmerzstrophe (6) kann das mit «Cordula Nothburga» unterzeichnete Andachtsbild aus der Zeit um 1890 als Autorschaftsnachweis gelten. Seit der Mitte des 20. Jahrhunderts ist sie weit verbreitet.

Die nächsten beiden Strophen (*krank und arm* sowie *taub und blind*) zeigen, wie sehr das von Cordula Wöhler vorgegebene Schema zur Eigenproduktion ermuntert. Sie stammen von der Webseite *http://gott-und-gottesmutter.npage.de/cordula-peregrina-segne-du-maria.html.* Die Seite ist einem konservativ-katholischen Milieu zuzuordnen. Von dort kommt auch die folgende Strophe (9), die eine Tradition aufnimmt, an dieser Stelle für *Kirche* oder *Land* zu beten. Diese Tradition mag bereits im Ersten Weltkrieg vorhanden gewesen sein, wohin auch die Vaterlandsstrophe (10) gut passt. Unser ältester Beleg für sie ist *Altötting 1938.

In den Stammteil von *Gotteslob 1 ist das Lied nicht vorgedrungen. Dass man es damals theologisch bedenklich fand, zeigt unsere Strophe 11, die sich im Eichstätter Diözesanteil zum *Gotteslob 1 findet. Sie verfolgt offensichtlich die Absicht, ein bisher jesusloses Marienlied zu christologisieren.

Mit *letzte Stund* (12) sind wir wieder im Bereich Cordula Wöhler 1898, ohne dass wir sagen können, ob es die Strophe auch 1870 schon gegeben hat. Der sehr liebliche Text mit seinen süßen Trosteswörten wird in der folgenden Eichstätter Version (13) strenger gefaßt, indem ein mahnender Zeigefinger uns alle zu armen Sündern ernennt. Nach alter katholischer Lehre ist es mit dem Tod nicht zu Ende. Da der Mensch für seine Sünden büßen muss, darf auch der Aufenthalt im Fegefeuer nicht fehlen. Diesen *Läuterungsort* behandelt unsere letzte Strophe.

Die üppige Produktion wird von der leicht handzuhabenden Form begünstigt. Jede Strophe beginnt mit den gleichen Worten, das Vermaß ist regelmäßig und ein Reim muss nur in jeder zweiten Zeile gefunden werden. Hat man die Grundmelodie einmal im Ohr und behält man die Strophen 1 und 2 sowie die Sterbestrophe bei, dann läßt sich dieser Rahmen leicht mit beliebig vielen selbstgemachten Strophen füllen. Mit dem Stropheninitium *Segne Du, Maria* läßt sich die Linderung zahlreicher Nöte des menschlichen Lebens in Auftrag geben. Der Übergang zur Parodie ist fließend. Probieren wir es einmal aus:

Segne Du, Maria,
den, der rastlos wacht,
dass er endlich schlafe,
ruh' die ganze Nacht.
Deinen Schutz ihm gebe,
schenk ihm Deine Hut,
dass er sich erhebe
wach und ausgeruht.

Segne Du, Maria,
jeden, der da schreibt,
dass er sich nicht quäle
und am Werke bleibt.
Schenke ihm Gedanken
und Gefühle tief,
ausdrucksvolle Verse
himmlisch hieroglyph.

Segne Du, Maria,
unsre Landwirtschaft,
daß sie allen Menschen
täglich Nahrung schafft,
daß sie alle Krisen
kraftvoll übersteht
und die deutsche Milchkuh
niemals untergeht.

Segne Du, Maria,
segne dieses Paar.
Sei an ihrer Seite
jetzt und immerdar.

Segne ihre Herzen,
segne ihren Bund,
tu in Freud und Schmerzen
Deine Hilfe kund.

etc. ad libitum

Jakobsweg

Für die riesige Verbreitung von *Segne du, Maria* war nicht das Medium Gesangbuch der einzige Träger, sondern Schriftchen, Heftchen, Bildchen und Zettel aller Art, wie sie an Andachtsorten zu haben sind, ferner Liedblätter und Liederhefte von Chören und Jugendgruppen. Dazu kommt in den letzten zehn Jahren das brodelnd produktive Internet. Viele fromme Seiten münden dort in das *Segne*-Lied. Wallfahrtsausschreibungen bedienen sich seiner in reichem Maße. Es erklingt in Reisebussen nach Walldürn, Lourdes oder Fatima. Der Jakobsweg hat eine eigene Fassung hervorgebracht. Während sich die große Mehrzahl der Neubildungen nach alter katholischer Art im Schutz einer undiskutiert selbstverständlichen Anonymität bewegt, bekennt sich hierzu ausnahmsweise eine Verfasserin (Elisabeth Alferink):

1. Segne, Sankt Jakobus,/ deine Pilgerschar,/ die in deinen Spuren/ wandelt manches Jahr./ Lass uns auf den Wegen/ Gottes Weg verstehn./ Gib uns deinen Segen,/ wenn wir weiter gehn.
2. Segne, Sankt Jakobus/ unsere Schritte du./ Wenn den Weg wir fehlen,/ ruf das Ziel uns zu./ Schütz uns vor dem Unheil,/ vor des Bösen Wut/ stets mit deinen Mantel,/ deinem Pilgerhut.
3. Segne, Sankt Jakobus/ manchen schweren Gang./ Stärke uns und tröste,/ denn der Weg ist lang./ Ohne deine Hilfe/ schaffen wir es nicht./ Stille unsre Sehnsucht,/ führe uns ins Licht.
4. Wenn nach vielen Schmerzen/ wir dein Grab erreicht,/ wird es in den Herzen,/ in den Seelen leicht./ Was wir so vollendet,/ sei ein Anbeginn,/ sei ein neues Denken,/ neuer Weg und Sinn.
5. Wenn wir einmal sterben,/ bleib auch dann uns treu,/ dass des Lebens Fülle/ unsre Zukunft sei./ Mögst uns dort erkennen,/ und empfangen gern,/ uns beim Namen nennen,/ führen uns zum Herrn.

Ein Lied für Priester

Eine besondere Rolle spielt *Segne du, Maria* für den Priesterstand. Vermutlich in das Pontifikat Pius XII. datierend, also etwa in die Mitte des 20. Jahrhunderts, wird im Kontext von Gebeten und Andachten für Priester und um Priesterberufungen sowie im Kontext der Priesterweihe, die nach katholischem Verständnis ein Sakrament ist, die folgende mit einer konservativen Priesterideologie parfümierte Version transportiert (im Kern dreistrophig, manchmal poetisch unüberzeugend auf vier oder fünf Strophen aufgeschwemmt):

> 1. Segne Du, Maria,/ unsern Priesterstand,/ reichen Segen spende/ jeder Priesterhand!/ Segne alle Priester,/ die auf Erden sind,/ segne sie, Maria,/ mit dem lieben Kind!
> 2. Segne Du, Maria,/ jedes Priesterwort,/ daß es Früchte trage/ in die Herzen fort!/ Segne Du ihr Wirken/ für das Gottesreich,/ mach' durch Deinen Segen/ all' dem Heiland gleich!
> 3. Segne Du, Maria,/ jedes Priesterherz,/ segne seine Freuden,/ segne seinen Schmerz!/ Segne all sein Ringen,/ bis es sterbend bricht,/ stehe ihm zur Seite/ auf dem Weg zum Licht!

Priesterhand, *Priesterwort* und *Priesterherz* sind die tragenden Stichworte. Warum zuerst die Hand? Es ist die *Priesterhand* dessen, der Brot und Wein berührt und sie mit seinem *Priesterwort* in Leib und Blut Christi verwandelt. Die Struktur wird vorgegeben von einer Quelle, einem Priestergebet, das der Heiligen Therese vom Kinde Jesu zugeschrieben wird, sich aber in deren Werken nicht findet – auch das ein für die anonyme katholische Überlieferung typischer Vorgang.

> Jesus, ewiger Hohepriester, bewahre Deine Priester im Schutze Deines Heiligsten Herzens, wo ihnen niemand schaden kann.
> Bewahre unbefleckt ihre gesalbten *Hände*, die täglich Deinen heiligen Leib berühren.
> Bewahre rein die *Lippen*, die gerötet sind von Deinem kostbaren Blut.
> Bewahre rein und unirdisch ihr *Herz*, das gesiegelt ist mit dem erhabenen Zeichen Deines glorreichen Priestertums. Lass sie wachsen in der Liebe und Treue zu Dir und schütze sie vor der Ansteckung der Welt.

> Gib ihnen mit der *Wandlungskraft* über Brot und Wein auch die Wandlungskraft über die Herzen. Segne ihre Arbeiten mit reichlicher Frucht und schenke ihnen dereinst die Krone des ewigen Lebens. Amen.

Die *Hände*, die das Brot berühren, die *Lippen*, die vom Wein gerötet sind und das *Herz:* sie zusammen haben die *Wandlungskraft*. In *Segne du, Maria, unsern Priesterstand* wird Marias Segen zum Schutz der Wandlungskraft herbeigefleht. Die Priesterhand wird bei der Priesterweihe eigens gesalbt. Der Bischof salbt zuerst beide Daumen und Zeigefinger, die im heiligen Messopfer die heiligen Gestalten von Brot und Wein berühren werden, und betet: «Weihen und heiligen mögest Du, o Herr, diese Hände durch diese Salbung und unsere Segnung.» Dann salbt er die inneren Handflächen: «Damit alles, was sie segnen, gesegnet sei, und was sie weihen, geweiht und geheiligt sei.» Wie die Hände Jesu bei der heiligen Wandlung «heilig und ehrwürdig» genannt werden, so sollen auch die Hände des Priesters stets «heilig und ehrwürdig» sein.

Die Wandlungskraft ist aus dieser Sicht das unterscheidende Merkmal des katholischen Priesters. Alban Stolz schreibt an seine Konvertitin Julie Meineke, daß von einem heiligen Abendmahl ohne Priesterweihe gar nicht ernstlich die Rede sein könne. Er nennt es eine philisterhafte Auffassung, wenn «das große, geheimnisvolle Sakrament» von «der Alltagsordnung gewöhnlicher Naturgesetze für die grobe Materie abhängig gemacht» werde:

> Der Leib Christi, wie er uns im Sakrament geboten wird, ist nicht ein grob materieller, sondern ein sakramentaler, d. h. in einer Existenzweise vorhanden, die über alle Formen irdischen Seins erhaben ist. Der Leib Christi im heiligen Abendmahle ist nur dem Leibe nach der Auferstehung zu vergleichen, der hinausgehoben ist über den Pferch und die Maschinerie der Naturgesetze.

Quellenverzeichnis

*Gotteslob 2, *Gotteslob 1 (diverse Diözesanausgaben), *Berlin 1937, New York 1944 und viele andere.

Alban Stolz: Fügung und Führung. Konvertitenbilder. Hrsg. von Julius Mayer. Dritter Teil: Alban Stolz und Kordula Wöhler (Kordula Peregrina). Siebte und achte Auflage. 14.–17. Tausend. Freiburg im Breisgau: Herder ohne Jahr [1921, erste Auflage 1913]. Der Liedabdruck befindet sich im 21. Kapitel, S. 465.

Alban Stolz: Fügung und Führung. Konvertitenbilder. Hrsg. von Julius Mayer. Erster Teil: Alban Stolz und Julie Meineke. Achte bis zehnte Auflage, 17.–22. Tausend. Freiburg im Breisgau: Herder ohne Jahr [1920, erste Auflage 1911]. Das Zitat findet sich auf S. 32.

Kordula Peregrina [d. i. Cordula Wöhler]: Aus Lebens Liebe, Lust und Leid, ein Pilgersang zur Abendzeit. Innsbruck: Rauch 1898.

Siegfried Staudinger: *«Segne du, Maria …». Wie dieses Lied entstand. Zum Gedenken an Kordula Wöhler*. Matrei: Journal 2000. Der fünfstrophige Liedabdruck, den der Schwazer Franziskanerpater Staudinger S. 20 präsentiert, gibt vor, aus den *Konvertitenbildern* von 1913 zu stammen, was einer Prüfung nicht standhält. Einer Druckfahne im Stadtarchiv Schwaz läßt sich entnehmen, daß Staudinger in der ersten Auflage seiner Broschüre 1995 noch den zweistrophigen Text von 1913 präsentiert hatte. Offenkundig wurde er erst nachträglich auf das Existieren weiterer Strophen aufmerksam und brachte 2000 dann relativ willkürlich die Strophen – *Kind*, – *lieb*, – *Schmerz*, – *ringt*, – *Stund*. Nachfragen in der Bibliothek des Franziskanerklosters Schwaz und im Franziskanerarchiv in Hall haben ergeben, daß unter den dort verwahrten Wöhler-Handschriften keine von *Segne du, Maria* zu finden sind.

Hanns Bächtold-Stäubli (Hrsg.): Handwörterbuch des deutschen Aberglaubens. 10 Bände, Berlin: de Gruyter 1927–1942 (Artikel «Segen»).

Novalis: Heinrich von Ofterdingen. In: Schriften I, hrsg. v. Paul Kluckhohn und Richard Samuel, Stuttgart: Kohlhammer [3]1977, S. 325 (dort das Novalis-Zitat «Wo gehn wir denn hin? Immer nach Hause.»)

Internet-Einträge

www.youtube.com, www.gloria.tv, www.kathpedia.com (Priesterweihe), www.gott-und-gottesmutter.de.

Maria breit den Mantel aus

Maria vom Sieg

«S. Maria de Victoria» (ihr Name steht im Heiligenschein) schützt die Schiffe der Christen

Als Ludwig der Bayer im Jahr 1322 in der Schlacht von Mühldorf am Inn seinen österreichischen Rivalen Friedrich den Schönen besiegte, wurde dieser Erfolg einer Frau zugeschrieben: «Ein wunderbarliches Weib/ welches ein himmelblawen Mantel über den gantzen Innstromb gespannt und ausgebreitet hatte; dises starcke Weib allein hette ihn gehal-

Die Königin des Rosenkranzes

ten und mehr erschröcket/ wegtriben und gejagt/ als unser gantzes Kriegslager». Maria war es; sie hat mit ihrem Schutzmantel die feindlichen Heere weggetrieben und verjagt.

Maria half mit ihrer himmelblauen Mantelwaffe später nicht mehr nur den Bayern gegen die Österreicher, sondern auch den Österreichern gegen die Türken und den Katholiken gegen die Protestanten. Einen ihrer stärksten Auftritte hatte sie bei der Seeschlacht von Lepanto. Am 7. Oktober 1571 besiegte die Flotte der Heiligen Liga nach verlustreichem Kampf die Hunderte von Schiffen zählenden Geschwader des Osmanischen Reiches. Der Sieg wurde auf Marias Konto gebucht, hatte doch die Rosenkranzbruderschaft in Rom sie am Morgen des Entscheidungstages inbrünstig angefleht. Zum Dank feiert man seitdem am 7. Oktober das Rosenkranzfest.

Urtext und Ursprünge des Schutzmantellieds

Die guten Beziehungen, die Maria zum Militär unterhielt, blieben bis ins 20. Jahrhundert intakt. In der Sammlung *Kirchenlied* von 1938 lautet die vierte Strophe von *Maria breit den Mantel aus*:

> Wann alle Feind zusammenstehn,
> wann alle grimmig auf uns gehn,
> bleib du bei uns, sei du uns Schutz!
> So bieten wir dem Feinde Trutz.

Herkunftsmäßig handelt es sich dabei um eine 16. Strophe. Sie stammt aus einem 29strophigen Lied, das 1640 in Innsbruck erschien, in einer

Flugschrift mit dem Titel *Vier schöne newe geistliche Lieder/ Von unser lieben Frawen der Himmelkönigin Maria vnnd Muetter der Barmhertzigkeit.* Sie ist dort eingerahmt von vielen nichtmilitärischen Strophen.

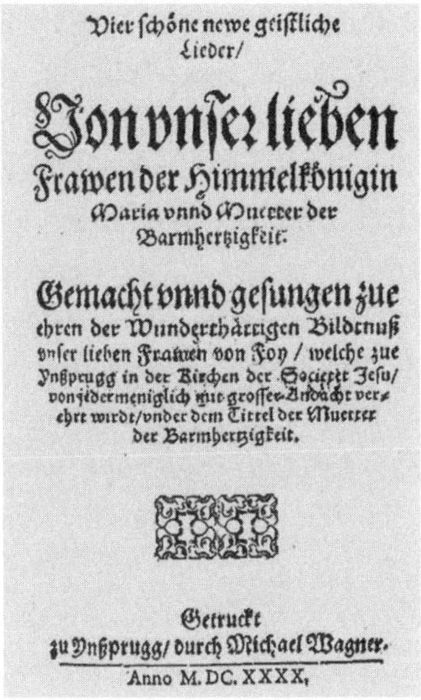

Vier schöne newe geistliche Lieder/

Von vnser lieben Frawen der Himmelkönigin Maria vnnd Muetter der Barmhertzigkeit.

Gemacht vnnd gesungen zue ehren der Wunderthättigen Bildtnuß vnser lieben Frawen von Foy / welche zue Ynßprugg in der Kirchen der Societet Jesu/ von jedermeniglich mit grosser Andacht verehrt wirdt/vnder dem Tittel der Muetter der Barmhertzigkeit.

Getruckt zu Ynßprugg/ durch Michael Wagner.

Anno M.DC.XXXX,

Liedflugschrift Innsbruck 1640

Dieser Druck galt lange Zeit als Ausgangspunkt der Liedgeschichte. Einem Münchener Flugblatt von 1637 läßt sich jedoch entnehmen, daß *Maria breit den Mantel aus* bereits drei Jahre vor diesem Innsbrukker Druck so populär war, daß man seine Melodie als bekannt voraussetzte. Das Lied *Maria Himmel Königin* endet auf diesem Münchener Blatt mit einer vielsagenden Fußnote, in der Möglichkeiten erörtert werden, den Refrain dieses Liedes zu gestalten oder wegzulassen. In diesem Zusammenhang wird auch *Maria breit den Mantel aus* erwähnt:

> Wann man aber diese wort gantz außlast/ wie auch die wort: Maria bitt für vns/ so kan diß Lied gesungen werden im Thon: Maria brait dein Mantel auß/ oder wie man die Kayserin singt. Widerumb so kan es auch gesungen werden im Thon: Ist das der Leib HErr Jesu Christ/ doch muß man alsdann zu end eines jeden Gesätzleins dise wort hinzu setzen: Bitt für vns Gott/ in aller Noth. Oder Maria zart/ vns wol bewahrt.

Man kann auf dem Umweg darüber, daß *Maria Himmel Königin*, wenn ohne Refrain gesungen, vierzeilig war, schließen, daß auch *Maria breit den Mantel aus* ursprünglich ein vierzeiliges Lied ohne Refrain war. Die frühe Drucküberlieferung bietet allerdings dafür keine Beweise. Die meisten erhaltenen Fassungen enden mit dem Refrain: *O Jungfrau rein, Maria mein*, manche auch mit *O Jungfrau rein, o Mutter mein.* Dieser

Refrain passt metrisch zu der in der Fußnote genannten Weise *Ist das der Leib Herr Jesu Christ*, die jeweils mit *Alleluja, alleluja* endet. In der Tat finden wir in der frühen Überlieferung diese Weise gelegentlich als Tonangabe, allerdings wechselnd mit einer anderen: *Komm heiliger Geist mit deiner Gnad.* Doch löst sich die vermeintliche Melodienkonkurrenz rasch auf, weil wiederum *Komm heiliger Geist mit deiner Gnad* in der Regel im Ton von *Ist das der Leib Herr Jesu Christ* gesungen wurde. Wir halten vorläufig fest, daß die alten Versionen von *Maria breit den Mantel aus* in der Regel mit der Weise des Osterlieds *Ist das der Leib Herr Jesu Christ* verknüpft waren, also mit einem ausgesprochen fröhlichen Ton, der 1623 zuerst gedruckt auftaucht und damals wahrscheinlich noch ganz jung war. Die Folgerung, das Schutzmantellied müsse also zwischen 1623 und 1637 entstanden sein, wäre voreilig, weil das genaue Alter der Osterliedmelodie nicht festgestellt werden kann. Sicher ist lediglich, daß es *Maria breit den Mantel aus* schon ein oder zwei Jahrzehnte vor dem Innsbrucker Blatt von 1640 gab.

Weil Liedflugblätter aus dem 17. Jahrhundert generell nur sporadisch erhalten geblieben sind, verwundert es nicht weiter, daß kein einziger früher Druck des ursprünglichen Lieds aufzutreiben ist. Es ist dennoch überliefert, wenn auch in wesentlich späteren Drucken, deren mehrere verfügbar sind. Im Vergleich dieser Drucke zeigt sich ein relativ stabiler siebenstrophiger Kern. In typischer Form liegt er im *Catholischen Gesang-Büchlein*, *Amberg 1708 vor:

1. Maria breit dein Mantel aus:
mach uns ein Schirm und Schild daraus/
laß uns all sicher drunter stehn/
biß alle Feind fürüber gehn/
O Jungfrau rein/ O Mutter mein.

2. Dein Mantel ist schön Himmelblau/
ist unser Schild wie ich vertrau/
wer sich nur fleissig darunter stellt/
von keinem Feind wird er gefällt/
O Jungfrau/ cc.

3. Dein Mantel ist sehr weit und breit/
bedeckt die gantze Christenheit/
er deckt die gantze weite Welt/
ist aller Christen Hülff bestellt/
O Jungfrau/ cc.

4. Maria komm und hilff uns geschwind/
schick uns dein himmlisch Hofgesind/
schick uns ein gantzes Englisch Heer/
daß es der Ketzer Macht zerstör/
O Jungfrau rein/ cc.

5. Schick uns zu Hülff den starcken Held/
S. Michael/ daß er zieh ins Feld/
daß er schlag drein mit seinem Schwerdt/
verjagt die gantze Ketzer-Heerd/
O Jungfrau rein/ cc.

6. Maria gütig/ sanfft und mild/
sey du selbst unser Schutz und Schild/
wann schon der Feind wär noch so wild/
so wird er durch dein Macht gestillt/
O Jungfrau rein/ cc.

7. Wir bitten dich gar inniglich/
wir bitten gantz inbrünstiglich/
wir bitten dich all hertziglich/
hilff uns hie und dort ewiglich/
O Jungfrau rein/ cc.

Diese Version schließt deutlich an Maria vom Sieg an. Der Tonfall ist voll Zuversicht. Als militärischen Standard finden wir den himmelblauen Schild des Schutzmantels, das Engelsheer und Sankt Michael, der mit dem Schwert dreinschlägt. Als Feinde figurieren die «Ketzer», im katholischen Sprachgebrauch des 17. Jahrhunderts also die Protestanten.

Wenn wir einen Blick auf die frühen Druckorte des alten Schutzmantelliedes werfen, stoßen wir auf Neiße 1664 und 1675, Linz um 1690,

*Prag 1715, *Amberg 1708 und *Königgrätz 1730. Hinter jedem dieser Drucke muß eine rückwärtige Tradition vermutet werden, und alle diese Traditionen müssen eine gemeinsame Wurzel haben. Alle Druckorte liegen in Böhmen (Tschechien) und um Böhmen herum. Dazu kommen etwas weiter entfernte Druckorte wie Innsbruck 1640 und die Hinweise aus München 1637 und Augsburg 1638. Alles zusammengenommen könnte *Maria breit den Mantel aus* in den Anfangsjahren des Dreißigjährigen Krieges entstanden sein. Dessen erste Phase, der Böhmische Krieg, brachte 1618 bis 1619 zuerst Anfangserfolge der Protestanten, endete aber 1620 mit einem Sieg der Kaiserlichen (Österreicher, Bayern) in der Schlacht am Weißen Berge in der Nähe von Prag. Diese Schicksalstage böten dem Lied einen plausiblen Entstehungshintergrund. Wir gehen im folgenden davon aus und geben dieser hypothetischen Urfassung die Bezeichnung «Prag 1620».

Das Wort «Ketzer» muß nicht zum Urbestand des Liedes gehört haben. Es ist leicht austauschbar und besetzt in der Struktur des Textes eine Stelle, die zu Aktualisierungen einlädt. Die Feinde sind auswechselbar. Als 1663/64 ein großes türkisches Heer Mitteleuropa bedrohte, wurden Marias Truppen wieder wie damals bei Lepanto gegen den Sultan in Marsch gesetzt. Das Lied paßt sich an:

4. Maria/ komm und hilff geschwind/
Schick uns dein Englisch Hoffgesind/
Schick uns dein gantzes Himmlisch Heer/
Des Türcken Macht zu schanden wehr/
O Jungfrau rein/ Maria mein.

Die Protestanten gossen in dem Flugblatt, das diesen Text überliefert (Neiße 1664), ihren Spott darüber aus, ohne so richtig gute Karten zu haben. Waren sie doch selbst einst singend gegen die Türken gezogen. Das Lied *Erhalt uns Herr bei deinem Wort und steur des Papsts und Türken Mord* hatte Martin Luther höchstpersönlich gedichtet. Daß er nicht Maria, sondern Christus militärisch in Stellung brachte, macht die Sache nicht wirklich besser.

Das Schutzmantellied wechselt seine Einsatzorte immer wieder und erweitert sein Anwendungsgebiet nach verschiedenen Richtungen. Allmählich verschwinden die Ketzer und die Türken. Es bleiben *Feinde*, multifunktional. Weitere Strophen kamen wohl schon früh dazu, als der Krieg länger und länger dauerte und der Schutzbedarf wuchs. Eine Strophe, die sich an Maria *in der Gruft* (einem vertieft gelegenen Andachtsort, einer Art Lourdesgrotte) wendet, mag von der Pest veranlaßt gewesen sein, die den Krieg in mehreren Epidemien begleitete und oft zum jähen Tod führte (Neiße 1675):

> 8. Wir bitten dich in deiner krufft/
> bewahre vns vor allem bösen Lufft/
> vor Hunger Krieg vnd aller Noth/
> bewahr vns vor dem gehen Todt/
> O Jungfraw rein/ MARIA mein.

Endlich wird auch ein Bedürfnis entstanden sein, die Madonna nicht nur anzubetteln, sondern auch zu verehren. Ein Geistlicher wird tätig geworden sein, um einige theologische Strophen hinzuzufügen. Maria wird in ihnen angesprochen als *Spiegel der Gerechtigkeit* und *Geistliche Rosen*, als *guldenes Hauß* und *der helle Morgenstern*, als *Arch deß Bundts* und *Himmelsthür* (Neiße 1675, Strophen 11 bis 16).

Ein junger Trieb aus altem Holz

Von seltenen Nachzüglern abgesehen stirbt der alte Hauptstamm des alten Schutzmantellieds in der Mitte des 18. Jahrhunderts aus. Das Lied überlebt dennoch, aber nur, weil ein vereinzelter Seitentrieb, der zu einem besonderen Anlaß entstanden war, in einem Exemplar zufällig erhalten blieb – jenes Flugblatt Innsbruck 1640. Es wurde von Philipp Maximilian Körner, einem Liedersammler der Romantik, entdeckt und 1841 in der Anthologie *Marianischer Liederkranz publiziert. Erst über diese Vermittlungsstation kam die Liedfassung aus Innsbruck 1640 zu einer dauerhaften und überregionalen Wirkung. Erst durch den *Marianischen Liederkranz* lernte man auch die schöne und heute gängige, aber zwei Jahrhunderte lang vergessene Melodie kennen.

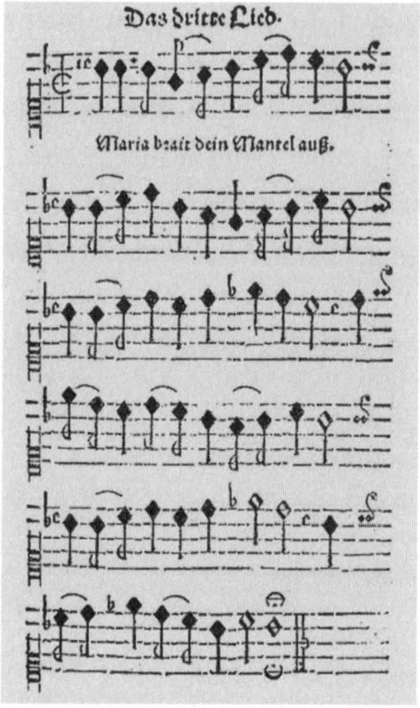

Liedflugschrift Innsbruck 1640

Vnser lieben Frawen Schutzmantel

1. Maria braith dein Mantel auß/ mach vns ein Schirm vnd Schildt darauß/ laß uns all sicher drunder stehn/ biß alle Gfahr für über gehn. Barmhertzige Patrona/ komb vns zur hülff Maria.
2. O Muetter der Barmhertzigkeit/ dein Mantel ist schon außgebreit/ wer sich nur fleissig drunder stelt/ in keiner Gfahr wirdt er gefält. Barmhertzige Patrona/ komb vns 2c.
3. Dein Mantel ist sehr weit vnd breit/ er deckt die gantze Christenheit/ er deckt die weite breite Welt/ ist aller Zueflucht vnd Gezelt/ 2c.
4. Dein Mantel ist schön Himmelblaw/ ist vnser Schild wie ich vertraw/ mit deinem Mantel vns bedeck/ jag alle Feind von vns hinweck/ 2c.
5. Maria du Barmhertzigs Weib/ als wz [alles was] vns schad weit von vns treib/ mit deiner gnad du bey vns bleib/ bewahr vns all an Seel vnd Leib/ 2c.
6. In aller Noth in aller gfahr/ mit deiner Huelff du vns bewahr/ zue jeder Zeit das gantze Jahr/ so wird vns nit gekrimbt ein Haar/ 2c.

Andachtsbild 1914

7. Maria vnser Zuversicht/ auff dich ist vnser Hoffnung gricht/ durch dich vns alles Guets geschicht/ wir seind dir alle hoch Verpflicht/ 2c.
8. Maria schöner Gnadenthron/ befilch vns deinem lieben Sohn/ das er vns gnädig hie verschon/ das er vns ewig dort belohn/ 2c.
9. Dein Kind dich aller Bitt gewehrt/ all dein begehren es erhört: wer dich verehrt sich zue dir kehrt/ erlange durch dich was er begehrt/ 2c.
10. Maria Hülff der Christenheit/ dein hülff erzeig vns alle Zeit/ komb vns zu hülff in allem Streith/ verjag die Feind all von vns weit/ 2c.
12. Maria aller Krancken Hail/ dein Gnad mit allen reichlich thail/ mach alle Gsund die ligen Kranck/ lab sie mit deinem gnaden Tranck/ 2c.
13. Maria aller Schwachen Krafft/ sterck vns mit deinem gnaden safft/ du bist der Seelen gnaden Speiß/ du bist der Seelen Paradeyß/ 2c.
14. Du bist die schöne Zueflucht Statt/ in der man Gnad findt früh und spat/ wer sich nur fleissig zue dir wend/ dem hülffstu hurtig und behend.
15. Komb vns zue hülff mit deiner Gnad/ das vns die gottloß Welt nit schad/ dz vns das eigen Fleisch nit fell/ dz vns nit überwind die Höll/ 2c.
16. Wann alle Feind zusamen stehn/ wann alle grimmig auff vns gehn/ bleib du bey vns halt du vns schutz/ so bieten wir dem Feind ein trutz/ 2c.
17. Wann als der Krieg durch nander jagt/ wann alles fliecht vnd ist verzagt/ bleib du bey vns/ weich von vns nit/ so weichen wir auch nit ein schrit/ 2c.
18. Wann sich erhebt ein Hungersnoth/ vnd man nit hat das täglich Brot/ bleib du bey vns/ nit von vns weich/ der Seelen Speiß vns allzeit reich/ 2c.
19. Wann Sterben einbricht mit gewalt/ vnd alles übernander falt/ bleib du bey vns hülff in der Noth/ bewahr vns vor dem gehen Todt/ 2c.
20. Wer Hülff bedarff/ wer Gnad begehrt/ der komb zu dir O Mutter werth/ bey dir O Muetter vnd deim Kind/ was er begert ein jeder findt/ 2c.
21. Kombt her ihr Sünder kommet all/ bleib keiner auß kombt all zumal/ bey dieser Muetter vnd dem Kind/ werd jhr erlößt von aller Sünd/ 2c.

22. Kombt her die jhr seyd Kranck vnd schwach/ legt hin all ewer Weeh vnd Ach/ bey diser Mutter vnnd dem Kind/ wirdt euch geholffen allen gschwind/ 2c.
23. Kombt her all die jhr seyt beschwert/ an Seel vnd Leib/ vnnd hülff begehrt: bey dieser Muetter vnnd dem Kind/ was euch beschwert/ von euch verschwind/ 2c.
24. Kombt her all die jhr seyt betriebt/ von Hertzen dise Muetter liebt/ die Muetter der barmhertzigkeit/ nimbt hin all ewer hertzenleyd/ 2c.
25. Kombt her all die jhr seyt betrangt/ bey diser Muetter hülff erlangt/ die Muetter der barmhertzigkeit/ sie will euch helffen allezeit 2c.
26. Kombt her all die jhr hülff begehrt/ mit Mund und hertz die Muetter ehrt/ die Muetter der barmhertzigkeit/ euch allen z'helffen ist bereyt.
27. Die Muetter der Barmhertzigkeit/ von hertzen selber sich erfrewt/ wann sie den Menschen helffen kann/ kommt her vnd nembt jr hilff nur an.
28. O Muetter der Barmhertzigkeit/ der Gnad und aller Güetigkeit/ komb vns zu hülff zu aller Zeit/ hülff vns in alle Ewigkeit/ 2c.
29. O Muetter der Barmhetzigkeit/ dein Mantel über vns außbreyt/ vns all darunder wol bewahr/ zu jederzeit in aller G'fahr. Barmhertzige Patrona/ komb vns zue hülff Maria.

Die vielfältige Not des Lebens der einfachen Menschen steckt, von der zugleich wehmütigen und zuversichtlichen Melodie unterstützt, in diesen unermüdlich bittenden, flehenden und klagenden Versen. Der militärische Ton ist hier nur noch einer unter vielen. Die kriegerischen Strophen sind zwar noch da, aber von Sieg ist keine Rede mehr. Maria ist nicht mehr die strahlende Victoria, sondern die gütige *Mutter der Barmherzigkeit.* Unter den vielen, die unter ihren Mantel schlüpfen, ist auch der Soldat. Er singt nicht mehr siegesgewiß, sondern angstvoll, Gedanken an Fahnenflucht peinigen ihn. Wenn der Krieg alles *durcheinanderjagt, wenn alles flieht und ist verzagt,* dann muß Maria standhalten helfen, *bleib du bei uns, weich von uns nit, so weichen wir auch nit ein Schritt.* (Strophe 17)

Ein formbewußter Dichter hätte damals 24 oder 30 oder 36 Strophen gemacht, aber nicht 29. Diese unheilige Zahl ist ein starkes Argument dafür, daß hier aus mehreren Teilmengen eine zufällige Summe entstanden ist. Das Gebilde verbirgt kaum, daß es aus verschiedenem Tuch zusammengenäht ist. Da hat jemand Elemente vorgefunden und mehr oder weniger geschickt verbunden. Nehmen wir an, der Liedschneider hätte als Ausgangspunkt eine Vorlage gehabt, die *Amberg 1708 (bzw. «Prag 1620») ähnelte. Aus den dortigen sieben Strophen hätte er seine ersten acht Strophen gemacht. Die ersten drei Strophen hätte er übernommen und unter tautologischer Erweiterung um Strophe zwei zu vier Strophen gemacht. Aus *Feind* hätte er zwei Mal *Gfahr* gemacht, hätte das Lied also geringfügig entmilitarisiert und allgemeiner verwendbar gemacht. Bei der Weglassung der Strophen 4 (*Englisch Heer*), 5 (*daß er schlag drein mit seinem Schwert*) und 6 (*wann schon der Feind wär noch so wild*) hätte ihn dieselbe Absicht geleitet. Das *hie* und *dort* seiner achten Strophe wäre eine christologisch verbesserte, aber strukturell gleiche (nämlich eschatologische) Version der alten siebten Strophe.

Aus Strophe 6 und 7 seiner Ausgangsvorlage hätte er oder hätte schon sein Lieferant (das wäre die zweite Vorlage) ferner artistisch etwas gelernt und Vergnügen gefunden an der (gegenüber dem standardmäßigen Reimschema aabb) anspruchsvolleren Reimstellung aaaa. Er setzt sie gleich nach den Schutzmantelstrophen (1–4) ein und behält sie lange bei (Str. 5–11). Er überdeckt damit die inhaltliche Zäsur des ursprünglichen eschatologischen Schlusses (8), an den er zunächst eine weitere christologische Strophe anschließt (9), um dann eine Vielzahl von Bitten folgen zu lassen (10–19), die aus einer dritten Vorlage stammen mögen. Die Strophen 20–28 bilden die nächste Gruppe (vierte Vorlage). Sie werden durch *komm* oder *kommt* verklammert, ferner durch die litaneiartige Wiederholung von *hülff* und *Mutter der Barmherzigkeit*. Strophe 29 schließt das Gebilde, das unübersichtlich zu werden beginnt, mit einer Wiederaufnahme des Schutzmantelbildes.

Als Bauteile lassen sich 1–8, überlappend 5–11, 10–19, 20–27 und 29 isolieren. Die Strophen 9 und 28 dienen zur Verkittung der Übergänge. 10–19 sind Hilferufe (Traurigkeit, Krankheit, Schwäche, Zuflucht, Fleischeslust, Feinde, Krieg, Hungersnot, jäher Tod). In diesen Strophen herrscht sprachlich eine relativ hohe Varianz, während die *Kommt*-Strophen (20–28) eine hohe Statik aufweisen und gebetsmühlenhaft Formeln wiederholen. Marias Gnade und Barmherzigkeit helfen irdisch und ewig.

Hier war ein Redaktor tätig, der Fertigteile zusammenschmolz. Es war mit hoher Wahrscheinlichkeit ein Jesuit. Aus dem Titel der Flugschrift geht hervor, daß das Lied für die Jesuitenkirche zu Innsbruck bestimmt war. Dort diente es «zue ehren der Wunderthätigen Bildtnuß unser lieben Frawen zu Foy». Zu Foy im Süden Belgiens war in einer Eiche ein steinernes Marienbildnis gefunden worden, das Wunder wirkte. Aus dem Holz dieser Eiche schnitzte man Kopien der Skulptur, denen man die gleiche Wunderkraft zutraute. Jesuiten aus Brabant hatten 1639 eine solche Kopie nach Innsbruck gesandt, wo ihre Verehrung mit jesuitischer Professionalität in Gang gebracht wurde. Die Offizin Michael Wagner druckte 1640 mehrere Liedflugschriften, die diesem Zweck dienten. Eine davon erläutert ihre Herkunft und Aufgabe selbst:

> Gemacht vnd gesungen zu ehren der heyligen Bildnuß vnser lieben Frawen von Foy/ so auß der Wunderthätigen Aichen geschnitzlet/ vor disem etliche Jahr zu Breda im Niderlandt mit Wunderzeichen geleuchtet/ vnnd von dannen nacher Inßprugg ins Tyrol überschickt worden/ im Jahr 1639. Alda sie mit großer Andacht/ in der Kirchen der Societet Jesu von jedermeniglich Verehret wirdt.

Madonna Foyensis

Auch das Münchener Jesuitenkolleg besaß eine Kopie der Madonna Foyensis und erwarb Exemplare der Wagnerschen Flugschriften – darunter auch diejenige mit Text und Melodie von *Maria breit den Mantel aus.* Als Folge der Aufhebung des Jesuitenordens (1773) gelangte sie in die Bayerische Staatsbibliothek, wo sie bis heute verwahrt wird. Eine Liedflugschrift, die zu einem so speziellen und so festlichen Anlaß entstanden, aufwendig gestaltet und mit Noten versehen, ferner mit

Verlagsnamen und Erscheinungsjahr ausgestattet war, hatte gute Chancen, aufbewahrt und bibliothekarisch archiviert zu werden. Massenflugschriften hatten diese Chance in der Regel nicht. Dadurch entstehen erhebliche Überlieferungsverzerrungen. Innsbruck 1640 blieb bewahrt, weil es ein Sonderfall war. Der Normalzustand von *Maria breit den Mantel aus* war ein anderer.

Die Wiederbelebung

Der Weg vom *Marianischen Liederkranz bis zum geistlichen Massenvolkslied war noch lang und voller Hindernisse. Der nächste Vermittler war Guido Maria *Dreves SJ. Er publizierte das Lied 1885 in einer siebenstrophigen, stark bearbeiteten Auswahl, die auf den Strophen 1, 3, 4+2, 10, 5, 16, 9, 8 und 29 des *Liederkranzes aufruhte, als Strophe 6 allerdings Verse präsentierte, die nicht auf das Innsbrucker Flugblatt, sondern auf das alte Schutzmantellied zurückgehen («Prag 1620»). Als gelehrter Hymnologe hatte Dreves außer dem *Liederkranz auch ältere Quellen zur Verfügung. Insgesamt akzentuiert seine Strophenauswahl wieder deutlich den militärischen Aspekt. Kontextuiert wurde dieser damals nicht durch das Aufeinandertreffen realer, sondern symbolischer Heerhaufen. Es waren die Truppen des sogenannten Kulturkampfs, in dem sich die Katholiken gegen den Mehrheitsprotestantismus des wilhelminischen Kaiserreichs behaupten mussten. Der Kampf richtete sich nicht nur gegen Protestanten, sondern breitflächig auch gegen Liberale, Materialisten, Nihilisten und Modernisten. Die militärische Metaphorik sproß in diesem Zusammenhang üppig. Man brauchte Kampflieder. Das berühmteste (und heute berüchtigte) war *Ein Haus voll Glorie schauet*. In dem von Joseph Mohr in den 1870er Jahren verfaßten Lied gibt es einige heute krass wirkende Strophen. Das Haus (oder genauer: die Festung) ist die katholische Kirche, die Feinde bleiben unbestimmt:

> 3. Wohl tobet um die Mauern/ der Sturm in wilder Wut;/ das Haus wird's überdauern,/ auf festem Grund es ruht.

4. Ob auch der Feind ihm dräue,/ anstürmt der Hölle Macht:/ Des Heilands Lieb' und Treue/ auf seinen Zinnen wacht.
5. Dem Sohne steht zur Seite/ die reinste der Jungfraun;/ um sie drängt sich zum Streite/ die Kriegsschar voll Vertraun.
6. Viel tausend schon vergossen/ mit heil'ger Lust ihr Blut;/ die Reihn stehn fest geschlossen/ in hohem Glaubensmut.
7. Auf! eilen liebentzündet/ auch wir zum heil'gen Streit;/ der Herr, der's Haus gegründet,/ uns ew'gen Sieg verleiht.

In Dreves' *Maria breit den Mantel aus* ist die Siegeszuversicht zwar deutlich geringer, aber die Grundkonstellation ist gleich: Sehr unbestimmt bleibende Feinde stehen gegen die Truppen von Maria. Konkurrierend mit Dreves entwickelte der eben genannte Joseph Mohr SJ für sein 1891 erschienenes *Psälterlein eine geänderte Version. In Vers 1,4 ersetzt er die *Feind'* von Dreves durch *Stürm'* und nähert sich damit wieder der *Gfahr* des 1640er Drucks. Auch in Strophe 3 (aus 4 und 2 kombiniert) entfernt er Dreves' Eingriffe. In Strophe 4 kombiniert er 10, 1–2 und 5, 3–4. Strophe 5 ist wie bei Dreves die alte Strophe 16. Strophe 6 ist neu gegenüber Dreves und besteht aus 9, 1–2 + 8, 3–4. Strophe 7 entspricht Dreves 7 und der alten Schlußstrophe 29.

Damit ist endlich eine geschlossene und poetisch überzeugende textliche Gestalt erreicht, die beste jedenfalls, die das Lied in seiner langen Geschichte aufzuweisen hat, nicht zuletzt deshalb, weil Mohr auch den optimal passenden Refrain gefunden hatte: *Patronin voller Güte, uns allezeit behüte.* Das hätte die maßgebliche Form des Liedes werden können, wenn Mohr nicht den Ehrgeiz besessen hätte, eine eigene Melodie zu schaffen. Das führte dazu, daß Mohr, der den auf die Dauer besseren Text, und Dreves, der die auf die Dauer bessere Melodie präsentierte, miteinander konkurrierten, was im Endeffekt eine flächendeckende Verbreitung verhinderte. Dreves (T + M 1640) findet nur im Bistum *Meißen ins Diözesangesangbuch. Mohr hatte etwas mehr, aber ebenfalls nur begrenzten Erfolg. Sein *Psälterlein und mit ihm seine Fassung des Schutzmantellieds (T + M Mohr) wurde 1890 und 1892 in *Basel und *Freiburg als Diözesangesangbuch übernommen. Von dort aus verbreitete sich das Lied mit Variationen in der Strophenauswahl in der

Zeit des Ersten Weltkriegs zunächst nach Münster, wo die Rolle Jesu gestärkt wird, indem *Kind* in Mohrs Strophe 6 durch *Sohn* ersetzt wurde. Diese Änderung wird traditionsbildend und wandert mit dem Lied in den 1930er Jahren nach Köln und Aachen. Die Mohrsche Melodie ist dort bis heute nicht ausgestorben; das Lied findet sich sowohl im Stammteil als auch im Regionalteil dieser Diözesen, einmal mit dieser, ein andermal mit jener Melodie.

F = A. 119.

172. Maria, breit' den Mantel aus.

Dreves	Mohr	1640
1. Maria, breit den Mantel aus,	1. Maria, breit' den Mantel aus,	1
Mach uns ein Schirm und Schild daraus,	Mach Schirm und Schild für uns daraus,	
Laß uns darunter sicher steh'n,	Laß uns darunter sicher stehn,	
Bis alle Feind' vorübergeh'n.	Bis alle Stürm' vorübergehn.	
Barmherzige Patronin,	Patronin voller Güte,	
Komm uns zu Hilf', Maria.	Uns allezeit behüte.	
2. Dein Mantel ist so schön und weit,	2. Dein Mantel ist sehr weit und breit,	3
Bedeckt die ganze Christenheit,	Er deckt die ganze Christenheit,	
Bedeckt die ganze weite Welt,	Er deckt die weite, breite Welt,	
Ist aller Zuflucht und Gezelt.	Ist aller Zuflucht und Gezelt.	
3. Er ist so schön, so himmelblau,	3. Dein Mantel ist schön himmelblau,	4,1-2
Ist unser Schild, wie ich vertrau':	Ist unser Schild, wie ich vertrau';	
Wer eifrig sich darunter stellt,	Wer sich nur fleißig drunter stellt,	2,3-4
Der wird von keinem Feind gefällt.	In keiner Not wird er gefällt.	

4. Maria, Hilf! der Christenheit,	4. Maria, hilf der Christenheit,	10,1–2
Zeig deine Hilf' uns allezeit,	Zeig deine Hilf' uns allezeit;	
Komm uns zu Hilf' in allem Streit,	Mit deiner Gnade bei uns bleib,	5,3–4
Treib ab von uns die Feinde weit.	Bewahre uns an Seel und Leib.	
5. Wenn alle Feind' zusammensteh'n,	5. Wann alle Feind' zusammenstehn,	16
Wenn alle grimmig auf uns geh'n.	Wann alle grimmig auf uns gehn,	
Bleib du bei uns, bleib unser Schutz,	Bleib du bei uns, sei du uns Schutz,	
So bieten jedem Feind wir Trutz.	So bieten wir dem Feinde Trutz.	
		Prag 1620/
6. Maria, komm und hilf geschwind,	6. Dein Kind dir alles gern gewährt,	9,1–2
Nimm auf den Arm dein göttlich Kind,	Was deine Lieb' für uns begehrt;	
Send uns der lieben Engel Heer,	So bitt, daß hier es uns verschon',	8,3–4
Daß es die Feinde von uns wehr'.	Uns droben voller Huld belohn'.	
7. O Mutter der Barmherzigkeit,	7. O Mutter voll Barmherzigkeit,	29
Hoch über uns den Mantel breit,	Den Mantel über uns ausbreit,	
Uns all' darunter wohl bewahr	Uns all darunter wohl bewahr,	
Zu jeder Zeit, in aller Fahr.	Zu jeder Zeit, in aller Fahr.	

Ausschlaggebend für die große Karriere des Liedes im 20. Jahrhundert waren nicht diese regional beschränkten kirchlichen Verbreitungsvorgänge, sondern weltliche Faktoren: die Jugendbewegung und ihr nachfolgend, mit brusttaschenkleinen Massengesangbüchern, die Wehrmacht. Dreves (T Dreves + M 1640) hatte zwar in den Diözesangesangbüchern kaum Resonanz gefunden, spielte aber in den Militärgesangbüchern des Ersten Weltkriegs eine Rolle. Unter dem Titel *Kriegsgebet zu Maria* findet die Fassung wortwörtlich, aber melodielos ins *Feldgebetbuch* des Lorenz Beer (Regensburg 1915). Viel Tradition wird es da noch nicht gebildet haben, aber einige Soldaten – wenigstens die aus Meißen – werden die Melodie schon gekannt und das Lied verbreitet haben.

Auf die entscheidende Idee, den Mohrschen Text wieder mit dieser alten Melodie zu verknüpfen, kamen Georg Thurmair und Adolf Lohmann, als sie das *Graue Singeschiff* zusammenstellten, ein katholisches Jugendliederbuch, das 1934 erschien. Das Lied ist jetzt fünfstrophig. Die

Strophen 3 (*himmelblau*) und 7 (*Mantel*) wurden (wie in *Münster 1917) herausgekürzt, so daß das Poem wieder eschatologisch endet, wie einst unser erschlossenes Ursprungslied «Prag 1620». Das *Katholische Militär- Gebet- und Gesangbuch von 1937 übernimmt diese fünfstrophige Fassung unverändert und verbreitet sie reichsweit. Es folgt, ebenfalls mit allergrößter Wirkung, die auflagenstarke Sammlung *Kirchenlied* von 1938, die ursprünglich *für die Jugend* (so im Untertitel der Erstausgabe) bestimmt war. Das katholische *Feldgesangbuch von 1939 enthält das Lied ebenfalls, allerdings nur einstrophig. Gegenüber *Kirchenlied (5-strophig) um eine Strophe vermehrt (die *Mutter der Barmherzigkeit* kehrt zurück) gehört *Maria breit den Mantel aus* seit den 1950er Jahren zu den *Einheitsliedern der nordwestdeutschen Bistümer. Noch einmal bearbeitet und gekürzt kommt das Lied auf einen erneuten Verbreitungshöhepunkt durch die Aufnahme in den Stammteil der Einheitsgesangbücher *Gotteslob von 1975 und 2013, so daß es heute im gesamten deutschsprachigen Raum präsent ist. Im aktuellen schweizerischen *Katholischen Gesangbuch (1998) steht es auch, allerdings nur dreistrophig und mit einer neuen Melodie.

Trotz einer verhältnismäßig kurzen, von der Breitenwirkung her auf das 20. Jahrhundert beschränkten Rezeptionsgeschichte hat sich keine wirklich stabile Textfassung herausbilden können. *Gotteslob 1975 bricht aus der gerade halbwegs etablierten Tradition wieder aus. Das Buch bringt vier Strophen, von denen die erste auf Mohr zurückgeht (1 = M1), die zweite ebenfalls (2 = M2), die dritte jedoch die vierte von Dreves revitalisiert (3 = D4), während die vierte wieder von Mohr genommen ist (4 = M7). Es entsteht ein Lied, das, von Schutzmantelstrophen gerahmt, als Mitte eine Hilfsbitte übrigbehalten hat. Der Struktur nach handelt es sich um eine radikal eingedampfte Version von Innsbruck 1640. Das Buch entfernt einerseits, die militärische Tradition schwächend, die Strophe *Wann alle Feind zusammenstehn*, fügt aber andererseits die fast ausgestorbene Strophe 10 (aus Innsbruck 1640, bzw. Dreves 4) wieder ein, die von Streit und zu verjagenden Feinden redet. Die eschatologische Strophe, die den Anschluß an «Prag 1620» hätte herstellen können, wurde schlicht «vergessen», wie der *Redaktionsbericht zum *Gotteslob treuherzig überliefert. Damit ist die einzige christologische Komponente getilgt. Die Textbearbeitung weist auch sonst Schwächen auf, so zum Beispiel den Pleonasmus *weite, weite* (statt *weite, breite*) *Welt* in der zweiten Strophe. Trotzdem wurde diese Fassung unverändert in *Gotteslob 2 (2013) übernommen.

Die Schutzmantelmadonna

Schutzmantelmadonna, die Pfeile des Bösen abwehrend

Diese ganze ziemlich wirre Geschichte mit ihrem unsicheren Schwanken zwischen *G'fahr, Feind'* und *Stürm', Kind* oder *Sohn*, mit und ohne eschatologische Strophe, soldatisch oder allgemeinmenschlich, mit dieser oder jener Melodie, hat nur eine einzige große Konstante: den Schutzmantel. Er ist *Schirm* und *Schild* für *die ganze Christenheit*, die unter ihm *sicher stehn* kann und *Zuflucht* findet. Er ist ein riesiges *Gezelt*, eine Zeltstadt, in der sich im Notfall die ganze *weite, breite Welt* unterbringen läßt. Maria ist *Patronin*, väterlich und mütterlich zugleich. Auf die *Jungfrau*, die sich im Refrain des alten Schutzmantellieds noch befand, hat die Rezeption seit Dreves und Mohr definitiv verzichtet.

Der Mantel ist zwar *weit* und *breit*, aber zugleich auch intim, er bietet Zelte, in die man kriechen kann, ist eine Stätte, wo man sich verstecken kann, ein Raum der Geborgenheit, ein Rückzugsort vor einem bedrohlichen Draußen. Unter den Mantel schlüpft der selbstbewußte Progressive, dem Selbstverwirklichung und Weltgestaltung gelingen, so ohne weiteres nicht, eher der vielfältig bedrückte Regressive, der keine Chance sieht. Maria bietet der Angst, den Anforderungen der modernen Gesellschaft nicht gewachsen zu sein, eine Zuflucht. Daß die Welt verbesserbar sei, glauben die unter dem Mantel meistens nicht. Sie fliehen vor den Feinden, Stürmen und Gefahren, die rundherum dräuen. Der regressive Charakter des Schutzmantelbildes ist offenkundig. Aber Regression wird gebraucht, so wie Schlaf gebraucht wird. Auch der Weltverbesserer darf Erholungszeiten unter Marias Mantel genießen, um nach kurzer Zeit wieder erfrischt gegen die Feinde zu ziehen.

Andachtsblatt Wien 1945

Quellenverzeichnis

Liedflugschriften

Drey schöne newe geistliche Lieder/ Von vnnser lieben Frawen der Muetter der Barmhertzigkeit. Gemacht vnd gesungen zu ehren der heyligen Bildnuß vnser lieben Frawen von Foy/ so auß der Wunderthätigen Aichen geschnitzlet/ vor disem etliche Jahr zu Breda im Niderlandt mit Wunderzeichen geleuchtet/ vnnd von dannen nacher Inßprugg ins Tyrol überschickt worden/ im Jahr 1639. Alda sie mit großer Andacht/ in der Kirchen der Societet Jesu von jedermeniglich Verehret wirdt. Gedruckt zu Inßprugg/ durch Michael Wagner. Anno 1640 [*BSB München].

Vier schöne newe geistliche Lieder/ Von vnser lieben Frawen der Himmelkönigin Maria vnnd Muetter der Barmhertzigkeit. Gemacht vnnd gesungen zue ehren der Wunderthättigen Bildtnuß vnser lieben Frawen von Foy/ welche zue Ynßprugg in der Kirchen der Societet Jesu/ von jedermeniglich mit grosser Andacht verehrt wirdt/

vnder dem Tittel Muetter der Barmhertzigkeit. Gedruckt zu Inßprugg/ durch Michael Wagner. Anno M.DC.XXXX [*BSB München].

Drey schöne newe Geistliche Lieder/ Zu vor noch nie in Druck außgangen/ Das Erste Von vnser lieben Frawen/ das Münchnerisch vnser lieben Frawen Gesang genandt. Das Ander Von dem Leyden Christi/ die geistliche Farb genandt. Das Dritt Von dem Willen Gottes/ vber den Lob- und Trostspruch; Sols seyn so seys/ wie mein Gott will. Gedruckt zu München/ bey Cornelio Leysserio/ auff das Jahr 1637. [*BSB München].

Drey schöne newe Geistliche Lieder/ zu vor noch nie in Druck außgangen. Das Erste Von vnser L. Frawen/ das Münchnerisch vnser lieben Frawen Gesang genandt. Das Ander Von dem Leyden Christi/ die geistliche Farb genandt. Das Dritt Von dem Willen Gottes/ vber den Lob- und Trostspruch: Solls seyn so seys/ wie mein GOtt will. Gedruckt zu Augspurg/ bey Christoff Schmid. 1638. [*SPK, Hymn 10078].

Ein Gebet/ Welches zur Neissa/ von den Papisten/ wider den Türcken gebetet und gesungen wird. Nebenst einem Gottseligen Lutherischen Liede/ wider dieses Päbstische Gebet gerichtet. Im Thon: Erhalt und Herr bey deinem Wort/ und steuer des Pabsts und Türcken Mord/ cc. Gedruckt im Jahr 1664. [*SPK, Hymn 10632].

Drey Schöne Neue Geistliche Lieder Von unser Lieben Frauen. Das Erste: Der guldene Rosenkrantz/ versetzt mit Perlein gantz/ cc. Das Ander: Erfreut euch frolocket ihr Christen auf Erden/ cc. Im Thon: Maria erlaub mir in Himmel zu gehen/ cc. Das Dritte: Maria breit dein Mantel aus/ mach uns/ cc. Komm heyliger Geist mit deiner Gnad/ mit/ cc. Gedruckt in Lintz/ bey Caspar Freyschmid [um 1690]. [*VD17].

Gesangbücher und Anthologien

*Amberg 1708 (einige Druckfehler – *Schuld* statt *Schild* – wurden beseitigt), *Neiße 1675, *Prag 1715, *Königgrätz 1730, *Marianischer Liederkranz, *Regensburg 1915, *Psälterlein, *Meißen, *Basel 1890, *Freiburg 1892, *Münster 1917, *Köln 1937, *Aachen 1939, *Graues Singeschiff, *Kirchenlied 1938, *Feldgesangbuch 1939, *Gotteslob 1, *Gotteslob 2, *Katholisches Gesangbuch (Schweiz).

Weiteres

www.musikland-tirol.at (Institut für Tiroler Musikforschung)

Klaus Schreiner: Maria. Jungfrau, Mutter, Herrscherin. München: Hanser 1994 (dort S. 373 das Zitat vom Schutzmantel über dem Innstrom).

*Redaktionsbericht

«Prag 1620» (erschlossene früheste Fassung)

Maria zu lieben ist allzeit mein Sinn

Im Kessel von Stalingrad

Im Mainzer Gesangbucharchiv wird ein zerriebenes Exemplar des *Katholischen Feldgesangbuchs* von 1939 verwahrt, das lange in der Brusttasche eines Uniformhemds getragen worden sein mag. Lag er im Kessel von Stalingrad, der Soldat, der daraus gebetet und gesungen hat? Ende Januar 1943, eine Feuerpause … er sinnt, er blättert, er stößt auf *Meerstern, ich dich grüße*, auf *Mutter, dich rufen wir*, schließlich auf *Maria zu lieben*, er summt vor sich hin:

Maria zu lieben, ist allzeit mein Sinn.
In Freuden und Leiden ihr Diener ich bin.
Mein Herz, o Maria, brennt ewig zu dir
in Liebe und Freude, o himmlische Zier!

Maria, du milde, du süße Jungfrau!
Nimm auf meine Liebe, so wie ich vertrau'!
Du bist ja die Mutter; dein Kind will ich sein,
im Leben und Sterben dir einzig allein.

Ach, hätt' ich der Herzen nur tausendmal mehr!
Dir tausend zu geben, das ist mein Begehr.
So oft mein Herz klopfet, befehl ich es dir;
sovielmal ich atme, verbind' ich dich mir.

Die Welt um ihn herum erlischt. Er denkt an seine Geliebte zu Hause, er denkt an seine Mutter, beide vermischen sich, erweitern sich, er träumt sich heraus aus dem schrecklichen Zustand, in den man ihn gebracht hat und der nicht seiner ist, heraus aus den Stahlgewittern zu einer wunderschönen himmlischen Mutter, deren Kind er sein will im Leben und im Sterben. Ihr erklärt er seine Liebe. Ihr Diener will er sein, ein Ritter in ihrem Minnedienst. Nicht für Hitler brennt sein Herz, sondern für Maria. Hätte er tausend Herzen – alle würde er ihr geben, kein einziges Hitler, keines Deutschland oder sonst einem Fetisch des Tages. Jeder Herzschlag, jeder Atemzug gilt Maria. Das hat eine Ausschließlichkeit, die ihn vollständig frei macht von den Fesseln seiner verzweifelten Lage. Allerdings kostet ihn diese Freiheit das Leben… Aber sie hilft im Sterben, die milde, die süße Jungfrau und Mutter, sie macht den Übergang leicht.

Mariazell

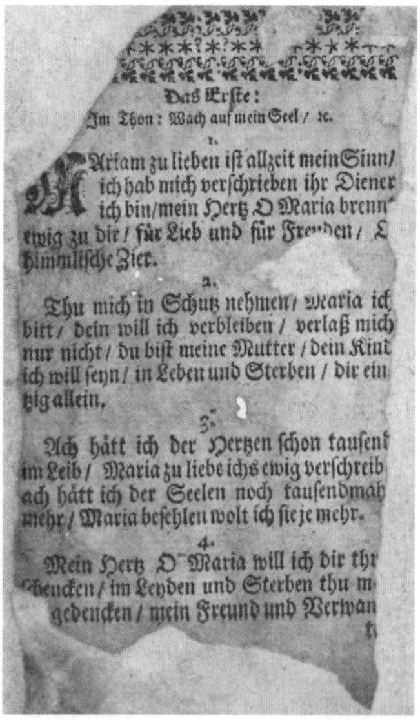
Das Erste:
Im Thon: Wach auf mein Seel / ꝛc.
1.
MAriam zu lieben ist allzeit mein Sinn/ ich hab mich verschrieben ihr Diener ich bin/ mein Hertz O Maria brenn… ewig zu dir / für Lieb und für Fre…den / … himmlische Zier.
2.
Thu mich in Schutz nehmen / Maria ich bitt / dein will ich verbleiben / verlaß mich nur nicht / du bist meine Mutter / dein Kin… ich will seyn / in Leben und Sterben / dir ein…zig allein.
3.
Ach hätt ich der Hertzen schon tausen… im Leib / Maria zu liebe ichs ewig verschreib… ach hätt ich der Seelen noch tausendmah… mehr / Maria beſehlen wolt ich sie je mehr.
4.
Mein Hertz O Maria will ich dir … …encken / im Leyden und Sterben thu m… gedencken / mein Freund und Verwan…

Flugblatt Wiener Neustadt 1727

Aber was ist das für ein Lied, das er da singt, der Soldat des Jahres 1943, und wie kam es bis zu ihm? Verfolgt man die verschlungenen Pfade dieser Liedkarriere immer weiter nach rückwärts, dann verliert sich der Weg irgendwo um 1700 in Österreich. Ein Wallfahrtsort wie Mariazell könnte der Entstehungshintergrund sein, ein begabter Benediktiner, Kapuziner, Franziskaner oder Jesuit mag es geschrieben haben. Sich als Autor zu nennen galt in den katholischen Orden als hoffärtig; man produzierte anonym und schenkte das von Gott Geschenkte demütig an die Gläubigen weiter. Als älteste bekannte Fassung darf ein Flugblatt gelten, das 1727 in Wiener Neustadt gedruckt wurde und nach Mariazell gehört. Es ist in schlechtem Zustand, doch lassen sich die Fehler und Fehlstellen (unten kursiv) aus anderen Quellen ergänzen. Es überliefert die folgenden neun Strophen:

1. Mariam zu lieben ist allzeit mein Sinn/
ich hab mich verschrieben ihr Diener ich bin/
mein Hertz O Maria brennt ewig zu dir/
für Lieb und für Freuden/ O himmlische Zier.

2. Thu mich in Schutz nehmen/ Maria ich bitt/
dein will ich verbleiben/ verlaß mich nur *nit*/
du bist meine Mutter/ dein Kind ich will seyn/
in Leben und Sterben/ dir eintzig allein.

3. Ach hätt ich der Hertzen schon tausend im Leib/
Maria zu liebe ichs ewig verschreib/
ach hätt ich der Seelen noch tausendmahl mehr/
Maria befehlen wolt ich sie je mehr.

4. Mein Hertz O Maria will ich dir *thun* schencken/
im Leyden und Sterben thu *meiner* gedencken/
mein Freund und Verwandten/ mein Seel und mein Leib/
ich *Dir O Maria* auf ewig verschreib.

5. So offt mein Puls schläget/ so *ruf ich* Maria/
so offt mein Hertz klopffet/ so *sing* ich Maria/
viel tausendmal seufftz ich zu *JEsu* Maria/
im Leben und Sterben hilff mir *O* Maria.

6. Hilff mir, O Maria verlaß mich doch nit/
erhör mich Maria/ versag mir kein Bitt/
ich lieb dich Maria/ und lebe content/
dich und dein Sohn Jesum lieb ich bis ans End.

7. Ach könnt ich nun sterben Maria bey dir/
und deinen Sohn JEsu zu Maria=Zell hier/
vor Freuden/ und weyne viel bittere Thrän/
wer weiß/ thu ich Maria=Zell noch einmahl mehr sehn.

8. Nun scheyd ich Maria mit Weynen von dir/
bitt schenck O Maria dein JEsulein mir/
ertheil mir dein Seegen und schenck mir dein Gnad/
daß ich dir kann dienen allzeit bis ins Grab.

9. *Nun hör ich* zum Abschied die Glöck*lein schon klin*gen/
für Trauren und Leyden *kann ich nicht* mehr singen/
drum scheid ich mit *Schmerzen* und weyne vor dir/
gute Nacht *O Maria* bleib ewig bey mir.

Hier liegt kein «Urtext» vor, sondern eine bereits veränderte Fassung mit Gebrauchsspuren, ein etwas abgestoßenes Möbelstück. Außerdem wurde schon etwas ergänzt. So ist die konkret auf Mariazell bezogene Strophe 7 in Versmaß und Grammatik dermaßen holprig, als habe sich hier ein drittklassiger Poet an einer lokalen Zudichtung versucht. Im Kern aber hat das Lied eine hohe poetische und musikalische Qualität. Am Beginn seiner Geschichte war es mit großer Sicherheit ein Wallfahrtslied, genauer, ein Abschiedslied vom Gnadenort. In den ersten sechs Strophen wird in immer neuen Variationen besungen, welch inniges Verhältnis zwischen dem Pilger und Maria am Wallfahrtsort entstanden ist. Der Pilger versichert Maria seiner tief empfundenen Liebe, schließt einen Bund mit ihr und verschreibt sich ihr im Moment des Abschieds ganz und gar – mit *Seel* und mit *Leib* (Str. 4). Da während seines Aufenthalts an dieser Stätte zwischen ihm und Maria eine fast hochzeitliche Beziehung gewachsen ist, fällt ihm der Abschied unendlich schwer. Ausdrucksstark wird dieser Schmerz in den beiden letzten Strophen ins Bild gesetzt: *Nun hör ich zum Abschied die Glöcklein schon klingen/ für Trauren und Leyden kann ich nicht mehr singen.* (Str. 9).

Andenken an Mariazell

Das Lied wurde sicher lange Zeit in Mariazell gesungen. Ob es auch dort entstanden ist oder an einem anderen Marienwallfahrtsort, läßt sich nicht mit Sicherheit sagen. Wahrscheinlich hatte es ursprünglich acht Strophen und war ohne Ortsbezug. Ein späteres

Flugblatt ersetzt «Mariazell» durch «Maria Pötsch» (in Ungarn), ein wieder anderes durch «N.» – man konnte den Ort dann selber einsetzen. Das bezeugt jedenfalls eine überregionale Bedeutung.

Über die Verbreitung solcher Wallfahrtslieder weiß man nichts Zuverlässiges. Sie erfolgte hauptsächlich über Flugschriften. Die überwiegende Zahl der über dieses Medium überlieferten Gebilde ist verloren oder vergessen. Nur wenige von ihnen haben sich durchgesetzt. Sie tauchten schon bald nach ihrer Entstehung an anderen Orten auf, in leicht oder auch stark veränderten Fassungen, und bahnten sich mehr oder weniger rasch ihren Weg in die Gesangbücher. Einen Autor, eine autorisierte Handschrift gar, einen gesicherten Erstdruck mit Auskünften zum ursprünglichen Zweck: alles das gibt es bei diesen Liedern nicht. Ihre Entstehung und ihre frühe Verbreitung ist dunkel. Sie wirken wie vom Himmel gefallen. Das Geheimnis ihres Ursprungs verleiht diesen Liedern einen Teil ihrer Kraft und will doch zugleich ein wenig gelüftet sein.

Liedflugschriften

Liedflugschriften wurden vor allem auf Jahrmärkten, an kleineren Gnadenorten und an Großwallfahrtsstätten wie Mariazell umgeschlagen. Ob die Texte auf ortsansässige Ordensangehörige, auf talentierte Pilger, auf pilgernde Geistliche oder auch auf namhafte Autoren zurückgehen, wissen wir nicht, da keines dieser Blätter ihren Urheber preisgibt. Ihre poetische Qualität schwankt erheblich. Gedruckt wurden sie von kleineren, am Ort ansässigen Druckereien, die sich auf den Blättern häufig nicht zu erkennen geben. Die Mehrheit der Liedflugschrif-

Wiener Neustadt 1727

ten des 18. und frühen 19. Jahrhunderts nennt weder Ort noch Zeit und ist lediglich mit dem Vermerk versehen «Gedruckt in diesem Jahr». Den dargebotenen Liedern werden zumeist die allgemeinen Prädikate «neu», «schön» und «geistlich» verliehen. Das war eine praktische und zugkräftige Vorgehensweise, denn so wirkten die Blätter über Jahrzehnte hinweg aktuell und behielten ihren Verkaufswert. Hin und wieder verlegten auch größere Druckereien solche Blätter. Diese verzeichnen dann zuweilen den Druckort, den Drucker und in sehr seltenen Fällen auch das Jahr, so wie zum Beispiel das 1727 in Wiener Neustadt von Samuel Müller für Mariazell gedruckte Liedflugblatt. Von heute aus gesehen, kann man ein solches Überlieferungszeugnis als Glücksfall betrachten, gibt es uns doch konkrete Anhaltspunkte darüber, wann, wo und in welchem Umfeld die Geschichte von *Maria zu lieben* begonnen haben könnte.

Aber wie ging es von dort aus weiter? War es die Geistlichkeit, die für die Verbreitung sorgte? Waren es die Bruderschaften? Tauschten die Klöster Lieder untereinander aus? Oder waren es hauptsächlich die fliegenden Händler, die über Land zogen und den Menschen die Liedblätter naher oder ferner Wallfahrtsorte anboten? Oder wurde das Lied vor allem mündlich weitergegeben und gelangte so vom Wallfahrtsort in den heimischen Kirchengesang? Wahrscheinlich trifft von allem etwas zu, ohne daß man es im einzelnen belegen könnte. Vielleicht hat es schon bis 1750 eine Vielzahl von Drucken und Abschriften gegeben. Was davon erhalten blieb, ist zufällig und nicht repräsentativ. Dennoch läßt sich aus der Sichtung aller Quellen ein Bild davon gewinnen, in welcher Grundgestalt das Lied in den ersten Jahrzehnten seiner Geschichte wirksam geworden ist.

Am häufigsten ist eine achtstrophige Fassung überliefert, die im wesentlichen dem Text des 1727er Blattes entspricht, zumeist aber ohne die poetisch sehr schwache siebte Strophe auskommt. Man sieht daran, daß poetische Qualität zu den Selektionskriterien gehört, obgleich dieser Trumpf nicht immer sticht. Die verschiedenen Bezeugungen sind zwar im einzelnen immer wieder geglättet und auch moderat verändert worden, bleiben im Kern aber sehr stabil. Dies gilt vor allem für lokal begrenzte Traditionen, wie die aus Wiener Neustadt und Ödenburg erhaltenen Liedflugschriften zeigen.

Seinen Weg in die Schweiz hat *Maria zu lieben* nicht ganz unbeschadet überstanden. Dort taucht es in einer textlich stark verwilderten Fassung auf einem undatierten Flugblatt auf, und zwar als *Schmerzliches Abschieds=Lied. Eines andächtigen Marianischen Pilgers zu Maria=Einsiedeln, in Betrachtung der großen Gnaden so er in diesem hochheiligen von Gott selbst geweihten Ort erhalten hat.* Grob geschätzt könnte das Blatt aus der Mitte des 18. Jahrhunderts stammen. Die einzelnen Strophen tragen extreme Verwahrlosungsmerkmale, wie der folgende Auszug zeigt:

(4.) Ich lieb dich Maria, und leb doch content,
Dich und dein Sohn Jesum lieb ich bis ans End.
Ach könnt ich Maria nur sterben bey dir,
Dich und dein Sohn Jesum zu lieben allhier,
Vor Freuden ich weine viel bittere Thränen,
So scheid' ich Maria mit Weinen von dir,
Bitt schenk o Maria dein Jesulein mir.

Erinnerung an Maria Einsiedeln

Weder die Silbenzahl noch die Anzahl der Verszeilen pro Strophe sind konsequent durchgehalten. Es wird nicht leicht gewesen sein, das Lied nach diesem (ohne Noten überlieferten) Blatt überhaupt zu singen. Sein Textkern, die Liebeserklärung an Maria, bleibt jedoch gewahrt.

Der Titel des Flugblatts, die hohe Übereinstimmung mit der aus Wiener Neustadt stammenden Fassung und der zugleich verwahrloste Zustand des Textes werfen die Frage auf, wie das Lied wohl von Mariazell nach Einsiedeln gekommen sein mag. Blieb es einem einzelnen Pilger im Gedächtnis, der es in Mariazell immer wieder gehört und gesungen hatte? War er vielleicht unmusikalisch oder konnte er nicht lesen, so daß es ihm an einer Kontrollebene für seine Erinnerungen mangelte? Sang er es schließlich an diesem schweizerischen Wallfahrtsort den dortigen Pilgern vor mit allen Fehlern? Hörte es bei dieser Gelegenheit ein an diesem Ort ansässiger Drucker? Jedenfalls liegt es auf der Hand, daß auch die mündliche Weitergabe für die Verbreitung solcher Lieder eine Rolle gespielt hat.

Mit Maria verlobt

In der Mitte des 18. Jahrhunderts ist *Maria zu lieben* bereits an verschiedenen Orten weitab von Österreich anzutreffen, und zwar nicht nur auf Liedflugschriften, sondern auch in verschiedenen Gesangbüchern. Dabei verändert es sich erneut, je nach dem Verwendungszweck des jeweiligen Buchs, in das es aufgenommen wird. Ein neuer Grundtypus entsteht: das Bundeslied. Verschreibung an Maria, Verlöbnis und Treueschwur eigneten sich zur Identitätsstiftung verschiedener Vereinigungen und ließen das Lied vor allem innerhalb der zahlreichen Bruderschafts- und Kongregationsgesangbücher des 18. und frühen 19. Jahrhunderts Karriere machen. Dabei entstehen auch Neu- und Umdichtungen, die dann ihrerseits Zweigtraditionen ausbilden. Eine solche Zweigtradition liegt mit den drei Belegen Paderborn 1745 (Flugblatt, verschollen), *Meschede 1752 (Bruderschaftsgesangbuch) und *Paderborn 1765 (allgemeines Gesangbuch) vor. Ihres Alters halber wurde diese Belegreihe lange fälschlicherweise als Urtext oder urtextnah verstanden. Es handelt sich aber um eine von Sonderinteressen inspirierte Überarbeitung, deren älteste heute noch greifbare Version vorliegt in dem 1752 in *Meschede gedruckten Buch: *Gnadenreiche Bruderschafft, Welche unter dem Titel der seligsten Jungfrauen und glorwürdigsten Mutter Gottes Maria Zu größter Verehrung des Heiligen Priesters und Marterers Joan. Nepomucenus Besonderen Schützer der Ehr, und guten Nahmens, wie auch in allerley Noth Wunderwürckenden Patronen Unser Heiligster Vatter Pabst BENEDICTUS XIV. erlaubet hat zu errichten.*

Es mag ein Mitglied der Bruderschaft des heiligen Nepomuk gewesen sein, das sich zu einem zwölfstrophigen Text aufschwang. Die hier zitierten Strophen zeigen, wie das *Schmerzliche Abschieds=Lied* an Maria zu einem *Marianischen Lob=Gesang* wird, *In welchem sich einer in den Schutz Mariä gäntzlich übergeben thut.*

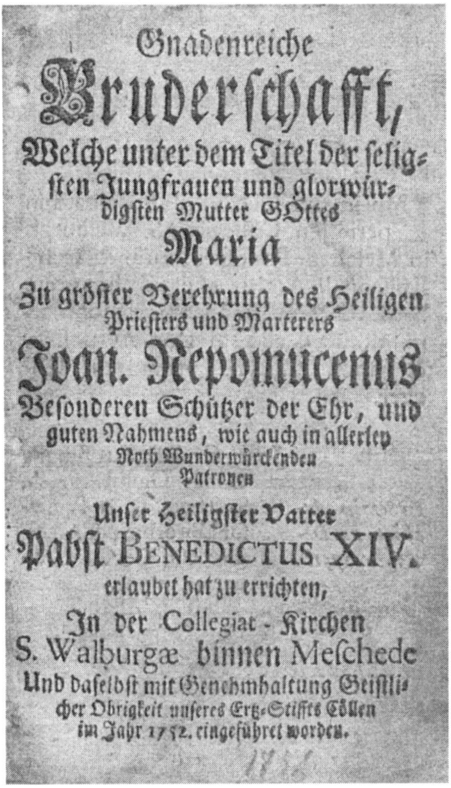

Gnadenreiche
Bruderschafft,
Welche unter dem Titel der seligsten Jungfrauen und glorwürdigsten Mutter GOttes
Maria
Zu gröster Verehrung des Heiligen Priesters und Marterers
Joan. Nepomucenus
Besonderen Schützer der Ehr, und guten Nahmens, wie auch in allerley Noth Wunderwürckenden Patronen
Unser Heiligster Vatter
Pabst BENEDICTUS XIV.
erlaubet hat zu errichten,
In der Collegiat-Kirchen
S. Walburgæ binnen Meschede
Und daselbst mit Genehmhaltung Geistlicher Obrigkeit unseres Ertz-Stiffts Cöllen
im Jahr 1752. eingeführet worden.

Meschede 1752

7. Zum Diener, Maria! auf ewig mich schenck,
Im Leben und Sterben doch meiner gedenck,
Die Gnad mir erwerbe das stets mein Ziel
Im Thuen und Lassen der göttliche Will. Die Gnad cc.

9. O Trost der Betrübten zur Hülff sey bereit,
Du Stärcke der Schwachen beschütz mich im Streit,
Wann wider mich kämpfen Welt, Fleisch und die Höll
Ich dir o Maria! mich treulich befehl. Wann wider cc.

12. Du Arche des Bundes nimm an diesen Bund,
Den ich mit dir schliesse von Hertzen jetzund,
Ich will ihn fest halten so lang als ich leb,
Ich dir oh Maria mich gäntzlich ergeb. Ich will cc.

Der Bundesbruder beherrschte das Poetenhandwerk. Die Verse sind metrisch fehlerfrei. Die Wiederholung der Schlußzeilen erzeugt eine Art Echo-Effekt, der dem Lied gut zu Gesicht steht. Auch inhaltlich finden sich neue Akzente. Die Abschiedsstrophen gibt es nicht mehr. Stattdessen steuert der Verfasser, der theologisch gebildet gewesen sein muß, mit *Arche des Bundes* (Str. 12) ein Schmuckstück aus der alten mariologischen Schatztruhe bei und betont damit Marias Bedeutung für die Heilsgeschichte. Die Arche ist in der christlichen Ikonographie das Zeichen der Rettung. So wie die Arche im Alten Testament Noah, seine Söhne und deren Frauen sowie von allen Tieren ein Paar vor dem Untergang bewahrte (Gen 6,1–9,2), so trug Maria in ihrem Leib – gleichsam wie in einer Arche – denjenigen, der auf die Welt gekommen ist, um der Menschheit die Erlösung zu bringen und einen neuen Bund mit ihr zu schließen: ihren Sohn Jesus Christus. *Welt*, *Fleisch* und *Höll* sind die Namen der Mächte, vor denen Maria Schutz bietet, Namen für die zahlreichen Anfechtungen des Lebens, die ungeordnete Sexualität und die ewige Verdammnis. Die Verschreibung an Maria wird zum lebenslangen Liebesdienst, für den man sich im Gegenzug Schutz im Leben und Beistand im Tod erhofft. Um religiöses Geben und Nehmen solcher Art ging es in den Bruderschaften. Das waren Vereinigungen von Laien, die sich zusammengefunden hatten, um ihr Leben einem bestimmten religiösen Ziel zu weihen. Oft war Maria die Patronin. Bruderschaften brauchten Gelöbnislieder, um den Bund zu stiften und zu erhalten. Für ein solches Gelöbnis oder auch Verlöbnis war *Maria zu lieben* außerordentlich geeignet.

Die Hymnologie kommt ins Spiel

Die Liedflugschriftenproduktion ist in der ersten Hälfte des 19. Jahrhunderts noch erstaunlich lebendig. Es gibt nach wie vor Belege aus Österreich (Wiener Neustadt, Krems), aber auch solche aus Köln, aus Augsburg, aus Iglau (Mähren) und aus Saargemünd (Lothringen), oft mit starken Veränderungen. Bis zur Mitte des 19. Jahrhunderts ist sowohl auf den Flugblättern als auch in den Gesangbüchern ein breit aufgefächerter Strauß von Fassungen entstanden. Mit wieder neuen Varianten taucht das Lied in allgemeinen katholischen Gesangbüchern auf – so beispielsweise 1765 in *Paderborn, 1768 in *Bruchsal und 1793 in *Würzburg. Die Frage nach dem genauen Ursprung jener drei Strophen, die unser Soldat in Stalingrad vor sich hin summte, ist damit allerdings immer noch nicht beantwortet. Die Überlieferung scheint sich zu zerstreuen, nicht zu konzentrieren. Aus dem Wust dieser Überlieferung ein großes Lied herauszufiltern, bedurfte es einer ordnenden Hand. Jetzt kommt die Hymnologie ins Spiel.

Den Anfang machte Heinrich Bone in seinem 1847 in Mainz erschienenen und für die katholische Kirchenliedrestauration so bedeutenden Gesangbuch *Cantate. Bone stabilisiert den bis dahin sehr veränderungsbereiten, allzu anpassungsfähigen Text durch eine konzise Form, die durch die Kürzung auf fünf Strophen, durch Glättungen, Umstellungen, Verknappungen, aber auch durch gezielte Hinzufügungen entsteht. Welche der bis zur Mitte des 19. Jahrhunderts so zahlreich verbreiteten Fassungen ihm als Vorlage gedient hat, läßt sich heute nicht mehr genau bestimmen. Wahrscheinlich war es eine in der Tradition von Wiener Neustadt 1727 überlieferte Textgestalt. Bones Text lautet:

1. Maria zu lieben, ist allzeit mein Sinn,
In Freuden und Leiden ihr Diener ich bin;
Mein Herz, o Maria, brennt ewig zu dir,
In Liebe und Freude, o himmlische Zier.

2. Maria, du milde, du süße Jungfrau,
Nimm auf meine Liebe, so wie ich vertrau;
Du bist ja die Mutter, dein Kind will ich sein,
Im Leben und Sterben dir einzig allein.

3. Ach hätt' ich der Herzen nur tausendmal mehr,
Dir tausend zu geben, das ist mein Begehr;
Nimm Freund' und Verwandte mit Leib und mit Seel',
Nimm, was ich nur liebe, in deinen Befehl!

4. So oft mein Herz klopfet, befehl ich mich dir;
So oft ich nur athme, verbind' ich dich mir!

Dich lieb' ich auf ewig, dich lieb' ich allzeit,
So bin ich mit Freuden zu sterben bereit.

5. O Mutter, nun segne den ewigen Bund!
Dein Name versiegle mein Herz und den Mund,
Dich ruf' ich im Tode, dann reich' mir die Hand
Und zieh mich nach oben ins himmlische Land.

Die fast allen älteren Versionen gemeinsame Formel *Ich hab mich verschrieben* ersetzt Bone durch die Wendung *in Freuden und Leiden* und verleiht damit der Strophe einen allgemeingültigeren Charakter und einen fließenderen Klang. Ebenso verschwindet das mit der unbeholfenen Formulierung *Thu mich in Schutz nehmen* eingeleitete Verspaar am Beginn der zweiten Strophe zugunsten einer sehr innigen Anrede an die *milde* und *süße Jungfrau.* Die dritte Strophe setzt Bone aus zwei Strophen seiner Vorlage zusammen und verbindet so das im Bild der «tausend Herzen» hyperbolisch zur Unendlichkeit geöffnete Hingabebegehren mit der Bitte um Schutz für alle, die dem Sänger in Liebe verbunden sind. Die irdisch Geliebten werden der himmlischen Liebe anvertraut.

In der vierten Strophe greift Bone die alte fünfte auf, intensiviert sie und läßt sie in dem Ausruf gipfeln: *So bin ich mit Freuden zu sterben bereit.* Aus der Bitte um Hilfe im Leben und Sterben wird die freudige Erwartung des Sterbens. Die Liebe zu Maria macht das Sterben leicht – eine gewagte Zuspitzung des alten Abschiedslieds vom Gnadenort. Die fünfte und letzte Strophe der Bonefassung ist eine Neuschöpfung. Sie besiegelt den mit Maria geschlossenen Bund und beschreibt die zuversichtliche Hoffnung, an ihrer Hand einmal «ins himmlische Land» zu gelangen. Aus dem Bund ist nun ein ewiger Bund geworden. Die sozialen Kontexte – Wallfahrt, Bruderschaft – verblassen. Das Interesse des Lieds verschiebt sich in Richtung auf religiöse Transzendenz und eine private, ich-sagende vertikale Frömmigkeit. Wie einst Hermes reicht nun Maria dem Sterbenden die Hand, um ihn über die Schwelle des Todes *nach oben* zu geleiten.

Dieser Text wäre durchaus geeignet gewesen, unserem Soldaten des

Jahres 1943 Hoffnung und Stärke zu schenken – er kommt auch dem Wortlaut des Lieds im Katholischen *Feldgesangbuch von 1939 schon recht nahe –, und dennoch gelangte er nur über den Umweg einer weiteren, die Geschichte von *Maria zu lieben* maßgeblich prägenden Fassung dort hinein. Sie geht zurück auf einen Mann, der der katholischen Gesangbuchrestauration am Ende des 19. Jahrhunderts zu ihrem eigentlichen Durchbruch und letzten Schliff verholfen hat: auf Joseph Mohr. Erst durch ihn wird *Maria zu lieben* zu einem Kirchenlied im engeren Sinne. Um zu sehen, wie die wissenschaftliche Beschäftigung mit dem Kirchenlied seine weitere Überlieferung beeinflußt hat, müssen wir noch einmal ein wenig ausholen.

Wilhelm *Bäumker, der sich vor allem durch die vierbändige Melodienedition *Das katholische deutsche Kirchenlied in seinen Singweisen* einen Namen gemacht hat, veröffentlichte 1891 einen Aufsatz über das Lied *Maria zu lieben*, in dem er die ihm bekannten ältesten Belege des Lieds aufführt und zitiert. Als frühestes Überlieferungszeugnis nennt er das oben schon beschriebene 1752 in *Meschede gedruckte Bruderschaftsgesangbuch. Außerdem verweist er ausführlich auf das **Katholisch Paderbornisch Gesangbuch* von 1765 – ein Buch, welches uns im Zusammenhang mit der Melodie noch einmal begegnen wird. Weil er 1752/65 für die frühesten Drucke hielt, glaubte Joseph Mohr, diesem Überlieferungsstrang eine besondere Reverenz schuldig zu sein. Auf dieser irreführenden, weil eine Zweigtradition für den Hauptstamm der Überlieferung haltenden Sicht der Lage basiert seine Bearbeitung. Ihr war eine große Karriere beschieden. Der Krieg – in diesem Fall der Erste Weltkrieg – war wieder einmal der Vater der Dinge; er brachte Soldaten aus allen Diözesen zusammen, aber sie mußten feststellen, daß sie in ihren jeweiligen offiziellen Gesangbüchern kaum ein Lied hatten, das in Text und Melodie vollständig übereinstimmte. Zu den ersten 23 sogenannten *Einheitsliedern, die die Fuldaer Bischofskonferenz 1916 daher beschloß, gehörte *Maria zu lieben* in der Mohrschen Fassung, welche hauptsächlich aufruht auf *Bone 1847 (Strophen 1, 2, 4, 9), *Meschede 1752 (2, 3, 5) und *Paderborn 1765 (2, 3, 5; Melodie):

Verzeichnis.

Anhang
zum Diözesan-Gesangbuch

Enthaltend 23 Einheitslieder

Köln 1916
Druck und Verlag von J. P. Bachem

Die 23 Einheitslieder von 1916

1. Maria zu lieben, ist allzeit mein Sinn;
in Freuden und Leiden ihr Diener ich bin.
Mein Herz, o Maria, brennt ewig zu dir
in Liebe und Freude, o himmlische Zier.

2. Maria, du milde, du süße Jungfrau!
Nimm auf meine Liebe, so wie ich vertrau'!
Du bist ja die Mutter; dein Kind will ich sein
im Leben und Sterben dir einzig allein.

3. Gib, daß ich von Herzen dich liebe und preis'
gib, daß ich viel Zeichen der Liebe erweis'
von dir mich nichts scheidet, nicht Unglück noch Leid;
dich lieb' ich auf ewig, dich lieb ich allzeit.

4. Ach hätt' ich der Herzen nur tausendmal mehr!
Dir tausend zu geben, das ist mein Begehr;

so oft mein Herz klopfet, befehl' ich es dir;
so vielmal ich atme, verbind' ich dich mir.

5. Du Trost der Betrübten, zu Hilf' sei bereit;
du Stärke der Schwachen, beschütz' mich im Streit;
wann wider mich kämpfen Fleisch, Hölle und Welt,
sei du mir als Zuflucht zur Seite gestellt.

6. Du Meerstern, ich bitte, dein Licht auch erteil'
verfinsterten Seelen zum ewigen Heil;
die irren im Glauben, erleucht' und bekehr'
zur wahren Erkenntnis der christlichen Lehr'!

7. Verwandte und Freunde mit Leib und mit Seel'
ich dir, o Maria, auf ewig empfehl';
du Mutter der Gnaden, barmherzig und mild,
sei meine Patronin, mein Schutz und mein Schild!

8. Gedenke, o Herrin, auch gnädig zu sein
den leidenden Seelen in Fegfeuers Pein;
du bist ihre Hoffnung, dir rufen sie zu;
ach, laß sie gelangen zur ewigen Ruh'!

9. O Mutter! Nun segne den ewigen Bund,
dein Nam' mir versiegle das Herz und den Mund;
sei bei mir im Tode, dann reich mir die Hand
und führ' mich nach oben ins himmlische Land.

Abweichend vom innigen Ton einer ungestörten Liebe kommen hier mit den Strophen 5–8 theologische Lehrinhalte ins Spiel: der Kampf gegen *Fleisch, Hölle und Welt*, die Bewahrung der Rechtgläubigkeit und die Angst vor *Fegfeuers Pein*. Das Lehren einschärfende Element mit der frommen Innigkeit zu amalgamieren gelingt jedoch auf die Dauer nicht. Unser Soldat von Stalingrad fand nur drei von Mohrs neun Strophen vor (1, 2, 4), und zwar nur solche, die bereits zum Boneschen Bestand gehörten. An der Lehre desinteressiert schneidet sein *Feldgesangbuch ein innig-frommes Liebeslied heraus.

Erst durch solche Kürzungen der Praxis, dann auch mit oberhirtlicher Anerkennung erreicht das Lied 1947, in der Fassung der nunmehr 72 *Einheitslieder, deren Vater der Zweite Weltkrieg war, endlich nach über 200jährigem Bestehen seine größte Verbreitung und den Höhepunkt seiner Wirkungsgeschichte. Die Strophen 6–9 der 1916er *Einheitslieder* werden gekappt (auch die Sterbestrophe fällt wieder heraus), so daß mit Ausnahme der fünften Strophe (*Fleisch, Hölle und Welt*) der innig-volksliedhafte Ton wieder das Feld beherrscht:

1. Maria zu lieben, ist allzeit mein Sinn;
in Freuden und Leiden ihr Diener ich bin.
Mein Herz, o Maria, brennt ewig zu dir
in Liebe und Freude, o himmlische Zier.

2. Maria, du milde, du süße Jungfrau!
Nimm auf meine Liebe, so wie ich vertrau'!
Du bist ja die Mutter; dein Kind will ich sein
im Leben und Sterben dir einzig allein.

3. Gib, daß ich von Herzen dich liebe und preis'
gib, daß ich viel Zeichen der Liebe erweis'
von dir mich nichts scheidet, nicht Unglück noch Leid;
dich lieb' ich auf ewig, dich lieb ich allzeit.

4. Ach hätt' ich der Herzen nur tausendmal mehr!
Dir tausend zu geben, das ist mein Begehr;
so oft mein Herz klopfet, befehl' ich es dir;
so vielmal ich atme, verbind' ich dich mir.

5. Du Trost der Betrübten, zur Hilf' sei bereit;
du Stärke der Schwachen, beschütz' mich im Streit;
wann wider mich kämpfen Fleisch, Hölle und Welt,
sei du mir als Zuflucht zur Seite gestellt.

Der Marienwalzer

Volksliedhaft: Es wird Zeit, etwas zur Melodie zu sagen. Sie steht im ¾-Takt und wurde deshalb von ihren Gegnern als Marienwalzer verspottet. In der Tat könnte man einen langsamen Walzer darauf tanzen. Das würde nicht schaden. Sie ist vierzeilig, wobei die Zeilen 1 und 2 gleich, 3 und 4 aber verschieden gebaut sind. Durch die Wiederholung entstehen eine Intensivierung, die Festigung eines Niveaus und die Erkundung eines Tonraums, auf dessen Höhe Zeile 3 sich dann genießerisch entfaltet, während Zeile 4 wieder zum Grundton heruntermuß. Aber jede dieser vier Zeilen hat einen Moment, in dem sie den höchsten Ton der Melodie erreicht (das c), auch wenn der Genuß nicht einen ganzen Takt lang dauert wie in der dritten.

Die Qualität einer solchen Melodie bemißt sich daran, ob ihre Höhepunkte den Text stärken oder behindern. In der jeweils ersten Verszeile fällt das c auf «**all**zeit», «**süß**e», «**lie**be», «**tau**send», «**Hilf**», in der jeweils zweiten auf «**Die**ner», «***wie** ich*», «**Lie**be», «***ist** mein*», «be**schütz** mich». In der dritten Zeile, die den musikalischen Höhepunkt bringt, fallen die beiden Hochtontakte auf die Silben «**Herz,** o **Ma**ria», «**bist** ja ***die*** Mutter», «**dir** mich **nichts** scheidet», «**oft** mein **Herz** klopfet», «***wi**der* **mich** kämpfen». In der jeweils vierten Zeile fällt der Hochton auf «**himm**lische», «**ein**zig», «**lieb** ich», «ver**bind** ich», «***Sei**te*». Das Ergebnis ist eindeutig: Die Melodie intensiviert die emotionalen Höhepunkte des Textes. Die wenigen Schwachstellen (hier kursiviert) können das Bild kaum trüben.

Aber auch wenn diese wiegende Weise dem Lied wie auf den Leib geschneidert erscheint, weiß man nicht, wie und wann sie zu ihm fand. Die Lage ist äußerst verworren. Das 1727er Flugblatt aus Wiener Neustadt vermerkt als Melodiehinweis «Im Thon: Wach auf mein Seel/ cc.» Ein so beginnendes Lied, dessen Melodie auch nur im entferntesten zum Versbau von *Maria zu lieben* passen würde, läßt sich jedoch nicht nachweisen, auch in der riesigen *Gotzen-Kartothek nicht. Alle übrigen Flugblätter des 18. Jahrhunderts verzichten gänzlich auf einen Melodiehinweis. Die ältesten und am weitesten zurückweisenden Indizien widersprechen einander. Der erste Gesangbuchdruck mit Melodie hilft nicht weiter. Das 1768 in *Bruchsal gedruckte *Catholisch Gesang=Buch* überliefert das Lied zwar mit Noten. Es handelt sich aber um eine anspruchslose Dreivierteltaktweise, die keinen Vergleich mit der «Walzer»-Melodie aushält.

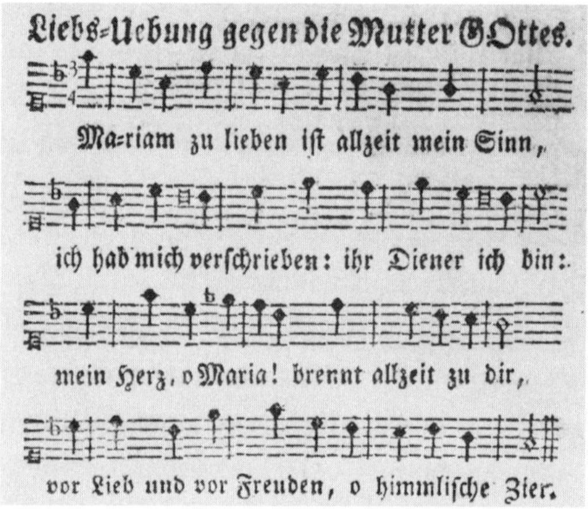

**Bruchsal 1768*

Bald danach erlischt die Tradierung dieser schlichten Weise. Sie kann nicht spielentscheidend gewesen sein.

Kopfzerbrechen macht es auch, daß es zwar einen halbwegs frühen Druck der Melodie gibt, daß er aber nicht mit *Maria zu lieben* verbunden ist, sondern mit *Mein Herz sei zufrieden.* Man findet diesen ersten

Druck im bereits erwähnten Gesangbuch *Paderborn 1765. Es enthält zwar auch *Maria zu lieben* (in der Fassung *Meschede 1752), aber wie üblich ohne Melodie oder Melodiehinweis. Text und Melodie standen in ein und demselben Buch, ohne daß ein Bezug hergestellt war. Weitere Fundorte der Melodie gibt es bei *Ditfurth 1855 (dort zu *Wie hell glänzt die Sonne* und *Ihr Kräften der Seelen*), also im fränkischen (bambergischen) Raum. Auch *Die Schönste von allen* hing zeitweilig am Schlepptau des Marienwalzers.

Der älteste Druck des Texts zusammen mit der Melodie findet sich erst 1850, also anderthalb Jahrhunderte nach der Entstehung des Liedes, und zwar in der Anthologie *Geistliche Volkslieder* des paderbornischen Freiherrn von *Haxthausen. Haxthausen will die Melodie, die er in einer reich verzierten, aber noch erkennbaren Version präsentiert, dem Volk abgelauscht haben. Möglicherweise stimmt das auch. Es kann jemand, ausgehend von *Paderborn 1765, in den Folgejahrzehnten Text und Melodie zusammengebracht haben. Es ist allerdings ebenso möglich, daß sie schon viel früher, ja, daß sie von Anfang an zusammengehört haben. Die vielen melodielosen Drucke des Lieds deuten darauf hin, daß die Melodie allgemein als bekannt vorausgesetzt wurde. Wir spielen das einmal als Hypothese durch und versuchen, ob es sich mit den vorhandenen Belegen verträgt. Schon 1733 findet sich auf einem Neustädter Flugblatt die Angabe «Im Thon: Maria zu lieben ist allzeit mein Sinn». Das Lied muß also zu diesem Zeitpunkt schon ziemlich bekannt gewesen sein. Wenn es um oder vor 1720 entstanden ist, kann jener älteste Druck von 1727 (mit der Tonangabe *Wach auf mein Seel*) bereits zu den vielen Versuchen gehört haben, diesem Lied eine andere, strengere Melodie zu geben.

Auf das Volk und die Bekanntheit der Melodie bei Geistlichen und Schulmeistern beruft sich auch Heinrich Bone, der, nachwirkungsstärker als *Haxthausen, die Noten (ohne Verzierungen) in dem 1852 in *Paderborn erschienenen Melodienbuch zum *Cantate wiedergibt. Heinrich Bone kommt aus Mainz, aber das Melodienbuch und die zweite Auflage des *Cantate erschienen in Paderborn, so daß der Hauptstrang des kollektiven Gedächtnisses dort lokalisiert gewesen sein mag.

Ein ungarischer Schulmeister

Aber das ist alles hypothetisch. Ob die Ehe mit der Melodie erst durch Bone und Haxthausen gestiftet wurde, ob sie eine Folge von *Paderborn 1765 war oder ob sie schon um 1720 herum erfolgte, läßt sich nicht mit Sicherheit sagen. Die Vergangenheit der Angetrauten liegt im Dunkeln. Die Hoffnung, auf dem Umweg über ihren Flirt mit *Mein Herz sei zufrieden* eine Spur zu finden, erfüllt sich nicht. *Mein Herz sei zufrieden* ist eines der vielen evangelischen Lieder, die *Paderborn 1765 einzuspeisen versucht hat (übrigens durchgehend ohne Erfolg). In der evangelischen Tradition wurde es mit mehreren Melodien gepaart, aber die gesuchte gehörte nicht dazu und war damals unbekannt. Der bedeutendste evangelische Hymnologe des 19. Jahrhunderts, Johannes *Zahn, dem wir eine große Dokumentation der evangelischen Melodien verdanken, schreibt an den bedeutendsten katholischen Hymnologen des 19. Jahrhunderts, Wilhelm *Bäumker, dem wir eine große Dokumentation der katholischen Melodien verdanken, einen Brief, über den auch die heutige Forschung nicht hinaus ist: «Zu dem obigen Texte sind mir 8 Melodien bekannt geworden, keine stimmt jedoch mit der im Paderborner Gesangbuch v. J. 1765 überein.»

Es ist natürlich gut möglich, daß die Melodie weltlicher Herkunft ist. Bäumker berichtet, daß Pater Guido Maria Dreves (1854–1908) erzählt habe, sein Vater Lebrecht Dreves (1816–1870) habe ihm erzählt, daß ein ungarischer Schulmeister das Lied für seine Hochzeit gemacht habe. Aber die nötige Zeitentiefe bis vor 1765 oder gar 1720 zurück hat diese Ahnenreihe nicht; zwischen Dreves senior und dem Schulmeister klafft eine Überlieferungslücke von hundert oder mehr Jahren, so daß es nur eine schöne Vorstellung ist, keine sichere Gegebenheit, daß diese Weise ihre Karriere als Hochzeitswalzer begonnen habe.

Frau aus dem Volke

Das 1947er Einheitslied steht in den 50er und 60er Jahren in allen katholischen Diözesangesangbüchern des deutschsprachigen Raums. Seine Flugblattkarriere ist beendet; es ist ein Kirchenlied geworden und erobert sich feste Plätze im gemeinsamen Gottesdienst, nicht nur bei Marienfesten, sondern auch als Schlußlied der sommerlichen Sonntagsmessen. Dabei entsteht erneut ein leistungsfähiger, höchst eigenartiger Kommunikations- und Rezeptionsraum. Das Lied selbst ist ja sehr intim, es beginnt zwar mit einer Art Prolog, der zweizeiligen Mitteilung eines Sprechers an die Mitsingenden (*Maria zu lieben, ist allzeit mein Sinn./ In Freuden und Leiden ihr Diener ich bin*), aber von da an kennt es keine Gemeinschaft mehr, es kennt nur noch ein Ich und ein Du, kein Wir. Das Ich spricht zu diesem Du sein Liebesbekenntnis (*So oft mein Herz klopfet, befehl ich es dir*), dies aber vor der ganzen Kirchengemeinde und mit ihr. Der Effekt ist stark: Man darf etwas höchst Emotionales öffentlich sagen, singen, herausjubeln, mit Vokabeln, die viele in ihrem Leben zu sagen und herauszujubeln weder privat noch öffentlich eine Gelegenheit haben. In dieser Kommunikationssituation liegt die befreiende und seelisch wohltuende Wirkung dieses Liedes begründet. Im Schutz des Wir birgt sich die Intimität.

Freilich ist es nicht nur die Form, die diesen Effekt erzielt, sondern auch die Angesprochene: Maria. Sie wird angeschwärmt wie eine Geliebte: «Mein Herz, o Maria, brennt ewig zu dir». Die religiösen Vokabeln («himmlisch», «ewig») sind solche, die auch die weltliche Liebessprache verwendet. Explizit religiöses Vokabular fehlt (mit Ausnahme der «Hölle» in Strophe 5). Von Gott oder von Jesus ist nirgends die Rede. Der Text selbst vermittelt von Maria das psychoanalytische Doppelbild der begehrenswerten süßen Jungfrau und der bergenden Mutter, deren Kind das Ich sein möchte und in deren Schoß es zurückwill. Die erotisch auslangende Sehnsucht vermischt sich mit der regressiv schutzsuchenden, wie das auch im wirklichen Leben oft der Fall ist.

Freilich stellen die Kontexte – Wallfahrt, Bruderschaft, Gottesdienst, Gesangbuch – klar, um wen es sich handelt. Maria ist keine gewöhnli-

Maria innig

che Geliebte, keine irdische Frau. Sie ist eine, die Macht hat zu helfen, *Trost der Betrübten, Stärke der Schwachen* (Str. 5), und zu der man betet: «Heilige Maria, Mutter Gottes, bitte für uns jetzt und in der Stunde unseres Todes.» Sie gehört zum mythischen Personal des katholischen Glaubens. Das Lied vertieft die marienmythischen Grundeinstellungen des Sängers oder der Sängerin emotional durch eine ausschließliche Ich-Du-Beziehung und durch eine Liebessprache, die der weltlichen zum Verwechseln ähnlich ist. Es ist schön, daß die Gottesmutter, die Himmelskönigin, die Geleiterin im Tode und die Fürsprecherin beim letzten Gericht sich auch noch als süße Geliebte und große Mutter erweist.

Eine solche schwärmerisch-erotische, mystisch-vertikale Marienfrömmigkeit hielt den theologischen Entwicklungen der Jahre um 1970 herum nicht stand. Für das katholische Einheitsgesangbuch *Gotteslob, das seit 1975 eingeführt und vorgeschrieben ist, wurde eine Neufassung in Auftrag gegeben, die auch in *Gotteslob 2 übernommen wurde:

1. Maria, dich lieben ist allzeit mein Sinn;
dir wurde die Fülle der Gnaden verliehn:
du Jungfrau, auf dich hat der Geist sich gesenkt;
du Mutter hast uns den Erlöser geschenkt.

2. Dein Herz war der Liebe des Höchsten geweiht;
du warst für die Botschaft des Engels bereit.
Du sprachst: «Mir geschehe, wie du es gesagt.
Dem Herrn will ich dienen, ich bin seine Magd.»

3. Du Frau aus dem Volke, von Gott ausersehn,
dem Heiland auf Erden zur Seite zu stehn,
kennst Arbeit und Sorge ums tägliche Brot,
die Mühsal des Lebens in Armut und Not.

4. Du hast unterm Kreuze auf Jesus geschaut;
er hat dir den Jünger als Sohn anvertraut.
Du Mutter der Schmerzen, o mach uns bereit,
bei Jesus zu stehen in Kreuz und in Leid.

5. Du Mutter der Gnaden, o reich uns die Hand
auf all unsern Wegen durchs irdische Land.
Hilf uns, deinen Kindern, in Not und Gefahr;
mach allen, die suchen, den Sohn offenbar.

6. Von Gott über Engel und Menschen gestellt,
erfleh uns das Heil und den Frieden der Welt.
Du Freude der Erde, du himmlische Zier:
du bist voll der Gnade, der Herr ist mit dir.

Was ist geschehen? An das alte Lied erinnern nur noch die Melodie und die Initialzeile. Die Kommunikationssituation aber hat sich seit der zweiten Zeile völlig verändert. Aus dem intimen Ich-Du (mit grammatisch dominierendem Ich) ist ein öffentliches Wir-Du geworden, mit grammatisch dominierendem Du. Die Gemeinde als Wir rezitiert jetzt in der Form der Du-Anrede die gültige Theologie: *Du Jungfrau, auf dich hat der Geist sich gesenkt*, *Du Mutter hast uns den Erlöser geschenkt*, *Du Frau aus dem Volke, von Gott ausersehn*, *Du bist voll der Gnade, der Herr ist mit dir*. Es ist nun ein von der Gemeinde gemeinsam gesprochenes Marienlob, nicht mehr eine intime Liebeserklärung unter dem Schutz des Kollektivs. Eine enorme emotionale Abflachung ist die Folge. Der wiegende Dreivierteltakt findet in den bei allem Respekt doch gelegentlich etwas hölzernen Versen nur wenig, was mitschwingt. Macht man die Hochtonprobe, so fallen auf das c meistens starke theologische Vokabeln: ***Gna**den*, *Erl**ö**ser*, *des **Höch**sten*, *des **Eng**els*, *von **Gott** ausersehn*, ***Jesus***, ***Kreuz***, *als **Sohn** anvertraut*, *den **Sohn** offenbar*, ***Frie**den*, *der **Herr***,

Madonna von Stalingrad

aber nicht selten entsteht auch Schwächliches wie in den Takten ***bin** seine, **Sei**te zu, **Ar**mut und, **reich** uns die, **ir**dische, **Men**schen.* Auf den musikalischen Höhepunkt, den Takt mit den beiden c am Anfang der dritten Zeile, fallen du ***Jung**frau, **auf** dich hat, Du **sprachst**: Mir **ge**schehe, kennst **Ar**beit **und** Sorge, du **Mutter der** Schmerzen, Hilf **uns**, dei**nen** Kindern, du **Freu**de **der** Erde.* Hier gelingt es nirgends, dem zweiten c eine bedeutende Silbe zuzuordnen und eine Qualität zu erzielen, über die *Mein **Herz**, o **Ma**ria* oder *so **oft** mein **Herz** klopfet* ganz selbstverständlich verfügte.

So redlich die Motive derer waren, die das alte Lied verdrängt haben, es steht fest, daß sie dem Glauben etwas genommen haben. Es ist unwahrscheinlich (wenngleich theologisch sinnvoll), daß ein Soldat im Kessel von Stalingrad vor sich hin summt: *du Jungfrau, auf dich hat der Geist sich gesenkt, du Mutter hast uns den Erlöser geschenkt.* Besser hat er es, wenn er singt: *Du bist ja die Mutter, dein Kind will ich sein* und *Maria, du milde, du süße Jungfrau, nimm auf meine Liebe; so wie ich vertrau!*

Quellenverzeichnis

Liedflugschriften

Drey schöne neue Zeller=Lieder. Das Erste: Mariam zu lieben ist allzeit mein Sin[n cc.] Das Anderte: Weil mein Gedancken und Sinn nach cc. Das Dritte: Was klagst du mein Seel/ daß du hast cc. Wienerisch=Neustadt/ gedruckt bei Samuel Müller/ 1727. [*Stmk LA A/IV 5638].

Drey schöne Geistliche Lieder, Das Erste: Maria! wir fallen dir alle zu Füssen, cc. Das Anderte: Der goldene Rosenkranz versetzt cc. Das Dritte: Mariam zu lieben ist allzeit mein Sinn, Ödenburg, gedruckt bey Joseph Sietz. [*VKM Graz: 12267/17].

Drey schöne Geistliche Lieder, Das Erste: Maria! wir fallen dir alle zu Füssen, cc. Das Anderte: Der goldene Rosenkranz versetzt cc. Das Dritte: Mariam zu lieben ist allzeit mein Sinn, Ödenburg, gedruckt im Jahre 1808. [*DVA Bl. 5804].

Drey schöne Geistliche Lieder. Das Erste: Maria! wir fallen dir alle zu Füssen, cc. Das Anderte: Der goldene Rosenkranz, versetzt cc. Das Dritte: Mariam zu lieben ist allzeit mein Sinn, Ödenburg, gedruckt im Jahre 1812. [*VKM Graz: 16293/21].

Drey Wallfahrts=Lieder. Das erste: Maria zu lieben ist allzeit mein. Das zweite: Kommt ihr Mensch. mit Verl. Das dritte: Maria die du bist, die Mutter Jesu Christ cc. Wr. Neustadt, 1830. [*Klier, Linz 56/5/34].

Drey schöne Geistliche Lieder. Das erste. Mariam zu lieben ist allzeit mein Sinn; Das zweyte. Die Schönste aus allen von fürstlichem Stand; Das dritte: Was ist vor alles Übel gut? [*DVA Bl. 6906].

Drey schöne neue Geistliche Lieder. Das Erste. Der schmerzhafte Kreuz-Weg. Das Zweyte. Mariam zu lieben ist allzeit mein Sinn, Das Dritte. Wir genießen die himmlischen Freuden, drum kann es uns cc. Augsburg, bey Franz Xaver Endreß sel. Erben. [*DVA Bl. 7291].

Schmerzliches Abschieds=Lied, Eines andächtigen Marianischen Pilgers zu Maria=Einsiedlen, in Betrachtung der großen Gnaden so er in diesem hochheiligen von Gott selbst geweyhten Ort erhalten kann. [*FDH 12677/8]

Vier geistliche Lieder. 1. Zu St. Anna Vernehmet doch ihr cc. 2. O Maria jetzt ist Zeit, cc. 3. O Maria voller Gnaden, cc. 4. Maria zu lieben ist allzeit mein Sinn, cc. [*Klier, Linz 56/5/23].

Vier Geistliche Lieder. 1.) Jesus du mein Trost und Leben cc. 2.) Aus dreien schönen Blümelein. 3.) Zeller=Lied: Maria zu lieben ist allzeit mein Sinn cc. 4.) Jesu im Himmelsthron. Wiener Neustadt 1847. [*Stmk LA 1395a/I/44].

Ein schönes geistliches Lied zur heiligen Jungfrau Maria. [Iglau] [Maria zu lieben…] [*Klier, Linz 56/10/11].

Ein schönes geistliches Lied zur heiligen Jungfrau Maria. Iglau, Johann Rippl's Druck und Verlag. [nach 1831] [Maria zu lieben…] [*VLW Wien ÖL KOTEK 28].

Sechs Catholische Geistliche Lieder. 1. Maria zu lieben ist allzeit. 2. Maria, du edler Rosen-Garten. 3. Gott in der Güte niemand kann. 4. Allerstrengste Majestät des H. 5. Zu dir grosser Gott, unsre T. 6. O ihr Sünder sucht Genaden. 1803. [*SPK Berlin Yd 7920].

Sechs schöne Geistliche Lieder, Das Erste: Was scheinet von ferne für ein schöner Sterne cc. Das Anderte: Kommt alle mit mir ihr Adams=Kinder cc. Das Dritte: Die schöne Morgen=Röth/ die niemals untergeht cc. Das Vierte: Wann mein Schifflein wird anländen cc. Das Fünfte: Maria zu lieben ist allzeit mein Sinn cc. Das Sechste: Dich, O Maria! hab ich auserwählt cc. Steyr/ gedruckt bey Gregori Menhardt. [*Klier, Linz 54/13/65].

Vier Geistliche Lieder, Das Erste. Gegrüßt seyst du Maria jungfräuliche cc. Das Anderte. Maria Jungfrau rein, o Gnadenlicht: Das Dritte. Mariam zu lieben ist allzeit mein cc. Das Vierte. O schöne Morgenröth, die niemal cc. Krems, gedruckt bey Johann Karl Richter. [*LA St. Pölten V-II 163/32].

Vier schöne neue Geistliche Lieder, Das Erste. Mariam zu lieben ist allzeit mein Sinn, cc. Das Anderte. Sey gegrüßt o schönste Blumen, cc. Was thust dich dann klagen, cc. Das Vierte. Jerusalem ach wein mit mir! Cc. Gedruckt in diesem Jahr. [*Klier, Linz 55/9/58].

Zwey Kirchfahrt=Lieder. Das erste: Wache auf, wache auf mein frommer Christ. Das zweite: Maria zu lieben ist allzeit mein Sinn. Neustadt 1849. [*Klier, Linz 54/4/80].

Zwey schöne geistliche Lieder. Das Erste: O Sünder! mach dich auf, und geh mit mir spazieren, cc. Das Zweyte: Mariam zu lieben ist allzeit mein Sinn, cc. Gedruckt in diesem Jahre. [*SUB Köln Baeu 1556, *SPK Berlin Yd 7906].

Zwei schöne Geistliche Lieder. 1. Maria zu lieben ist allzeit mein Sinn, cc. 2. Heute bist du uns geboren cc. Gedruckt bei A. Weiß Saargemünd. [*DVA Bl. 7738 und Bl. 6906].

Drey neue Zeller=Lieder. Das Erste: Maria zu lieben ist allzeit mein Sinn, Das Zweyte: Kommt ihr Menschen mit Verlangen, cc. Das Dritte: Maria die du bist, die Mutter Jesu cc., Neustadt 1800. [*DVA Bl. 7538].

Fünf schöne geistliche Lieder. Das erste. Mariam zu lieben ist allzeit mein, cc. Das zweyte. Ach, ach ihr Sünder seufzet sehr, cc. Das dritte. Maria lebendiger Brunn, daraus mein, cc. Das vierte. O Sünder mach dich auf und geh mit mir, cc. Das fünfte. Wer soll betrübet seyn, der liebt Maria rein. Köln, in der Stolkgassen im halben Mond. [*SPK Berlin Yd 7922].

Paderborn 1745 Flugblatt (verschollen).

Andachtsbücher

Gnadenreiche Bruderschafft, Welche unter dem Titel der seligsten Jungfrauen und glorwürdigsten Mutter Gottes Maria Zu gröster Verehrung des Heiligen Priesters und Marterers Joan. Nepomucenus Besonderen Schützer der Ehr, und guten Nahmens, wie auch in allerley Noth Wunderwürckenden Patronen Unser Heiligster Vatter Pabst BENEDICTUS XIV. erlaubet hat zu errichten, In der Collegiae-Kirchen S. Walburgae binnen Meschede Und daselbst mit Genehmhaltung Geistlicher Obrigkeit unseres Ertz=Stiffts Cöllen im Jahr 1752 eingeführet worden. Meschede 1752.

ALLerheILIgstes WVnDer Der LIebe IesV Des ErLösers Das ist Verborgener Gott, Verborgener Mensch in dem hochwürdigsten Sacrament. Am dritten Sonntag jeden Monats in der Kirchen der P.P. Franciscaner Recollecten ad Olivas binnen Köln Bei Morgens, und Abends=Andacht verehret und angebetten. Cum Permissa Superiorem. Kölln, Gedr. bei Balthasar Wilms. (Chronogramm ergibt Jahreszahl 1774).

Gewöhnliche Andachtsübungen der heiligen Erzbruderschaft Corporis Christi, oder des allerheiligsten Sacrament des Altars, welche sowohl bey den monatlichen Versammlungen, als zur Zeit der Bethstunden bey der immerwährenden Anbethung in der Dompfarrey der dahiesigen Residenzstadt, und im ganzen Hochfürstl. Bisthum Wirzburg von den Brüdern und Schwestern ordentlich beobachtet werden. Nebst auserlesenen geistreichen Übungen und Lehrstücken, welche zur schuldigen Ehr, Lieb und Anbethung Jesu Christi im allerheiligsten Sacrament mit leichter Mühe und großem Verdienste können bewirket, und anderen heilsamlich mitgetheilet werden. De Manato [...] Domini Ordinarii. Wirzburg, gedruckt und zu finden bey Franz Sebastian Sartorius, Hofbuchdrucker. [Um 1793].

Marianischer Pilgerstab zum Gebrauch der Kevelaerischer Marianischer Bruderschaft dessen man sich auf allen Bittfahrten, als: nach Kevelaer, Scharvenhoevel, Werl', Alenhoven, Marienheyden, Nivenheim und andern Gnadenoerten im Hin= und Rückweg bedienen kann. Darinnen die geistreichesten Morgens= Abends= Meß= Beicht= Communion Gebether Litaneyen und Gesaengen begriffen sind. Zur höchsten Ehre Gotes und der allerseligsten Jungfrau Maria. Geldern, gedruckt und zu bekommen bey G.N. Schaffrath [Um 1800].

Gesangbücher

*Paderborn 1765, *Bruchsal 1768, *Cantate 1847, *Psälterlein 1891, *Einheitslieder 1916, *Kirchenlied 1938, *Feldgesangbuch 1939, *Einheitslieder 1947, *Gotteslob 1, *Gotteslob 2.

Sonstiges

Bäumker, Wilhelm: Maria zu lieben. In: Kirchenmusikalisches Jahrbuch 1891, S. 41–44.

Meerstern, ich dich grüße

Späte Einheit

Neben *Segne Du, Maria* ist mit *Meerstern, ich dich grüße* ein weiteres gern gesungenes Marienlied 2013 erstmals in den Stammteil des neuen *Gotteslob vorgedrungen. Ein regional verbreitetes Anhangslied, welches in insgesamt 23 Diözesanteilen des *Gotteslob 1 enthalten war und dort in immerhin acht verschiedenen Textfassungen existierte, ist damit zum Einheitslied geworden – ein später und eher ungewöhnlicher Aufstieg. Verfügte *Meerstern, ich dich grüße* bislang über sechs, acht, neun oder sogar dreizehn Strophen, so hat man sich für *Gotteslob 2 auf sieben Strophen geeinigt und dem Lied damit eine auf der Tradition aufruhende neue Gestalt gegeben, die in allen Bistümern unabhängig von der dort eingewurzelten Version hohen Wiedererkennungswert haben dürfte.

Das war in diesem Falle gar nicht so schwer. Zum einen wurde *Meerstern, ich dich grüße* – was für ein Anhangslied eher unüblich ist – in den einzelnen Bistümern nur in einer einzigen Melodie gesungen. Zum anderen handelt es sich um ein Refrainlied, in dem der gleichbleibende Textanteil in jeder Strophe deutlich größer ist als der veränderliche Teil, der jeweils nur aus zwei dreihebigen Verszeilen besteht. Dieser Refrain, der in seiner litaneiartigen Wiederholung das gesamte Lied dominiert, ist der Karrieremotor des Liedes. Durch ihn wirkt das Lied vertraut, obwohl es in seiner heutigen Gestalt früher so nie existiert hat.

Maria hilf uns allen

Meerstern, ich dich grüße ist nicht, wie die Eingangszeile nahelegen könnte, ein Grußlied, sondern ein vielfältig flehender Hilferuf. *O Maria hilf* und *Maria hilf uns allen aus unsrer tiefen Not* sind die sich ein-

524

2 Rose ohne Dornen, / o Maria, hilf, / du von Gott Erkorne, / o Maria, hilf! Kv

3 Lilie ohnegleichen, / o Maria, hilf, / dir die Engel weichen, / o Maria, hilf! Kv

4 Quelle aller Freuden, / o Maria, hilf, / Trösterin in Leiden, / o Maria, hilf! Kv

5 Dich als Mutter zeige, / o Maria, hilf, / gnädig uns zuneige, / o Maria, hilf! Kv

6 Gib ein reines Leben, / o Maria, hilf, / sichre Reis' daneben, / o Maria, hilf! Kv

7 Dass wir Jesum sehen, / o Maria, hilf, / fröhlich vor ihm stehen, / o Maria, hilf! Kv

T: Köln 1638, Paderborn 1765, bei August von Haxthausen 1850, Kirchenlied 1938, M: Hans Breuer 1909 nach August von Haxthausen 1850 und Ludwig Erk/Franz Böhme 1894

*Angekommen im Stammteil des *Gotteslob 2*

prägenden, weil unzählige Mal wiederholten Verszeilen des Liedes. Sie geben den Ton an und sind klarer Ausdruck dessen, was die Singenden von Maria erwarten. Helfen soll sie! Und zwar nicht aus alltäglicher, sondern aus tiefer Not, und gleichsam, als wolle man sich in diesen Flehrufen der Wirkmacht der Angesprochenen versichern, überhäuft man Maria in den Strophen 1–4 mit allerlei Ehrentiteln und Auszeichnungen aus der mariologischen Preziosenkammer. Sie ist *Meerstern* und *Gottesmutter süße* (Str. 1), *Rose ohne Dornen* und *von Gott Erkorne* (Str. 2*), Lilie ohne gleichen*, der *die Engel weichen* (Str. 3), *Quelle aller Freuden* und *Trösterin in Leiden* (Str. 4). Auf die Preisungen folgen in den Strophen 5–7 Bitten. Maria soll sich in gnädiger Zuneigung als *Mutter* zeigen (5), außerdem soll sie ein *reines Leben* und eine *sichere* Lebens*reise* schenken (6), damit wir am Ende unserer Tage, am Ende aller Zeit, *Jesus* in seiner Herrlichkeit *sehen* und als Erlöste *fröhlich vor ihm stehen.*

Maria zwischen Schloten

Diesseitige Elendserfahrung und jenseitige Freudenerwartung treten durch Maria vermittelt zueinander in Beziehung. Die tiefe Not, in der Maria helfen soll, ist das Leben überhaupt, besteht in der Erfahrung, daß irdisches Leben immer leidvoll sein wird und der Erlösung bedarf. Der Refrain lädt zugleich ein, auch die ganz konkreten Anliegen, die jeder Mensch hat, in ihn hineinzudenken – die schwere Krankheit, den Liebeskummer, die Trauer um den Verlust eines geliebten Menschen, die soziale Not, die nicht erledigte Arbeit und den Druck der Industriegesellschaft überhaupt. Maria soll helfen, jetzt gleich und im Hinblick auf die Ewigkeit. Die auf die jenseitige Erlösung ausgerichtete Logik des Strophentextes changiert mit der Logik des Refrains, der offen ist für jedwede Not. Das Lied ist beides: Marienhymnus und Bittlitanei.

Quellen

In genau dieser Textfassung hat es das Meersternlied niemals zuvor gegeben. Sie ist etwas Gemachtes, eine Kommissionsarbeit, und gar keine schlechte. Allein die ungewöhnlich ausführliche Quellenangabe, die dem Lied beigefügt ist, spricht für überlegtes Handeln und verweist auf eine lange und komplizierte Vorgeschichte:

«T: Köln 1638, Paderborn 1765, bei August von Haxthausen 1850, Kirchenlied 1938, M: Hans Breuer 1909 nach August von Haxthausen 1850 und Ludwig Erk/Franz Böhme 1894».

Was sind das für Quellen, die hier so wohlsortiert nebeneinanderstehen? Für den Text werden zunächst zwei Gesangbücher angeführt. Zum einen das 1638 bei den Kölner Jesuiten erschienene *Geistliche Psälterlein, eine für die katholische Kirchenliedüberlieferung des 17. Jahrhunderts charakteristische und bedeutende Quelle, zum anderen das *Paderborner Gesangbuch von 1765, welches nur eine regional und zeitlich eng begrenzte Wirkung entfalten konnte. Bei «August von Haxthausen 1850» handelt es sich um eine Sammlung geistlicher Volkslieder, die im Paderborner Raum entstanden und dort auch gedruckt worden ist. «Kirchenlied 1938» verweist auf eine Liedersammlung der katholischen Jugendbewegung des 20. Jahrhunderts, die den katholischen Liedbestand bis heute maßgeblich mitbestimmt. Die für die Melodie angeführten Quellen gehören allesamt nicht der kirchlichen, sondern der profanen Liedkultur an: Hinter «Hans Breuer 1909» verbirgt sich das bedeutende Liederbuch der Wandervogelbewegung, der in zahlreichen Auflagen erschienene *Zupfgeigenhansl, und neben der schon für den Text herangezogenen *Haxthausenschen Sammlung wird hier zusätzlich die große Volksliedanthologie *Deutscher Liederhort von Ludwig Erk und Franz Böhme aus dem Jahr 1894 genannt. Zwei Gesangbuchquellen stehen somit drei bedeutenden Volksliedsammlungen des 19. Jahrhunderts und der Sammlung *Kirchenlied von 1938 gegenüber.

Ein Kirchenlied des 17. Jahrhunderts wird demnach im 19. Jahrhundert zum Volkslied und findet als solches im 20. Jahrhundert über *Kirchenlied 1938 in die Kirche zurück, erreicht die Diözesananhänge des *Gotteslob 1, um dann im 21. Jahrhundert in neu gefaßter Gestalt in den offiziellen Stammteilkanon des *Gotteslob 2 aufgenommen zu werden. Ein spannender Befund, der ein weiteres Mal beweist, daß Tradition kein statischer Prozeß im Sinne der unveränderten Weitergabe des ewig Alten ist, sondern ein produktiver Vorgang: Liedfassungen werden auf immer neue Weise den Jahrhunderten anverwandelt. Aber nicht nur das: Einige Lieder verselbständigen sich, wandern aus der kirchlichen Überlieferung aus, verändern dabei ihren Charakter, erreichen neue Popularität und kehren schließlich in frisch herausgeputzter Gestalt ins Kirchengesangbuch zurück. Der Kanon des in den Kirchen Gesungenen bildet sich immer wieder neu. In ihm spiegeln sich Vergangenheit und Gegenwart, kirchliche Lehre und Volksfrömmigkeit, kollektives Erleben und individuelle Erfahrung in immer wieder anderen Brechungen.

Meerstern, ich dich grüße: neu versus alt

Stellen wir einmal die Textfassungen des Meersternliedes aus *Gotteslob 2 derjenigen Fassung gegenüber, die das Kölner *Psälterlein von 1638 überliefert. Diejenigen Textstellen, die in *Gotteslob 2 mit der alten Fassung textlich oder sinngemäß eindeutig übereinstimmen, werden kursiv dargestellt:

***Gotteslob 2**	***Köln 1638**
1. *Meerstern, ich dich grüße,* o Maria, hilf, *Gottesmutter süße*, o Maria, hilf! Maria, hilf uns allen aus unsrer tiefen Not!	1. *Meerstern ich dich grüße* *Gottesmutter süße*: Allzeit Jungfraw reine Himmel Pfort alleine.
2. Rose ohne Dornen, o Maria, hilf, du von Gott Erkorne, o Maria, hilf! Maria, hilf uns allen aus unsrer tiefen Not!	2. Nimb den gruß zur stunde Von des Engels Munde Uns im frieden gründe Lösche Evae Sünde.
3. Lilie ohnegleichen, o Maria, hilf, dir die Engel weichen, o Maria, hilf! Maria, hilf uns allen aus unsrer tiefen Not!	3. Löse auf die bände Uns daß Liecht zu wende: Alles böß abkehre Alles Gut begehre.
4. Quelle aller Freuden, o Maria, hilf, Trösterin in Leiden, o Maria, hilf! Maria, hilf uns allen aus unsrer tiefen Not!	
5. *Dich als Mutter zeige*, o Maria, hilf, gnädig uns zuneige, o Maria, hilf! Maria, hilf uns allen aus unsrer tiefen Not!	4. *Zeige dich ein Mutter/* Voller Gnad und Güter: Zeig dein Brüst geschwinde Für uns deinem Kinde.
	5. Aller Jungfrauwn Crone/ Wegen Sanftmuth schone: Zahle was wir schüldig/ Mach uns keusch und gdültig.

6. *Gib ein reines Leben,* o Maria, hilf, *sichre Reis' daneben,* o Maria, hilf! Maria, hilf uns allen aus unsrer tiefen Not!	6. *Gib ein reines Leben/* *sichere reiß darneben:*
7. *Dass wir Jesum sehen,* o Maria, hilf, *fröhlich vor ihm stehen,* o Maria, hilf! Maria, hilf uns allen aus unsrer tiefen Not!	*Daß wir Jesum sehen/* *Frölich vor ihm stehen.*
	7. Vatter ich dich ehre/ Dein Lob/ Sohn/ ich mehre: Beyder Geist ich preise/ Drey auff gleiche Weise.

Beide Texte stehen in einer deutlichen Beziehung zueinander und sind doch grundverschieden. Auch wenn genau sieben Verszeilen der Fassung aus *Gotteslob 2 – und damit immerhin die Hälfte ihres gesamten Textbestandes – fast wörtlich aus dem alten Text übernommen worden sind, so sind doch die Verluste zahlreicher als die Übernahmen. Findet sich die allzeit reine Jungfrau aus Strophe 1 des 1638er Textes noch andeutungsweise in den auf die Reinheit und Jungfräulichkeit Marias abzielenden Bildern der *Rose ohne Dornen* und der *Lilie ohnegleichen* wieder, so ist bereits das Bild von Maria als himmlischer Pforte, durch die der Erlöser auf die Welt gekommen ist, gänzlich verschwunden. Auch die in der zweiten Strophe besungene Aufforderung an Maria, sie möge doch den Gruß des Engels annehmen, um so Frieden zu gründen und Evas Sünde zu löschen, hat in *Gotteslob 2 keinerlei Spur hinterlassen. Ebenso wenig kommen die in Strophe 3 der alten Fassung an Maria gerichteten Bitten zur Sprache, sie möge den Sänger aus seinen Verstrickungen (*bände*) lösen, ihm das Licht – also Christus – zuwenden, das Böse von ihm abkehren und das Gute für ihn begehren. Und auch die vierte Strophe des alten Hymnus ist bis auf die erste Zeile unberücksichtigt geblieben. Zwar soll sich Maria in beiden Textfassungen als Mutter zeigen, doch ist diese Bitte im alten Text doppeldeutig. Während sich Maria in der *Gotteslob 2–Fassung nur uns allen gnädig als Mutter zuneigen soll, wird im alten Text sowohl auf ihre konkrete Mutterschaft dem göttlichen Sohn als auch auf ihre geistliche Mutterschaft allen Menschen gegenüber angespielt. In ihrer Eigenschaft als gnädige und gütige Mutter soll sie für alle ihr anvertrauten Kinder ihrem leiblichen Sohn die mütterlichen Brüste zeigen, mit denen sie ihn einst genährt hat – eine Vorstellung, die uns bereits in dem Lied *Mein Zuflucht alleine* begegnet ist. In Strophe 5 wird an die Sanftmut der Krone aller Jungfrauen appelliert. Sie soll die Sündenschuld der Singenden ablösen und sie zugleich anleiten, von nun an ein keusches und geduldiges Leben zu führen. Hier ist also nicht das letzte Gericht gemeint, es geht vielmehr darum, den Richter sicherheitshalber schon zu Lebzeiten zu besänftigen. Denn das eigentliche Ziel des Hymnus ist klar: So wie in der Fassung aus *Gotteslob 2 geht es darum, Maria um ein reines Leben und eine sichere Reise zu bitten. Das verhilft den Singenden dazu, am Ende der Zeit Jesus sehen und ohne Angst fröhlich vor ihm stehen zu können. Sind sie in diesen Zustand erst einmal eingetreten, dann können sie heiter in den Lobpreis des dreieinigen Gottes einstimmen, so wie es die an den Hymnus angehängte doxologische Strophe vormacht.

Der alte Hymnus ist wesentlich ausführlicher als die Fassung aus *Gotteslob 2. Er ordnet Maria in ihren heilsgeschichtlichen Zusammenhang als Mutter des Erlösers ein und bezieht daher auch ihre Legitimation, als Mittlerin zwischen ihm und den Menschen zu fungieren. Die Fassung aus *Gotteslob 2 hat dieses Wissen irgendwo im Hintergrund, besteht aber selbst aus eher zusammenhanglos formulierten Bitten und Preisungen. Der Zusammenhang wird von der Tradition ergänzt. Die Stärke dieses Textes liegt im Unausgesprochenen, in dem sich das Vertrauen und die Hoffnung auf Marias Hilfe Bahn brechen. Der flehende Refrain der *Gotteslob 2–Fassung aktiviert diese Hoffnung in jeder Strophe neu.

*Köln 1638 und *Gotteslob 2 sind trotz der Abhängigkeit voneinander zwei eigenständige Lieder mit einem jeweils ganz eigenen Charakter. Das zeigt auch die äußere Form. Im Unterschied zu *Gotteslob 2 kommt der Text aus *Köln 1638 völlig ohne Refrain aus. Er besteht aus insgesamt sieben regelmäßig gebauten dreihebigen Vierzeilern, die durchgehend paargereimt sind (aabb). Dieser hymnischen Form stehen mit der Fassung aus *Gotteslob 2 sieben zweizeilige, ebenfalls dreihebige Verspaare gegenüber, die jeweils in einen ausladenden Refrain eingebettet sind. Dadurch erhält das gesamte Lied einen anderen, auf Volksnähe abzielenden Ton.

Zwar stimmen sieben der insgesamt vierzehn Verse des Refrainliedes wörtlich oder sinngemäß mit *Köln 1638 überein, so daß für die Hälfte des Strophentextes die Quelle gefunden ist. Doch woher stammen die übrigen Verszeilen? Und wie ist das Lied zu seinem Refrain gekommen? Ein Blick in das in der Quellenangabe des *Gotteslob 2 angeführte *Paderborner Gesangbuch von 1765 hilft da nicht weiter. Das Buch kann lediglich als Beleg dafür dienen, daß der alte vierzeilige Meersternhymnus über eine Gesangbuchtraditon verfügt, die weit bis ins 18. Jahrhundert reicht. Und es könnte sein, daß der *Meerstern* dem Freiherrn August von Haxthausen deswegen zu Ohren kam, weil er zum Paderborner Kirchenliedbestand gehört hat. Zumindest lassen die handschriftlichen Belege aus dem Haxthausennachlaß darauf schließen, dass verschiedene refrainlose, vierzeilige Versionen des Liedes noch um 1850 herum im Paderborner Raum verbreitet waren.

Neubau

Wie schon *Maria durch ein Dornwald ging* erhält auch *Meerstern, ich dich grüße* in der von August von *Haxthausen herausgegebenen Sammlung von 1850 eine zuvor nie dagewesene Gestalt. Wir drucken die Fassung hier ab und stellen sie derjenigen aus *Köln 1638 gegenüber (inhaltliche Übereinstimmungen werden kursiviert dargestellt).

Paderborn 1850	***Köln 1638***
1. *Meerstern, ich dich grüße,* o Maria hilf! *Mutter Gottes süße,* o Maria hilf! Maria hilf uns Allen aus dieser tiefen Noth!	1. *Meerstern ich dich grüße* *Gottesmutter süße:* Allzeit Jungfraw reine Himmel Pfort alleine.

2. Du Rose ohne Dornen, o Maria hilf!
Du von Gott erkorne, o Maria hilf!
Maria hilf uns Allen aus dieser tiefen Noth!

3. Du Lilie ohnegleichen, o Maria hilf!
Da selbst die Engel weichen, o Maria hilf!
Maria hilf uns Allen aus dieser tiefen Noth!

4. Du Quelle aller Freuden, o Maria hilf!
Du Trösterin in Leiden, o, Maria hilf!
Maria hilf uns Allen aus diese*r* tiefen Noth!

5. Hoch auf Deinem Throne, o Maria hilf!
Aller Jungfraun Krone, o Maria hilf!
Maria hilf uns Allen aus dieser tiefen Noth!

6. *Gieb ein reines Leben*, o Maria hilf!
Sichre Reis' darneben, o Maria hilf!
Maria hilf uns Allen aus dieser tiefen Noth!

7. *Dich als Mutter zeige*, o Maria hilf!
Gnädig uns zuneige, o Maria hilf!
Maria hilf uns Allen aus dieser tiefen Noth!

8. Nimm uns in dein Hände, o Maria hilf!
Uns das Licht zuwende, o Maria hilf!
Maria hilf uns Allen aus dieser tiefen Noth!

9. Hilf uns Christum flehen, o Maria hilf!
Fröhlich vor ihm stehen, o Maria, hilf!
Maria hilf uns Allen aus dieser tiefen Noth!

2. Nimb den gruß zur stunde
Von des Engels Munde
Uns im frieden gründe
Lösche Evae Sünde.

3. Löse auf die bände
Uns daß Liecht zu wende:
Alles böß abkehre
Alles Gut begehre.

4. *Zeige dich ein Mutter/*
Voller Gnad und Güter:
Zeig dein Brüst geschwinde
Für uns deinem Kinde.

5. *Aller Jungfrauwn Crone/*
Wegen Sanftmuth schone:
Zahle was wir schüldig/
Mach uns keusch und gdültig.

6. *Gib ein reines Leben/*
sichere reiß darneben:
Daß wir Jesum sehen/
Frölich vor ihm stehen.

7. Vatter ich dich ehre/
Dein Lob/ Sohn/ ich mehre:
Beyder Geist ich preise/
Drey auff gleiche Weise.

Andachtsbild

Beim Blick auf *Paderborn 1850 fällt sofort auf: Die zweizeilige Strophenform, der Refrain und die bislang quellenmäßig nicht belegten Verszeilen aus *Gotteslob 2 sind gefunden. Es war August von Haxthausen, der den alten Meersternhymnus in einen litaneiartigen Volksgesang verwandelt hat. Dabei diente ihm der alte Hymnus als Steinbruch. Er schlug einzelne ehrwürdige Steine aus dem Hymnengefüge heraus, bearbeitete sie und setzte sie mit ganz neuen, aber eben doch auf alt getrimmten Steinen zu etwas vorher nicht Dagewesenem zusammen.

Die Gegenüberstellung des neuen und des alten Textes zeigt Haxthausens Vorgehensweise deutlich. Das erste Verspaar beider Texte stimmt fast wörtlich überein und sorgt dafür, daß Haxthausens Bauwerk sofort als Neubau eines alten, erhabenen, wenn auch in Vergessenheit geratenen Anwesens zu erkennen ist. Die Einbettung des Eingangverspaares in den neu hinzugefügten Refrain läßt die Bauabsicht klar erkennen. Der Hymnus soll zum Litaneigesang werden. Daher werden mit den Strophen 2–4 einige der im Bewußtsein der Gläubigen fest verankerten Marientitel (Rose, Lilie, Quelle, Trösterin), dem Vorbild großer Marienlitaneien folgend, sie aber nicht wörtlich zitierend, in das neue Lied eingebaut. Der ursprüngliche geschlossene Bauplan wird damit zugunsten einer offenen Reihung aufgegeben. Folgerichtig wirken die nun folgenden Strophen 5–9 wie eine zufällige Neukombination alter Bausteine. So landet zum Beispiel der Vers *Uns das Licht zuwende* aus Strophe 3 des Hymnus in Strophe 8 und wird dort neu bereimt. Statt des rätselhaften *Löse auf die bände* steht nun die zwar leicht faßbar klingende, vom Bildgehalt her aber höchst schwammige Floskel *Nimm uns in dein Hände.* In Strophe 5 bleibt zwar die Zeile *Aller Jungfraun Krone* erhalten, die auf

Anhieb nicht mehr verständliche Wendung aus *Köln 1638 *wegen Sanftmut schone* (= schön) aber verschwindet. Stattdessen wird Maria, das monastische Bild der Krone verstärkend, *hoch auf* ihren *Throne* gesetzt. Die alte sechste Strophe wird nicht nur geteilt, sondern durch den Einschub von zwei weiteren Strophen geradezu auseinandergerissen. Auf diese Weise geht die logische Verbindung beider Teile verloren. Die an Maria gerichtete Bitte um ein *reines Leben* und um eine *sichre Reis'* ist im Hymnus die Voraussetzung dafür, *daß wir Jesus sehen* und *fröhlich vor ihm stehen* können. In der neuen Fassung reiht sie sich in eine Kette weiterer Anliegen ein. Und auch das ursprüngliche Ziel wird zu einem einfachen Glied in dieser Kette umformuliert: *Hilf uns Christum flehen, fröhlich vor ihm stehen* heißt es nun. Die schlüssige Verbindung beider Verse ist verlorengegangen und damit auch die Sinnspitze des alten Hymnus. Das nach jeder Verszeile eingeschobene *o Maria hilf* und der jede Strophe abschließende Refrain überdecken solche logischen Brüche. Die nach Gelegenheitsdichtung klingenden Neubereimungen einzelner alter Hymnenverse bilden die Fugenmasse dieses neugestalteten volkstümlichen Litaneigesangs.

Ave maris stella

August von Haxthausen gibt in den meisten Fällen seine Quellen nicht preis. Immer wieder ist in den *Geistlichen Volksliedern zu lesen: «Mündlich aus dem Paderbornischen» und ähnliches. Im Falle des *Meersterns* aber wird diese Angabe präzisiert: «Ave maria stella liegt zum Grunde, es ist aber keine Übersetzung, sondern ein selbständiges Volkslied, nie in den Kirchen gesungen.» Wörtlich kann man die Angabe «Mündlich aus dem Paderbornischen» wahrscheinlich nie nehmen. Das im Haxthausen-Nachlaß überlieferte Material zu den *Geistlichen Volksliedern enthält keinen einzigen handschriftlichen Beleg, der darauf verwiese, daß dem Freiherrn *Meerstern, ich dich grüße* in genau dieser Form vorgesungen worden sein könnte. Der *Meerstern,* den er in seiner Liedsammlung präsentiert, ist ein bewußt gestaltetes Volkslied. Es verwendet einen geschickt in Szene gesetzten Volksliedton, der sich abheben soll von dem in den Kirchen gepflegten Gesang. Zugleich aber ist es Haxthausen in diesem Falle sehr wichtig, darauf zu verweisen, daß sein Gebilde eine bedeutende Geschichte hat, die sehr weit zurückreicht. Noch weiter, als die bereits zitierte Quellenangabe aus *Gotteslob 2, die nur auf die deutsche Hymnentraditon des Textes verweist, zu erkennen gibt: Am Anfang nämlich steht *Ave maris stella*, ein lateinischer Marienhymnus, gedichtet wahrscheinlich von Ambrosius Autpertus (†784), erstmals belegt in einer aus dem 9. Jahrhundert stammenden Handschrift der Stiftsbibliothek Sankt Gallen (Cod. Sang 95) und bereits im 10. Jahrhundert in Mittel-, West- und Südeuropa verbreitet. (vgl. Lausberg).

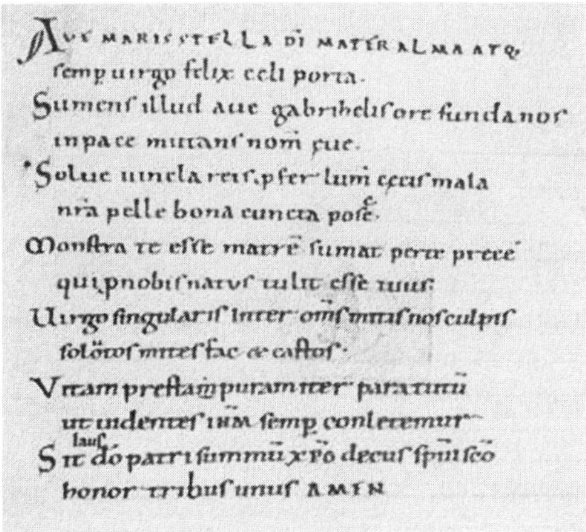
AVE MARIS STELLA DI MATER ALMA ATQ
semp uirgo felix celi porta.
Sumens illud aue gabrihelis ore funda nos
in pace mutans nom eue.
Solue uincla reis. pfer lum cecis mala
nra pelle bona cuncta posce.
Monstra te esse matrē sumat per te prece
qui pnobis natus tulit esse tuus.
Uirgo singularis inter oms mitis nos culpis
solutos mites fac et castos.
Uitam presta puram iter para tutum
ut uidentes ihm semp conletemur
Sit laus do patri summo xpo decus spu sco
honor tribus unus AMEN

Ave maris stella, 9. Jahrhundert

Wir stellen den lateinischen Hymnus seiner uns bereits bekannten deutschen Fassung aus *Köln 1638 gegenüber.

	Köln 1638
1. Ave maris stella, Dei mater alma atque semper virgo, felix coeli porta.	1. Meerstern ich dich grüße Gottesmutter süße: Allzeit Jungfraw reine Himmel Pfort alleine.

2. Sumens illud «Ave»
Gabrielis ore,
funda nos in pace,
mutans Evae nomen.

2. Nimb den gruß zur stunde
Von des Engels Munde
Uns im frieden gründe
Lösche Evae Sünde.

3. Solve vincla reis,
profer lumen caecis,
mala nostra pelle,
bona cuncta posce.

3. Löse auf die bände
Uns daß Liecht zu wende:
Alles böß abkehre
Alles Gut begehre.

4. Monstra te esse matrem,
sumat per te preces
qui pro nobis natus
tulit esse tuus.

4. Zeige dich ein Mutter/
Voller Gnad und Güter:
Zeig dein Brüst geschwinde
Für uns deinem Kinde.

5. Virgo singularis
inter omnes mitis,
nos culpis solutos
mites fac et castos.

5. Aller Jungfrauwn Crone/
Wegen Sanftmuth schone:
Zahle was wir schüldig/
Mach uns keusch und gdültig.

6. Vitam praesta puram,
iter para tutum,
ut videntes Jesum
semper collaetemur.

6. Gib ein reines Leben/
sichere reiß darneben:
Daß wir Jesum sehen/
Frölich vor ihm stehen.

7. Sit laus Deo Patri,
summo Christo decus,
Spiritui Sancto
Honor, tribus unus.
Amen

7. Vatter ich dich ehre/
Dein Lob/ Sohn/ ich mehre:
Beyder Geist ich preise/
Drey auff gleiche Weise.

Der lateinische Hymnus setzt wirkungsvoll ein mit *Ave mari-* und legt dem Sänger damit das Ave Maria in den Mund, um diese sprachliche Assoziation sogleich wieder zu durchbrechen, indem er stattdessen fortfährt mit *Ave mari-s stella*. Mit diesem geschickten Schachzug fügt er den *Meerstern* unwiderruflich in die mit Maria verbundene Bildwelt ein. Wir werden darauf zurückkommen. Dem Gruß an den *Meerstern* folgen der Gruß an die *dei mater alma* (die segenspendende Mutter

Gottes), an die *semper virgo* (die immerwährende Jungfrau) und an die *felix coeli porta* (die glückliche Himmelspforte). Diese zeilenübergreifende Grußformel ist ein Prolog, der einleitend Motive der Strophen 2–6 vorwegnimmt. Strophe 2 greift das *Ave* wörtlich auf und erinnert daran, daß Maria, indem sie diesen Gruß aus dem Munde des Engels Gabriel angenommen hat (*sumens illud «Ave»*), den Namen Evas wendete und damit die Voraussetzung dafür schuf, daß wir in Frieden leben können. Die AVE-EVA-Typologie wird hier in vier kurzen Zeilen prägnant in Sprache gegossen. Die dritte Strophe spielt in der Zeile *profer lumen caecis* auf die Lichtmetapher des *maris stella* an und schlägt in den in ihr formulierten Bitten eine Brücke zur Gegenwart. Maria soll den Angeklagten die Ketten lösen (*solve vincla reis*), den Blinden das Licht vorantragen (*profer lumen caecis*), unsere Übel vertreiben (*mala nostra pelle*) und für uns alles Gute erbitten (*bona cuncta posce*). Strophe 4 liefert, das *dei mater* der ersten Strophe aufnehmend, die mythologische Begründung. Die Gottesmutterschaft nämlich läßt darauf vertrauen, daß Maria zwischen Christus und den Menschen vermitteln kann. Und daher soll Maria dafür sorgen, daß derjenige, der es auf sich genommen hat, durch sie für uns geboren zu werden, unser Flehen erhöre (*Sumat per te preces, qui pro nobis natus, tulit esse tuus.*). Wenn sie für uns bei ihrem Sohn eintritt, dann werden wir Gnade finden, und zwar schon jetzt und nicht erst am Ende aller Tage, wie in der folgenden Strophe deutlich wird. Das *semper virgo* der ersten Strophe weiter entfaltend, wird dort Maria als die herausragendste und mildeste Jungfrau unter allen, die ein keusches Leben führen, beschrieben (*virgo singularis, inter omnes mitis*). Sie als leuchtendes Vorbild soll uns Bittende, nachdem wir aus den Fallstricken unserer Schuld gelöst worden sind (*nos culpis solutos*), unser Leben bestreiten lassen, wie sie selbst es auf vollkommene Weise vorgelebt hat: mild und keusch (*mites fac et castos*). Als bereits Erhörte wünschen wir uns in der sechsten Strophe, daß Maria uns ein reines Leben gewähre (*vitam praesta puram*) und uns einen sicheren Weg bereiten möge (*iter para tutum*). Denn diejenige, die wir in der ersten Strophe des Hymnus bereits mit *felix coeli porta* angesprochen haben, nachahmend und ihr folgend, gelangen wir durch die himmlische Pforte, die sie ja selber ist, an den Ort, an dem wir Jesus schauen und uns für immer mit Maria und allen, die uns vorangegangen sind, gemeinsam freuen können (*ut videntes Jesum, semper collaetemur*). Dort stimmen wir ein in den Lobpreis Gottes, den wir in drei Personen ehren, so wie es die letzte Strophe unseres Textes pointiert zum Ausdruck bringt.

Der lateinische Text ist kunstvoll gebaut. Er besteht aus sieben Strophen, jede Strophe aus vier Verszeilen, jeder Vers aus drei Trochäen, diese wiederum werden paarweise durch Reime oder Assonanzen miteinander verbunden. Das Reimprinzip wird allerdings nicht pedantisch angewendet, sondern dort, wo es Aussage und Grammatik fordern, gekonnt durchbrochen. Form und Inhalt durchdringen sich auf organische Weise. Die deutsche Übersetzung aus *Köln 1638 nimmt den vorgegebenen Strophenbau auf und hält den Paarreim über alle Strophen hinweg konsequent durch. Diese formale Vorgabe und die zum Teil sehr kompakt gefügten lateinischen Konstruktionen, mit deren Hilfe sich komplizierte Sachverhalte wesentlich wortärmer darstellen lassen, als das im Deutschen überhaupt möglich ist, machen es dem Übersetzer nicht leicht. Dennoch löst er seine Aufgabe mit Geschick, indem er Worttreue, Sinngehalt und formale Kriterien gegeneinander abwägt. Wenn er zum Beispiel den Reim nur vermittels neuer Adjektive einhalten kann, dann wird aus der gebenden eine *süße* Gottesmutter (weil *süße* auf *grüße* reimt), oder die glückliche Himmelspforte wird zur *Himmelspfort alleine* (weil ein Reim auf *reine* gebraucht wird) (1). Auch das AVE-EVA-Palindrom geht im Deutschen verloren. Maria wendet durch die Annahme des Ave nun nicht mehr den Namen Evas (*mutans Evae nomen*), sondern löscht deren Sünde (2). Das ist zwar weniger kunstvoll, trifft aber durchaus den Sinn. Und wenn in *Köln 1638 etwas rätselhaft gereimt wird – *Löse auf die bände/ uns daß Liecht zuwende* (3) –, dann erkennt man beim Blick in den lateinischen Text, daß die Fesseln der Angeklagten (*vincla reis*) und das Licht, welches Maria den Blinden vorantragen sollte (*profer lumen caecis*), gemeint sind. Die vierte Strophe ist dann vollends eine freie Übertragung dessen, was im lateinischen Text sehr verkürzt und äußerst abstrakt dargestellt worden ist.

Die Gottesmutterschaft Marias und ihre daraus abgeleitete Mittlerrolle werden in ein anschauliches und für die Barockzeit typisches Bild übersetzt: Maria soll dem Sohn ihre Brüste zeigen, um ihn milde zu stimmen. Im lateinischen Text kommt das nicht vor. Die Innigkeit der Mutter-Sohn-Beziehung, die sich in diesem Bild ausdrückt, läßt jeden sofort verstehen, warum man sich keine bessere Fürsprecherin wünschen kann. Auch die fünfte Strophe des deutschen Textes löst sich vom lateinischen Vorbild. Dort wo es im Hymnus heißt *nos culpis solutos* (d.h. uns, die wir von der Schuld befreit worden sind), steht nun *Zahle was wir schüldig*. In der Logik der lateinischen Vorlage sind die Singenden von Christus bereits auf die Fürsprache seiner Mutter hin von ihren Sünden erlöst worden. Die so Befreiten möchten von nun an, dem Vorbild Marias folgend, ein reines und keusches Leben führen, bitten sie um ihren Beistand und hoffen darauf, am Ende ihrer Lebensreise mit Maria zusammen Jesus zu schauen und mit ihr gemeinsam in die himmlische Freude einzutauchen. Diese Vorstellung geht in der deutschen Fassung verloren. Dort soll Maria zwar ebenfalls für uns eintreten und uns den Weg zeigen, aber gehen müssen wir ihn alleine.

Neuhochdeutsche Übersetzungen des lateinischen Hymnus gibt es seit dem 17. Jahrhundert. Die älteste Übersetzung, die sich in den Gesangbüchern für *Ave maris stella* nachweisen läßt, findet sich im *Andernacher Gesangbuch von 1608. Sie beginnt mit *Gegrüst seist du Meerstern*. Weitere deutsche Textfassungen sind überliefert in *Paderborn 1609, *Mainz 1654, *Münster 1677 oder *Fulda 1695, um nur einige Beispiele zu nennen. In *Köln 1638 erscheint erstmals diejenige Fassung, die mit *Meerstern, ich dich grüße* beginnt, jener Initialzeile also, unter der das Lied seine weiteste Verbreitung gefunden hat. Besonders häufig ist diese Fassung im Kölner Raum anzutreffen. Von dort aus breitet sie sich nach Norden (Hannover, Münster, Osnabrück, Hildesheim und Paderborn) aus, taucht vereinzelt im Westen (Aachen und Trier) auf und kommt im Süden über Mainz nicht hinaus. Um 1770 versiegt der Überlieferungsstrom schließlich fast vollständig, um dann 70 Jahre später, also in der Mitte des 19. Jahrhunderts, erneut an Breite zu gewinnen. Sowohl in Heinrich Bones *Cantate von 1851 als auch in den verschiedenen Gesangbüchern von Joseph Mohr ist *Meerstern, ich dich grüße* wieder enthalten. Über Mohrs 1877 erstmals erschienenes *Lasset uns beten, welches in Bamberg, Speyer, Salzburg und Würzburg als offizielles Diözesangesangbuch eingeführt wurde, und über sein *Psälterlein von 1891, welches in Freiburg und Basel maßgeblich war, erobert die deutsche Hymnenfassung des *Meersterns* bis zum Ende des 19. Jahrhunderts auch den Süden. Die dort aufgenommenen Fassungen sind allerdings in jeder Strophe am Ende der ersten, der zweiten und nach der vierten Verszeile um den Anruf *Maria!* erweitert worden.

Devotionalie

Die deutsche Meersternfassung scheint in dieser Zeit zu solchen Ausschmückungen, die den in den einzelnen Verszeilen formulierten Anreden und Bitten mehr Gewicht verleihen, geradezu einzuladen. Zeitgleich kommt Haxthausens Meersternlied aus den *Geistlichen Volksliedern in Umlauf und gewinnt seitab von der Gesangbuchüberlieferung zusehends an Bedeutung, nicht ohne dabei einen weiteren, alten, uns bislang unbekannten Meersternüberlieferungsstrom zu streifen. Und hier kommen nun endlich auch die Melodien ins Spiel.

Melodien

Die früheste Melodie dürfte schon zusammen mit dem lateinischen Text entstanden sein und war so bekannt, daß sie bereits 1531 im Gesangbuch der *Böhmischen Brüder von Michael Weiße dem Lied *O Gott Vater gebenedeyt* beigegeben wurde (s. Abb.). Diese Melodie findet sich bei verschiedenen deutschen Übersetzungen des lateinischen Hymnus, so zum Beispiel im *Andernacher Gesangbuch von 1608, im *Würzburger Gesangbuch von 1628 und auch im *Köln 1650 erschiene-

Im Gesangbuch der Böhmischen Brüder 1531

nen Melodienbuch zum *Kölner Psälterlein von 1638. Mit dieser Melodie, die im Laufe der Zeit die eine oder andere Variante ausgebildet haben dürfte, wurde das Lied bis 1770 gesungen. Da sie als bekannt vorausgesetzt wurde, ist sie in den Gesangbüchern nur selten abgedruckt worden. In der Mitte der 19. Jahrhunderts kommen zusammen mit den nun häufig mit Marienanrufen versehenen deutschen Texten auch neue Melodien ins Spiel. Das Meersternlied entfaltet in dieser Zeit eine überaus große Produktivität, die bis ins Detail an dieser Stelle nicht nachvollzogen werden kann.

Machen wir daher einen Sprung zurück zur Meersternfassung des *Gotteslob 2 und rufen uns die dort für *Meerstern, ich dich grüße* angegebenen Melodiequellen in Erinnerung. Neben den uns bereits aus der Textgeschichte vertrauten *Geistlichen Volksliedern des August von Haxthausen (1850) wird dort auch auf den *Deutschen Liederhort von Ludwig Erk und Franz Magnus Böhme (1894) und auf den *Zupfgeigenhansl von 1909 verwiesen. Das ist ein deutlicher Hinweis darauf, daß der Siegeszug des von Haxthausen geschaffenen Meersternliedes in Hinblick auf seine Melodie von anderer Seite der Unterstützung bedurfte.

Werfen wir zuerst einen Blick in den *Deutschen Liederhort. Dort findet sich der *Meerstern* in einer Textfassung, die bis auf einige kleine metrische Korrekturen mit *Haxthausen übereinstimmt, aber mit einer abweichenden Melodie versehen ist. Diese Melodie stammt, wie der Quellenangabe zu entnehmen ist, aus einer weiteren Volksliedsammlung, nämlich aus den 1855 von Franz Wilhelm von Ditfurth herausgegebenen *Fränkischen Volksliedern. Dort ist tatsächlich ein *Meerstern* abgedruckt, allerdings mit einem bis auf die erste Strophe vollständig anderen Text, der im fränkischen Raum seit dem frühen 18. Jahrhundert verbreitet war. Erst *Erk/Böhme bringt *Haxthausens Text mit der Melodie aus *Ditfurth zusammen. Damit hat das Lied erst am Ende des 19. Jahrhunderts diejenige Gestalt gefunden, in der es dann auf dem Weg über den *Zupfgeigenhansl von 1909 schließlich mit der Sammlung *Kirchenlied von 1938 seine Gesangbuchkarriere begann.

Meerstern

Das Leben ist eine Seereise voller Gefahren – Stürme, Nebel, Flauten, Piraten, Klippen, gefährliche Inseln, vor allem aber, wie die Odysseusmythe zeigt, voller Irrfahrten. Im unendlichen konturlosen Einerlei tut Orientierung not. Die Sonne kann sie bieten, wenn der Himmel nicht bedeckt ist, oder ein prächtiger Sternenhimmel des Nachts. Aber ein einzelner Stern, der durch finstere Wetterwolken bricht, genügt auch, ja, er wirkt intimer, mütterlicher, helfender und beglückender als eine ganze Schar glitzernder Kollegen.

Wie und wann genau die bildstarke Metapher zu Maria fand, wird schon lange diskutiert, ohne daß letzte Sicherheit gewonnen wäre. Vom hebräischen Mir-jam reicht eine Brücke zu *stilla maris* (Tropfen des Meeres), woraus sich durch versehentliche Fehllesung oder bewußte Uminterpretation schon früh *stella maris*, Meerstern entwickelt hat und alsbald unter den marianischen Ehrentiteln auftaucht. Was schon der Heilige Bernhard dem Bild abzugewinnen weiß, ist eine Paradestück hochmittelalterlicher Deutekunst:

Maria als Leitstern über dem Lebensmeer

Am Ende des Verses aber sagt der Evangelist: «Und der Name der Jungfrau war Maria.» Laßt uns noch ein paar Worte über diesen Namen sagen, der übersetzt «Stern des Meeres» bedeutet und ein für die jungfräuliche Mutter ganz besonders passender Name ist. Sehr treffend wird sie nämlich mit einem Gestirn verglichen, denn wie das Gestirn seinen Strahl aussendet, ohne selbst abzunehmen, so hat die Jungfrau den Sohn geboren, ohne ihre Unversehrtheit zu verlieren. Weder nimmt der Strahl dem Stern etwas von seinem Glanz, noch beraubt der Sohn die Jungfrau ihrer Jungfräulichkeit. [...] Sie ist, sage ich, jener glänzende und alles überstrahlende Stern, zu unserem Heil emporgehoben über dieses große, weithin sich ausdehnende Meer, funkelnd durch Verdienste, Licht spendend durch ihr Vorbild. Ihr Menschen, die ihr erkennt, daß ihr im Strom des irdischen Lebens mehr zwischen Stürmen und Unwettern schwankt als auf festem Boden wandelt, wendet eure Augen nicht ab von dem Glanz dieses Gestirns, wenn ihr von den Stürmen nicht überwältigt werden wollt! Wenn die Winde der Versuchung sich erheben, wenn du in die Klippen der Trübsale gerätst, dann blick hin auf den Stern, ruf Maria an! Wenn du getrieben wirst auf den Wellen des Stolzes, auf den Wellen des Ehrgeizes, der Schmähungen, der Eifersucht, richte den Blick auf jenen Stern, ruf Maria an! Wenn Zorn, Habgier oder die Verlockung des Fleisches dein Lebensschiff von seiner Bahn abbringen wollen, schau auf Maria! Wenn du, bestürzt durch die Ungeheuerlichkeit der Vergehen, verwirrt durch die Abscheulichkeit des Gewissens, erfaßt vom Schrecken vor dem Gericht, allmählich vom Abgrund der Trostlosigkeit, von der Tiefe der Verzweiflung verschlungen wirst, denk an Maria! In Gefahren, in Ängsten, bedenklichen Lagen, denk an Maria, ruf Maria an! Sie weiche nicht von deinen Lippen, nicht aus deinem Herzen, und damit du die Hilfe ihrer Fürbitte erlangen kannst, verliere nie das Beispiel ihres Lebenswandels aus den Augen! Wenn du ihr folgst, weichst du nicht vom rechten Weg ab, wenn du sie bittest, verzweifelst du nicht, wenn du an sie denkst, gehst du nicht fehl. Wenn sie dich hält, fällst du nicht, wenn sie dich schützt, bist du ohne Furcht, wenn sie dich führt, ermattest du nicht, wenn sie dir gnädig ist, gelangst du ans Ziel. So wirst du an dir selbst erfahren, wie zu Recht gesagt worden ist: «Und der Name der Jungfrau war Maria».

Quellenverzeichnis

*Gotteslob 1, *Gotteslob 2, *Köln 1638, *Paderborn 1765, *Kirchenlied 1938, *Zupfgeigenhansl, *Haxthausen, *Deutscher Liederhort, *Paderborn 1609, *Mainz 1654, *Münster 1677, *Fulda 1695, *Andernach 1608, *Cantate 1851, *Lasset uns beten, *Psälterlein, *Böhmische Brüder 1531, *Würzburg 1628, *Köln 1650, *Ditfurth.

Heinrich Lausberg: Der Hymnus «Ave maris stella». Opladen: Westdeutscher Verlag 1976.

*Haxthausen-Nachlaß ULB Münster.

Rede des Hl. Bernhard über den Namen Marias. In: Bernhard von Clairvaux, Sämtliche Werke lateinisch/deutsch IV, hrsg. von Gerhard B. Winkler. Innsbruck: Tyrolia Verlag 1993.

Sagt an, wer ist doch diese

Hippologie

Es waren einmal zehn Rappen, die trabten hintereinander hierhin und dorthin. Als der erste Rappe starb, übernahm der zweite die Führung, eine edle schwarze Stute, die sich von diesem Platz fortan nicht mehr verdrängen ließ, auch wenn sie ihr Gefolge wechselte. Aus dem gleichen Stall war wenig später ein Brauner aufgebrochen, der machte drei Rappen abspenstig und bildete mit ihnen und weiteren Braunen einen zweiten Trupp. Die Rappstute aber gab ihre Sache nicht verloren, holte sich zwei Schwarze zurück und nahm dabei auch gleich drei Braune mit, so daß sie fortan zu sechst durch die Lande trabten; allerdings vermieden sie die Hauptstraßen. Im Lauf der Zeit machten die Braunen sich fort, für den ehemals dritten Rappen wurde ein Ersatz angeschafft, ein blonder Haflinger, der ehemals fünfte Rappe blieb der schwarzen Stute als einziger treu, sie waren jetzt nur noch zu dritt. Da kam ein energischer Stallmeister, der trieb zusammen, was von all den Pferden noch laufen konnte, ließ den unermüdlichen zweiten Rappen weiterhin die Spitze halten, kaufte einen Schimmel und einen schwarzweiß Gefleckten dazu und schloß die Gruppe ab mit zwei alten Braunen, die er, ihr Gnadenbrot verzehrend, auf einem abgelegenen Hof gefunden hatte. Zu fünft eroberten sie das ganze deutsche Reich. Ein langer Friede kam, die Braunen verstarben, der Schimmel blieb, der Schwarzweiße wurde durch einen Schwarzroten ersetzt, die Leitstute wurde modisch umfrisiert. Aber der Schwarzweiße war zu früh pensioniert worden und der Rappe maulte, sie scharrten unzufrieden mit den Hufen. Nach einigen Stallmeisterwechseln wurde die vorige Ordnung wieder hergestellt, die Stute trug wieder eine stolze Mähne, ihr folgten der Schimmel und der Schwarzweiße.

Hymnologie

Die Pferde sind die Strophen. Aus zehn Rappen bestand das ursprüngliche Gedicht von 1638. Liedgeschichtlich leitend wurde die zweite Strophe (*Sagt an* bzw. *Sagt mir, wer ist doch diese*). Ein Brauner aus dem gleichen Stall (vom gleichen Verfasser) begründet ein neues Lied (*Ave, salve, salveto*, gesangbuchgeschichtlich massenwirksam seit *Mainz 1683), für das er sich drei Rappen und acht Braune holt. Die gemischte Sechsergruppe aus drei Schwarzen und drei Braunen bildet um 1700 die *St. Galler Fassung, die sich trotz Strophenverlust regional (unter Einsatz eines Haflingers) bis zum Anfang des 20. Jahrhunderts halten kann. Die Fünfertruppe, die das Reich erobert, ist die Fassung von Guido Maria *Dreves 1885, die über *Kirchenlied 1938 und *Einheitslieder 1947 den Massenerfolg bringt. Die neu gekämmte Rappstute, der Schimmel und der Schwarzrote bilden das Lied in *Gotteslob 1 von 1975, die rückfrisierte Stute, der Schimmel und der Schwarzweiße im *Gotteslob 2 von 2013.

Ein hymnologischer Spürhund, der die Fährte von heute aus rückwärts bis zu ihrem Ursprung verfolgen will, hat einen langen Weg zurückzulegen. Er würde zuerst das neueste Einheitsgesangbuch (2013) beschnuppern, um im Vergleich mit dem von 1975 die Bestandteile ein erstes Mal voneinander zu sondern. Das neueste gibt ein deutlich anderes Bukett ab als sein Vorläufer:

***Gotteslob 2013**	***Gotteslob 1975**
Sagt an, wer ist doch diese, die *auf am Himmel geht*, die überm Paradiese als Morgenröte steht? Sie kommt hervor *von ferne*, *es schmückt sie* Mond und *Sterne* *die Braut von Nazaret.*	Sagt an, wer ist doch diese, die *vor dem Tag aufgeht*, die überm Paradiese als Morgenröte steht? Sie kommt hervor *aus Fernen*, *geziert mit* Mond und *Sternen*, *im Sonnenglanz erhöht.*
Sie ist die *reinste* Rose, ganz schön und auserwählt,	Sie ist die *edle* Rose, ganz schön und auserwählt,

die Magd, die makellose,
die sich der Herr vermählt.
O eilet, sie zu schauen,
die schönste aller Frauen,
die Freude aller Welt.

Sie strahlt im Tugendkleide,
kein Engel gleichet ihr;
die Reinheit ihr Geschmeide,
die Demut ihre Zier,
ein Blumengart, verschlossen,
mit Himmelstau begossen,
so blüht sie für und für.

die Magd, die makellose,
die sich der Herr vermählt.
O eilet, sie zu schauen,
die schönste aller Frauen,
die Freude aller Welt.

Du strahlst im Glanz der Sonne,
Maria, hell und rein;
von deinem lieben Sohne
kommt all das Leuchten dein.
Durch diesen Glanz der Gnaden
sind wir aus Todes Schatten
kommen zum wahren Schein.

*Gotteslob 2013 ist mariologisch, *Gotteslob 1975 christologisch parfümiert. *Gotteslob 2013 antwortet auf die Eingangsfrage *Sagt an, wer ist doch diese?* in Vers 1,7 mit *die Braut von Nazaret*, *Gotteslob 1975 erst in Vers 3,2 mit *Maria*. Während die *Braut von Nazaret* aktiv als Sonne am Himmel aufgeht (Vers 1,2), empfängt *Maria* ihr Licht von der Sonne passiv (Verse 1,7 und 3,1). Vier Jahrzehnte lang war Christus die Sonne; in Vers 3,3 wird er explizit als Quelle des Lichtes genannt (*von deinem lieben Sohne*). Seit 2013 hingegen übernimmt Maria die Rolle der Sonne.

So wie früher schon. Denn *Gotteslob 2013 stellt die ersten drei Strophen einer seinerzeit tief eingesungenen Fassung wieder her, die vor 1975 in allen Diözesangesangbüchern stand, weil sie 1947 zu den *Einheitsliedern der deutschen Bistümer gehört hatte. Die *Einheitslieder wiederum hatten sich aus der Fassung *Kirchenlied 1938 gespeist, die zum wichtigsten Leitfossil dieser Liedgeschichte avancierte, obgleich auch sie nur ein Patchwork ist (Text siehe Abbildung). Maria ist hier nicht nur die Sonne, sondern auch die Königin der Himmelsheere, die Lust der Heiligen, die Trösterin der Menschen, die Zuflucht der Sünder und *die beste Mittlerin*. Von Jesus ist in diesem Lied nicht erkennbar die Rede. Nicht ihm, sondern Maria übergeben wir in der fünften Strophe *Leib und Seel und Leben*.

Georg Thurmair, der Textredakteur von *Kirchenlied 1938, hat das Lied nicht erfunden, er hat es nur in dieser Gestalt durchgesetzt und

2. Sie ist die reinste Rose, ganz schön und auserwählt, die Magd, die makellose, die sich der Herr vermählt. O eilet, sie zu schauen, die schönste aller Frauen, die Freude aller Welt!

3. Sie strahlt im Tugendkleide, kein Engel gleichet ihr; die Reinheit ihr Geschmeide, die Demut ihre Zier; ein Blumengart' verschlossen, mit Himmelstau begossen, so blüht sie für und für.

4. Sie ist der Himmelsheere, der Engel Königin, der Heil'gen Lust und Ehre, der Menschen Trösterin, die Zuflucht aller Sünder, die Hilfe ihrer Kinder, die beste Mittlerin.

5. Drum fallen wir zu Füßen der Jungfrau gnadenreich und sie mit Andacht grüßen aus Herz und Mund zugleich; ihr Leib und Seel und Leben wir gänzlich übergeben zur Hut ins Himmelreich.

**Kirchenlied 1938*

massenhaft gemacht. Vorher wies es nur eine schmale Verbreitung auf. Die Quelle für *Kirchenlied ist eine Version, die Guido Maria *Dreves schuf und erstmals 1885 in seinem Gesangbuch *O Christ hie merk!* veröffentlichte. Nur an wenigen Stellen hatte Dreves die Rösser anders frisiert als Thurmair. In Vers 2,7 heißt es bei ihm *Die Frau der ganzen Welt*, was Thurmair in *die Freude aller Welt* umkämmte. Auch *der Menschen Trösterin* (4,4) ist ein Eingriff Thurmairs – bei Dreves steht prächtig und respektgebietend *Der Menschen Kaiserin*. Thurmair hat an diesen zwei Stellen eine Entmonumentalisierung vorgenommen.

Auch *Dreves hat Quellen verwendet. Er nennt sie selbst im Anhang seines Gesangbuchs; es sind zwei Lieder aus zwei Gesangbüchern. Das eine ist *Sagt mir, wer ist doch diese*, enthalten in *St. Gallen 1705 (auch

*St. Gallen 1769, gekürzt und, mit «Haflinger», *St. Gallen 1887, hier zitiert nach *Kempten 1713) – es besteht aus sieben Rappen. Das andere ist *Ave, salve, salveto* aus *Mainz 1762 – bestehend aus neun Braunen und drei Rappen. Die erste Strophe hat Dreves aus der St. Galler Tradition genommen und mit neuen Wohlgerüchen ausgestattet. Von Dreves stammt das *Sagt an* anstelle von *Sagt mir*, von ihm werden ferner die für das Lied atmosphärisch so wirksamen Wendungen von der Morgenröte über dem *Paradiese* und der *Braut* von Nazaret eingebracht:

***Dreves 1885**	***Kempten 1713**
Sagt an, wer ist doch diese,	*Sagt mir*/ wer ist doch diese/
die *auf am Himmel geht*,	Die *glantzend herfür geht*/
die überm Paradiese	*Daß ich den Nahmen wisse*/
als Morgenröte *steht*?	*Sie gleicht der* Morgenröth/
Sie kommt *hervor* von *ferne*,	Sie kommt *herauff* von *fernen*,
es schmückt sie Mond und *Sterne*,	*Geziert mit* Mond und *Sternen*,
die Braut von Nazaret.	*Findt Ruh zu* Nazareth.

Hier stellt ein Anonymus staunend eine Frage und erwartet von den Versammelten eine Antwort: *Sagt mir*, bittet er, oder *Sagt an*, vermeldet, verkündet es, wer diese rätselhafte Figur am Himmel ist. Wer ist diese, die heraufkommt wie die Morgenröte, schön wie der Mond, auserwählt wie die Sonne? Diese Erstaunliche, so lautet die Antwort, ist die Braut von Nazaret, die reinste Rose, die makellose Magd. Die Sprechenden fordern einander deshalb auf: *O eilet, sie zu schauen*. Sie sei der Engel Königin und der Sünder Zuflucht. Darum, so folgern alle zusammen in der letzten Strophe, *fallen wir zu Füßen/ der Jungfrau gnadenreich*.

Dreves hat ein geschlossenes poetisches Gebilde geschaffen, obgleich die einzelnen Bauelemente seines Texts recht verschiedener Herkunft sind. Aus der vierten Strophe der St. Galler Fassung entnahm er den dreizeiligen Abgesang, allerdings nicht unverändert. Er ersetzt die gereiften *Früchte* der jungfräulichen Empfängnis durch immerwährendes *Blühen*, verschiebt also das metaphorische Klima vom Herbstlichen ins Frühlingshafte:

ein *Blumen*gart, verschlossen, mit Himmelstau begossen, *so blüht sie für und für.*	Ein Garten *bleibst* verschlossen/ Mit Himmels-Thau begossen/ *Der gut Frücht bringen wird.*

Für seine zweite und die erste Hälfte seiner dritten Strophe (den «Schimmel» und den «Schwarzweißen») gibt es ansonsten keine Vorlagen, sie sind Eigenanfertigungen, obgleich Dreves sich an bekannte Standards der Marienverehrung hält. Für die vierte und fünfte Strophe bedient er sich dann bei der sechsten und siebten des Liedes *Ave, salve, salveto*, das er im Mainzer Cantual von 1762 gefunden hat (hier zitiert nach *Mainz 1755, in der Mainzer Tradition seit *Mainz 1683 belegt), holt sich also zwei «Braune»:

***Dreves 1885**	***Mainz 1754**
Sie ist *der Himmelsheere,* Der Engel Königin, Der Heil'gen *Lust und* Ehre, Der Menschen Kaiserin; *Die* Zuflucht aller Sünder, *Die* Hilfe ihrer Kinder, *Die beste* Mittlerin.	*Du* bist *des Himmels Ziere,* der Engel Königin: Du bist der Heiligen Ehre, der Menschen Kayserin. *Ein* Zuflucht aller Sünder, *ein* Hilff der *Menschen*-Kinder, *ein wahre* Mittlerin.
Drum fallen wir zu Füßen Der *Jungfrau* gnadenreich, Und *sie* mit Andacht grüßen Aus Herz und Mund zugleich; *Ihr* Leib und Seel' und Leben, Wir gänzlich übergeben *Zur Hut ins Himmelreich.*	Drum fall'n wir *dir* zu Füßen, O *Mutter* gnadenreich, und *dich* andächtig grüßen mit Hertz und Mund zugleich. *Unser* Leib und Seel und Leben, wir *dir* gantz übergeben, *jetzt und zu aller Zeit.*

Guido Maria Dreves

Was leitete diesen Mann? Die Schrift *Ein Wort zur Gesangbuch-Frage* gibt Auskunft. Mit ihr reagierte Dreves 1884 auf die katholische Aufklärung, die gesangbuchgeschichtlich seit ungefähr 1770 mehr als ein ganzes Jahrhundert bestimmte, aber heute vergessen ist, weil der Pinsel ei-

Heinrich Bone, Joseph Mohr

ner erfolgreichen Restauration sie übermalt hat. Aus der Einleitung sticht ein programmatischer Satz hervor:

> Dieselbe schale Aufklärung, die unsere gothischen Dome für Ausgeburten barbarischer Geschmacksverirrung erklärte, die mit ihrem zopfigen Wuste unsere ehrwürdigen Münster prostituirte, die an tausend Denkmale altdeutscher Herrlichkeit ihre pietätslosen Hände legte, um rechtwinklige ABC-Städte und würfelige Wohnkästen an deren Stelle zu setzen, dieselbe Aufklärung des achtzehnten saeculi hat auch – vielfach nicht ohne Gewaltmaßregeln – unserem Volke die herrlichen Gesangbücher, die es von frommen Ahnen ererbt hatte, aus den gefalteten Händen gerissen, um an Stelle der kernigen, glaubensinnigen Ergüsse zarter und doch so gesunder Frömmigkeit die nüchternen Reimereien und hohlen Declamationen josephinistischer Domherren oder Nicolai'scher Federfuchser einzudrängen.

Guido Maria Dreves SJ (1854–1909) war nach Heinrich Bone (1813–1893), dem Pionier, und Joseph Mohr SJ (1834–1892), dem Popularisator, der dritte große Kirchenliedrestaurator des 19. Jahrhunderts. Alle drei gehören geistesgeschichtlich zur Romantik und hängen am Schlepptau jener großen Bewegung, die sich schon des Volkslieds, der Märchen und der Sagen angenommen und dabei Verfahren entwickelt hatte, die einen Volkslied-, Sagen- und Märchenton intellektuell zu erzeugen vermochten. Das wirkliche «Volk» brauchten sie dazu gar nicht oder kaum. Streng genommen waren die «Volks»-Lieder Kunstlieder und die Volksmärchen Kunstmärchen. Dreves redet zwar viel vom Volk, aber er ist natürlich ein Gelehrter und verhält sich genau so wie einst Achim von Arnim und Clemens Brentano, als sie *Des Knaben Wunderhorn* erschufen. Er fragte das Volk nicht, als er im alten St. Galler Gesangbuch die Wendung *Sagt mir* fand. Er machte eigenmächtig *Sagt an* daraus, weil das romantischer klingt. Er entfernt das sprechende Ich zugunsten eines anonymen Raunens. In der archaischen Wendung schwingt der Legenden-, Sagen- und Märchenton an, den die Romantik kultivierte.

Dreves kombiniert geschickt Bruchstücke aus alten Liedern mit eigenen Ideen und bringt ein gutes Gedicht zustande. Den Kitt liefert die Romantik. *Sagt an, wer ist doch diese* ist ein Lied des 19., nicht des 17. Jahrhunderts. Es ist so wenig barock wie eine neugotische Kirche gotisch ist. Es ist gekonnt auf alt gemacht. Die *Braut* von *Nazareth*, die als *Morgenröte* überm *Paradiese* steht, montiert lauter alte Flicken zu einem neuen Stoff zusammen. Das «Paradies» kommt aus dem Buch Genesis, die «Braut» und die «Morgenröte» kommen aus dem Hohen Lied, «Nazareth» als Schauplatz des Verkündigungsgeschehens kommt aus dem Lukasevangelium. Dreves wußte, was er tat. Das Flicken sei ein notwendiges Übel, sagt er in seiner Gesangbuchschrift, «stets wird Alles darauf ankommen, daß gut geflickt werde»:

> Ist das Flicken einmal nicht zu vermeiden, so setze nicht ein neues schimmerndes Stück auf ein altes abgetragenes Kleid, sondern flicke nach bestem Vermögen so, daß man den Fleck möglichst wenig sieht. So flickt die Natur, sie heilt ihre Nähte zu.

Das stimmt für *Sagt an* im großen Ganzen, sofern Dreves einem dahinkümmernden Liedgebilde überhaupt erst eine gültige Gestalt gegeben hat. Die meisten Wundnähte sind in der Tat verheilt. Einige Narben aber wollen nicht aufhören zu bluten, weil sie immer wieder geöffnet werden.

Ein Brautlied auf Mariae Geburt

Dreves wußte gar nicht, daß den beiden Liedern, die er als Vorlage benützt hat, eine gemeinsame Quelle zugrunde liegt: Das **Epithalamium Marianum* (= Marianisches Brautlied) des Johannes Khuen, eine Sammlung von zwölf Liedern, die in der ersten von mehreren folgenden Auflagen 1638 in München erschien und mit *Prag 1655 gleich eine Gesangbuchkarriere begann, in der anfangs noch alle zehn Rappen gemeinsam unterwegs sind. Mit *Sagt mir/ wer ist doch dise* beginnt bei Khuen die zweite Strophe des zweiten Liedes, das unter *Ortus Mariae* rubriziert ist, also zu Mariä Geburt gesungen werden soll:

Epithalamium
MARIANVM
Oder
Tafel Music/
Deß himlischen Frawen-
zimmers / mit newen geistlichen
Gesänglein gezieret / vnd allen Liebha-
bern der Erbaren / vnd Verfolgern der
vnerbaren / schändlichen Liedern zu
Nutz vnd Trost in Truck
verfertigt.
Getruckt zu München / Bey
Niclas Hainrich.
M. DC. XXXVIII.

München 1638

1.
O Gnadenreiche Zeiten/
        O gnadenreiche Post!
O Zeitung voller Freuden/
        O freudenreicher Trost!
Der Tag ist endtlich kommen/
Der so vil bey den Frommen
        Hat tieffe Seuffzer kost.

2.
Sagt mir/ wer ist doch dise/
        Die glantzent herfür geht?
Daß ich den Namen wisse/
        Sie gleicht der Morgenröth/
Sie kommt herauff von feren/
Geziert mit Mon und Steren/
        Findt Ruhe zu Nazareth.

3.

Der Schönheit ein Spectackel/
Die Schönheit aller Welt/
Ein Spiegel ohne Mackel
Wird hiermit fürgestellt/
Darumb kombt ihr Junckfrawen/
Könt euch hierinn beschawen/
Der Spiegel gwiß nit fählt.

4.

Alles ihr thun und lassen/
Ist schön im höchsten Grad/
Gar nichts an ihr zu hassen/
Dieweil sie voll der Gnad/
Vor allen außerwöhlet/
Sie für ein Wohnung gfellet
Dem /ders erschaffen hat.

5.

Es wird an dir kein Flecken/
Kein Mackel nit gespürt/
In Himmels Apotecken/
Bist worden balsamirt/
Ein Garten bleibst verschlossen/
Mit Himmels Thaw begossen/
Der gut Frücht bringen wird.

6.

Die Welt im Wuest versencket/
Lag in der Höllen grundt.
Ein mittel wurdt erdencket/
Das reichlich helffen kundt:
Maria die kund hailen/
Ihr Gnad zugleich erthailen/
Daß wir all wurden gsundt.

7.

Deß Glantz die klare Sonnen
Nit gnießen wolt allein/
Sie scheint mit Freud und Wohnen

Ins Menschen Hertz hinein/
Durch disen Glantz der Gnaden/
Seynd wir auß Todes Schatten
Kommen zum wahren schein.

8.
O glantzender Carfunckel
Vor andren Stainen gleist!
Vor nider/ schlecht/ und dunckel/
Wirst jetzund hoch gepreist/
Gott Vatters Tochter bistu/
Gott Sohns ein Mutter Jesu/
Dein Gsponß der heilig Geist.

9.
O Tempel voll der Ehren/
Junckfräwlicher Pallast!
Da kann man hülff begeren/
Wo selbst die Gottheit rast.
Ihr Menschen seyd geladen/
Hie steht die Port der Gnaden/
Kein Menschen sie verlast.

10.
Kombt her ihr Alt und Jungen/
Mariae falt zu Füeß/
Dann vnder ihrer Zungen/
Ist Milch vnd Honig süeß.
Zu dir wir Zuflucht haben/
Maria kanst vns laben/
Auff vns ein Tröpflein gieß.

Das Lied spricht in Rätseln und seltenen Metaphern. Der Tag ist endlich da, verkündet adventlich Strophe 1, meint aber nicht Weihnachten, sondern den Tag der Geburt Mariae, die gleichgesetzt wird mit jener mythischen Schönen aus dem Hohen Lied, die der Morgenröte, dem Monde und der Sonne gleicht (Hld 6,10). Sie erscheint am Himmel in ihrer feierlichsten Gestalt, so wie in der Geheimen Offenbarung visionär geschaut: «mit der Sonne bekleidet, der Mond war unter ihren Füßen und ein Kranz von zwölf Sternen auf ihrem Haupt» (Offb 12,1). Von fernher kommt sie in all ihrer kosmischen Grandiosität, um dann auf Menschenformat zu schrumpfen und bei einem Bauhandwerker in Nazareth ihren Wohnsitz zu nehmen (Strophe 2). Gott hat sie mit einer Schönheit ausgestattet, die das Maß aller Schönheit überhaupt ist (3), was die Voraussetzung dafür ist, daß es Gott gefallen hat, gerade in ihr als Mensch zur Welt zu kommen (4). Sie bleibt dennoch Jungfrau, kein Flecken ist an ihr (Hld 4,7), eine Braut ist sie (Hld 4,8) und trotzdem ein verschlossener Garten (Hld 4,12); der Tau (Hld 5,1), mit dem sie befruchtet wird, ergießt sich in ihren Schoß, ohne die üblichen Tore zu passieren (5). Der Garten bringt gute Frucht, Heilmittel für die wüste, in der Hölle versunkene Welt. Maria macht alle Menschen gesund – das erste Mal fällt ihr Name (6). Das Heilmittel ist Jesus, dessen Glanz die Sonne Maria nicht für sich behalten und nicht allein genießen will. Mit Freude und Wonne (bairisch «Wohne») scheint sie vielmehr ins Menschenherz hinein und bringt den *wahren Schein* dorthin, nämlich Christus, der des *Todes Schatten* besiegt hat (7). Maria als Sonne, Christus als Schein – die Bilder konkurrieren und es bleibt theologisch zweideutig, welchem der höhere Rang zukommt. Literarisch gebührt er jedenfalls Maria. Sie glänzt und gleißt wie ein Karfunkel. Ihr gilt die O-Anrede und der trinitarische Lobpreis als Tochter des Vaters, Mutter des Sohnes und Braut des Geistes (8). Im jungfräulichen Palast, dort, wo sogar Gott selber rastet, in ihrem Schoß können die Menschen Hilfe erwarten (9), Labung mit der Milch und dem Honig unter ihrer Zunge, dem ihre Lippen gleichen (Hld 4,11). Milch und Honig sind zugleich die Nahrung des verheißenen Landes (Ex 3,8), an das Khuen erinnert mit der abschließenden Bitte: *Auf uns ein Tröpflein gieß* (10).

Das Tuscheln der Kebsweiber

Die gehäuften Zitate aus dem Hohen Lied des Königs Salomo (Hld 1,1) weisen auf den ausschlaggebenden alttestamentlichen Bezugstext hin, von dem sich auch die Kommunikationslogik herschreibt. Maria ist ty-

Maria und Sulamith

pologisch zu verstehen als eine andere Sulamith. Sie «ist», den alttestamentlichen Typus wiederholend, die neue Geliebte des Königs, die alle bisherigen in den Schatten stellt. Von ihr singen und sagen sie alle am Hofe. König Salomo hatte Frauen in Menge, «sechzig sind der Königinnen Zahl und achtzig der Kebsweiber» («reginae» und «concubinae»), dazu zahllose junge Mädchen («adulescentularum non est numerus», Hld 6,8), aber die eine übertraf sie alle. Deshalb tuscheln die Unterlegenen bewundernd und ein wenig neidisch: «Wer ist die, die hervorbricht wie die Morgenröte, schön wie der Mond, auserwählt wie die Sonne?» (Hld 6.10) Das Tuscheln der Kebsweiber ist der ursprüngliche Kommunikationsraum, in dem das Frage-Antwort-Spiel stattfindet. Freilich überlagern spätere religiöse Deutungsgewohnheiten und andere Typologien diese ursprüngliche Logik. Die sinnlichen Kontexte der Liebe von Salomo und Sulamith werden gewohnheitsmäßig wegallegorisiert.

Johannes Khuen

Ausnahmsweise – das ist selten bei einem katholischen Kirchenlied des 17. Jahrhunderts – haben wir einen gesicherten Verfasser. Das hängt damit zusammen, daß das *Epithalamium marianum* für einen weltlichen Anlaß geschrieben ist: als verspätete Gratulation zu einer sehr großen Hochzeit. Maria Anna, Erzherzogin von Österreich und Tochter des Kaisers Ferdinand II., heiratete am 15. Juli 1635 Kurfürst Maximilian I. von Bayern. Der Gratulant Johannes Khuen war Kaplan an St. Peter in München, in Fußgängerentfernung von der Residenz, und stand offenbar dem Hofe nahe. Maria Anna zu Ehren schreibt er seinen marianischen Brautgesang. Geschickt mit dem Doppelsinn spielend läßt er es zu, daß die Herzogin mit der Gottesmutter, die Gottesmutter mit der Herzogin verwechselt wird. Den Anstoß zur Fertigstellung der zwölf Gesänge gab Maria Annas Schwangerschaft. Sie erlaubte Khuen eine weitere geistlich-weltliche Zweideutigkeit. Er beschließt seine (lateinische) Widmung mit dem Wunsch, bald verkünden zu dürfen «quod olim de Filio Mariae, Annae Nepote vsurpauit diuinus Vates» (was einst der göttliche Seher über den Sohn der Maria, den Enkel der Anna verkündet hat), daß ein Erbprinz geboren sei, von dem man sagen könne: «Paruulus natus est nobis & Filius datus est nobis, & vocabitur nomen eius Princeps Pacis» (ein Kind ist uns geboren und ein Sohn uns gegeben, und Friedensfürst wird er genannt werden). Die Stelle findet sich bei Jesaias (das ist der «göttliche Seher») im 9. Kapitel, Vers 6. Khuen will also die alttestamentliche Messiasverheißung auf den erwarteten Erbprinzen von Bayern übertragen – ein wenig augenzwinkernd und diplomatisch-schmeichelhaft, aber doch auch hoffnungsvoll und träumerisch, man steht mitten im Dreißigjährigen Krieg und ein Friedensfürst war erwünscht. Khuen übergibt sein *Epithalamium* der Widmung zufolge am 15. August 1636. Im Druck erschienen ist es dann erst 1638 und hatte so großen Erfolg, daß Khuen sich zum Weiterdichten ermutigt fühlte. 1644 erschien das *Epithalamium* in vierter, auf 500 Seiten angeschwollener Ausgabe, 1659 in fünfter und enthält nicht mehr zwölf, sondern hundert Gesänge. Die ursprünglichen zwölf sind noch erkenn-

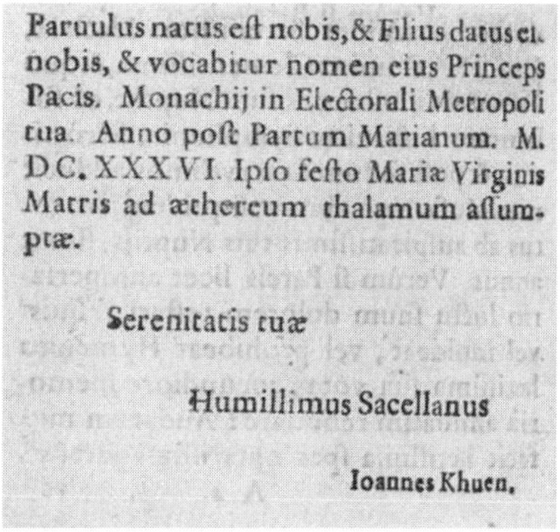
Paruulus natus eſt nobis, & Filius datus eſt
nobis, & vocabitur nomen eius Princeps
Pacis. Monachij in Electorali Metropoli
tua. Anno poſt Partum Marianum. M.
DC. XXXVI. Ipſo feſto Mariæ Virginis
Matris ad æthereum thalamum aſſum-
ptæ.

Serenitatis tuæ

Humillimus Sacellanus

Ioannes Khuen.

Ein Kind ist uns geboren, und ein Sohn ist uns gegeben, und er wird Friedensfürst genannt werden. In Eurer Kurfürstlichen Hauptstadt München. An Mariae Geburt im Jahre 1636, jenem Fest der Aufnahme der Jungfrau und Mutter Maria in das himmlische Brautgemach.

Eurer Durchlaucht
allergeringster Kaplan
Johannes Khuen

bar, aber eingreifend umgearbeitet, auch die beiden Lieder, aus denen *Sagt an, wer ist doch diese* entstand. *Sagt an* wird nicht von den späten Auflagen des *Epithalamiums* gespeist, sondern zweigt aus der Erstausgabe von 1638 ab. Die seit *St. Gallen 1705 übliche heutige Melodie stammt nicht von Johannes Khuen, in dessen Drucken dem Lied eine andere Weise zugeordnet ist. Eine wieder andere Melodie verwendet *Prag 1655, so daß man annehmen muß, daß die St. Galler Weise sich das Lied erst in der zweiten Hälfte des 17. Jahrhunderts erobert hat.

Fanfarenstöße

Die Melodie paßt perfekt zur Kanzonenform der Strophe. Deren Reimschema ist abab ccb. Auf zwei gleich gebaute Stollen als Aufgesang (Verse 1–2, 3–4) folgt ein dreizeiliger Abgesang (Verse 5–7), dessen Schlußreim den Schlußreim der Stollen aufnimmt und so die Strophe kunstvoll abschließt. Die ersten und dritten Zeilen jeder Strophe beginnen und enden musikalisch mit dem Grundton und entfernen sich nie weit von ihm. Das ist wie sanft gewelltes Land und hat etwas ruhig Erzählendes. Dahinein fahren die zweiten und vierten Zeilen wie Fanfarenstöße – *die auf am Himmel geht – als Morgenröte steht – ganz schön und auserwählt – kein Engel gleichet ihr.* Sie sind wie glänzende Schneegipfel im grünen Hügelland, wie blaue Scheiben im grauen Himmel, wie Sterne in der Nacht.

Im Abgesang verebbt die große Bewegung allmählich. Er geht in drei Stufen treppab, wobei die unterste den tiefsten, die oberste noch einmal den höchsten Ton bringt. Der Text bedient diesen höchsten Ton getreu mit großen Vokabeln: *Sie* ***kommt****, O* ***ei****-let, ein* ***Blu****-men-gart, die* ***Zu****-flucht, ihr* ***Leib****.* Die epische Grundanlage und die Fanfarenpracht, die das gewöhnliche Leben veredelt und festlich schmückt (die gewöhnliche Menschheit durch Maria veredelt und festlich schmückt), machen die Unvergeßlichkeit dieser Weise aus.

Jungfräulichkeit

Ave, salve, salveto,
Fürstin Jerusalem/
Ein Gräfin zu Laureto
Freyfrau zu Bethlehem/

– so beginnt die letzte Strophe des dritten Gesangs im *Epithalamium* von 1638, aus der sich später, wie schon erwähnt, ein eigenes Lied entwickelt. Fürstin, Gräfin, Freifrau – erkennbar ist hier, daß Khuen Maria gleichermaßen zum hohen, mittleren und niederen Adel zählt, womit eine Unübertrefflichkeit ausgedrückt wird; überall ist sie die höchste. Zu den heiligen Städten Jerusalem und Bethlehem, deren Herrscherin sie ist, kommt «Laureto» (Loreto), ein Marienwallfahrtsort in Italien, wo nicht nur die Lauretanische Litanei entstanden sein soll, sondern wohin der Sage nach Engel das Haus der Heiligen Familie verbracht hatten, nachdem die heiligen Stätten unerreichbar geworden waren, weil das Heilige Land endgültig dem Islam zugefallen war. An vielen Stellen des katholischen Deutschlands entstanden damals Loretokapellen, kleine Räume mit Tonnendach und einem einzigen, dem Engelsfenster, durch das Gabriel gekommen sei, um Maria die Botschaft zu bringen – so die Vorstellung. Die Zeugung Jesu in einer Jungfrau war zwar eine alte Botschaft, wurde in der Zeit der Gegenreformation aber verstärkt als innerste Mitte des Katholischen gepflegt. Da war ein Geheimnis, das schon seit vielen Jahrhunderten die Poesie inspirierte. Ganz unabhängig davon, ob man die theologischen Voraussetzungen teilt, muß man einge-

Engelsfenster einer Loretokapelle

stehen, daß in diesem Bereich sehr starke Bilder auftauchen. Ephräm der Syrer, ein Kirchenlehrer aus dem vierten Jahrhundert, singt preisend:

Großes Staunen, meine Geliebten,
daß einer die Wunder betrachte, wie Gott herabstieg
und im Mutterleib Wohnung nahm, und wie jene göttliche Wesenheit
das Kleid eines Menschen annahm und neun Monate im Mutterleib
ohne Widerwillen wohnte, und wie der Mutterleib aus Fleisch die Flamme
tragen konnte, und wie die Flamme gewohnt hat
im feuchten Schoß, ohne daß er verbrannte!
Wie der Dornbusch am Horeb
Gott in der Flamme trug, so trug Maria
Christus in ihrer Jungfräulichkeit.

Auch für Johannes Khuen spielte die Jungfräulichkeit der schönen Mutter eine eminente Rolle. Seine Gedanken zu diesem Thema illustriert der erste Gesang des Epithalamiums (*Drey Göttinn waren fürgestellt*). In diesem ersten Gesang stellt Khuen eine ganze Anzahl Frauen vor, um sie dann durch Maria zu überbieten. Vielleicht hat er Sulamith und Sa-

Wie hätte Adam entschieden?

lomos Harem noch im Sinn, aber er zieht den Wettbewerb auf eine neue Weise auf. Er beginnt mit dem Urteil des Paris, der noch einmal der Schönsten – Aphrodite, Athene oder Hera – den goldenen Apfel reichen soll. Dann wird das Motiv herübergebogen ins Alte Testament. Nicht mehr Paris soll entscheiden, sondern Adam: Nacheinander werden ihm Eva, Sara, Rebecca, Judith, Esther und Susanna vorgeführt, alle sind sehr schön, aber alle sind auch in Untaten verstrickt. Hinreißend muß Gottes Braut zwar sein, aber sie darf niemanden zum Bösen verführen. Die Liebe zu ihr muß keusch sein, trotz aller Faszination:

> Liebreich zwar Gottes Braut seyn kann/
> Die bald entzündet jederman/
> Doch wer sie nur anblicken wirdt/
> Wird's lieben keusch/ wie sichs gebürt.

Anna, Marias Mutter, wird in der Schönheitskonkurrenz als nächste genannt. Aber sie nimmt sich selbst aus dem Rennen, weil sie schon zu alt ist. Anna folgert: *Für GOtt ein Junckfraw sich gebürt/ An Seel vnd Leib sehr hoch geziert.* Sie findet, *kein Matron* sei des Gottesplans würdig. Als das alles klargestellt ist: daß es eine schöne Jungfrau sein muß, die keusche Liebe entzündet, aber zur Mutterschaft willig ist, kommt die Lösung: Maria ist die Richtige. Sie wird groß angekündigt mit der ersten Strophe des zweiten Gesangs, mit der *Zeitung voller Freuden* und der *gnadenreichen Post.* Und dann erst kommt *Sagt mir, wer ist doch diese.* Vorhergegangen ist eine Überbietungskette. Warum schlägt Maria alle anderen Frauen? Nicht wegen ihres sozialen Rangs, obgleich sie Fürstin ist. Nicht wegen ihrer Tugend, obgleich diese makellos ist. Nicht wegen ihrer Schönheit, obgleich sie die Schönste von allen ist, von ihrem ausdrucksvollen Gesicht über ihre weich fließende Figur bis zu den wohlgeformten Füßen.

Raffael,
Sixtinische Madonna

Sie ist attraktiv, ja, auch körperlich. Aber zu all dem kommt etwas Entscheidendes dazu. Das Geheimnis ihres Rangs, ihrer Tugend und ihrer Schönheit ist die Jungfräulichkeit. Die Jungfräulichkeit ist das entscheidende Plus, das sie hinaushebt über all die hohen Frauen des Mythos und der Gesellschaft. Da steht sie mit ihrem Kind auf dem Arm, mit den bloßen Füßen und dem unergründlichen Blick.

Das Geheimnis ihrer Jungfräulichkeit ist ein Heiligenschein für ihren

Sohn. Um seinet-, nicht um ihretwillen ist es da. Gottes Sohn muß eine besondere Herkunft haben. Das ist der Sinn der Jungfräulichkeit, der für den Glauben und die Kultur auch dann bestehenbleibt, wenn man mit wissenschaftlicher Ungerührtheit dem historischen Jesus einen irdischen Vater zuschreibt. Darum geht es nicht. Es geht darum, das arme Menschliche zu erweitern und zu bereichern um eine göttliche Dimension. Die keusche Mutter ist eine Metapher für das Göttliche im Menschen – für ein Unmögliches und Wunderbares, das ihm die Kraft gibt, seiner vielfältigen Elendsverhaftung zu trotzen – wenigstens in einzelnen heiligen Momenten. Sie ist ein Geheimnis, das weitet und befreit und des Menschen Sehnsucht nach oben spannt, auf daß er nicht nur das Glück seines Leibes suche, sondern auch das seiner Seele.

Sie ist darüberhinaus ein Faustpfand der Unsterblichkeit. Sie bezieht sich nicht nur auf den einen heiligen Moment der Empfängnis, sondern auch auf den Tod. Die Lehre, daß Maria leiblich in den Himmel aufgenommen wurde, hat ihren eigentlichen Grund in der Jungfräulichkeit. Johannes Damascenus, ein Kirchenlehrer des achten Jahrhunderts, erläutert: «Denn wie bei der Geburt ihre Jungfrauschaft unversehrt blieb, so wird beim Scheiden ihr Leib vor der Verwesung bewahrt.» Auch er zitiert das *Quae est ista, quae progreditur quasi aurora consurgens*, und antwortet mit immer wachsender Begeisterung:

> Der König hat dich in sein Schlafgemach eingeführt, wo Gewalten dich bewachen, Herrschaften dich preisen, Throne dich feiern, die Cherubim in Freuden jauchzen, die Seraphim dich verherrlichen, dich, die du der Natur und Wahrheit nach die Mutter ihres Herrschers geworden. Nicht wie Elias bist du in den Himmel eingegangen, nicht wie Paulus bis in den dritten Himmel entrückt worden; du bist vielmehr bis zum königlichen Thron deines Sohnes selbst vorgedrungen, wo du mit eigenen Augen voll Freude zusiehst und in großer und unbeschreiblicher Hoheit dastehst, für die Engel und alle die überweltlichen Mächte eine unsagbare Wonne, für die Patriarchen ein endloser Jubel, für die Gerechten eine unaussprechliche Freude, für die Propheten ein unaufhörliches Frohlocken, ein Segen für die Welt, eine Heiligung des Alls, Erquickung für die Matten, Tröstung für die Trauernden, Heilung für die Kranken, ein Hafen für die Gefährdeten, Verzeihung für die Sünder, linderndes Labsal für die Bedrückten, schnelle

Hilfe für die Bittenden. Deine Seele ist nicht hinabgestiegen in die Unterwelt, und dein Fleisch hat keine Verwesung geschaut. Dein unbefleckter und gänzlich makelloser Leib wurde nicht auf Erden zurückgelassen. Die Königin, die Herrin und Herrscherin, die Gottesmutter und wahre Gottesgebärerin ist in die königlichen Paläste der Himmel versetzt worden. O wie hat der Himmel sie aufgenommen, sie, die größer war als die Himmel!

Quellenverzeichnis

Epithalamium MARIANVM Oder Tafel Music/ Deß himmlischen Frawenzimmers/ mit newen geistlichen Gesänglein gezieret/ vnd allen Liebhabern der Erbaren/ vnd Verfolgern der vnerbaren/ schändlichen Liedern zu Nutz vnd Trost in Truck verfertigt. München: Niclas Hainrich 1638. Am Ende der lateinischen Vorrede nennt sich «Joannes Khuen» (andernorts auch «Kuen»). Das Notenblatt (mit der heute üblichen Melodie), das im Exemplar der Bayerischen Staatsbibliothek eingeklebt ist, ist erst viel später beigefügt worden. [BSB München].

Epithalamium MARIANVM Tafel Music/ Frewdenfest/ vnd Lustgarten MARIAE Der hochgebenedeyten Himmel-Königin/ vnd dero gantzen Himmlischen Frawenzimmer. Zu sondern Ehren auß Sechs vnnd neuntzig newen Geistlichen Gesängern zusammen geschriben. Männiglich zu gutem/ sonderlich denen Liebhabern der Music/ Zu trostreichen recreation mit fleiß vbersehen/ vnd das vierdtemal in Truck verfertigt. München Melchior Segen 1644. [Johannes Khuen]. [BSB München].

MARIANVM EPITHALAMIVM. Tafel Music/ Ehren-Mahlzeit/ Lust-Garten/ vnd Bluemen-Feld 2c. Dem Bräutigamb der Seelen JESV CHRISTO Der Jungfräwlichen Mutter Gottes MARIAE. Der hochgebenedeyten Anfraw deß Sohns Gottes ANNAE. Dann auch dero gantzen Himmelischen Frawen-Zimmer/ auß hundert geistlichen Gesänglein zusamb geschriben/ mit lieblich/ newen Melodeyen geziert/ vnd zum fünfftenmahl in Truck verfertiget worden. München: Johann Jäcklin 1659. [Johannes Khuen]. [BSB München].

*Prag 1655, *Mainz 1683, *Mainz 1755, *Mainz 1762, *St. Gallen 1705, 1769, 1887, *Kempten 1713, *Kirchenlied 1938, *Einheitslieder 1947, *Gotteslob 1, *Gotteslob 2, *Dreves 1885

Guido Maria Dreves: Ein Wort zur Gesangbuchfrage. Zugleich Prolegomena zu einem Büchlein geistlicher Volkslieder. Freiburg: Herder 1884. Die zitierten Stellen finden sich auf den Seiten 8 und 81.

Rebecca Schmidt: Gegen den Reiz der Neuheit. Katholische Restauration im 19. Jahrhundert. Tübingen: Francke 2005 (=Mainzer Hymnologische Studien 15). Dort S. 22–70 Näheres über Bone, Mohr und Dreves.

Wilhelm Nyssen: Maria, geisterfüllte Kirche. Mainz: Matthias Grünewald-Verlag 1979. Dort wird S. 36 Ephräm der Syrer, S. 92/95 Johannes Damascenus zitiert.

Wunderschön prächtige

Edition

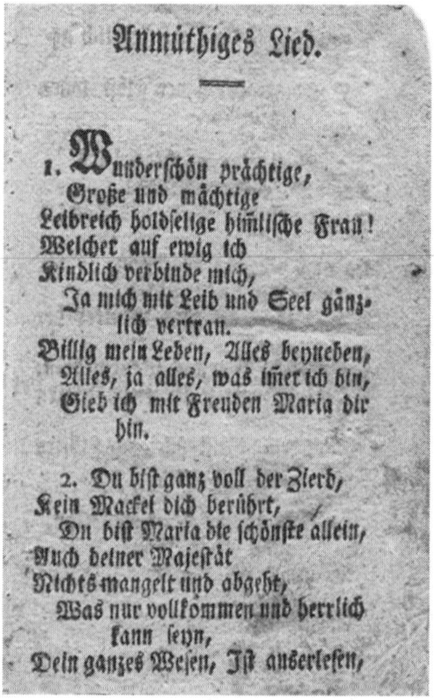
Anmüthiges Lied.

1. Wunderschön prächtige,
Große und mächtige
Leibreich holdselige hīmlische Frau!
Welcher auf ewig ich
Kindlich verbinde mich,
Ja mich mit Leib und Seel gänz-
lich vertrau.
Billig mein Leben, Alles beyneben,
Alles, ja alles, was īmer ich bin,
Gieb ich mit Freuden Maria dir
hin.

2. Du bist ganz voll der Zierd,
Kein Mackel dich berührt,
Du bist Maria die schönste allein,
Auch deiner Majestät
Nichts mangelt und abgeht,
Was nur vollkommen und herrlich
kann seyn,
Dein ganzes Wesen, Ist auserlesen,

Liedflugblatt, urtextnah, undatiert

1.
Wunderschön prächtige,
große und mächtige,
liebreich holdselige himmlische Frau!
Welcher auf ewig ich
kindlich verbinde mich,
ja mich mit Leib und Seel gänzlich vertrau.
Billig mein Leben,
alles beineben,
alles, ja alles, was immer ich bin,
geb ich mit Freuden, Maria, dir hin.

2.
Du bist ja voller Zierd,
kein Makel g'funden wird,
du bist Maria, die schönste allein!
Auch deiner Majestät
nichts mangelt und abgeht,
was nur vollkommen und herrlich kann sein!
Dein ganzes Wesen
ist auserlesen;
du bist, o Jungfrau, so herrlich gemacht,
daß dich Gott seiner selbst würdig geacht.

3.
Weil du ganz makellos,
hat dich, o schönste Ros,
der himmlisch Vater sein Tochter genennt.
Ja auch der göttlich Sohn
in seinem höchsten Thron
sich zu dir als seiner Mutter bekennt.
Endlich die Ehren
noch zu vermehren,
hat dir als seiner erwähltesten Braut,
der heilig Geist sich ja selbsten vertraut.

4.
Den ganzen Himmelsbau,
nach Gott, o große Frau,
ganz majestätisch, wie billig regierst.
Du bist die Königin,
du bist die Herrscherin
Himmels und Erden, den Zepter du führst.
Der Engel Scharen
dein Lob nicht sparen,
singen, frohlocken mit fröhlichem Schall,
dir als der Meisterin huldigen all.

5.
Die Sonn bekleidet dich,
es unterwirfet sich
zu deinen Füßen der silberne Mon.

Kein Unvollkommenheit
mindert dein Herrlichkeit;
um dein Haupt machen die Sterne ein Kron.
Alles was lebet,
alles was schwebet,
alles was Himmel und Erden schränkt ein,
muß deiner Majestät Untertan sein.

6.
Gott dich erwählet hat
zu einer Zufluchtsstatt
allen Bedrängten und Sündern insg'mein;
du bist die Helferin,
du bist die Retterin,
so groß nur immer der Jammer mag sein.
Von allen G'fahren
kannst du bewahren;
ein ganzes Kriegsheer vertilget gar bald
dein unumschränkte und himmlische G'walt.

7.
In diesem Jammertal
seufzen wir allzumal
zu dir, o Jungfrau, in Elend und Not.
Maria, du allein
wollst unsre Mutter sein,
wann die Seel scheidet vom Leibe der Tod.
Wann wir hinreisen,
tu uns erweisen
Gnad und Barmherzigkeit bei deinem Thron,
bitt für uns Jesum dein göttlichen Sohn.

Auslegung

Ein gewaltiges Lied! Musikalisch bildet es eine Stufenpyramide. Die tragenden Quader der untersten Plattform sind die fünf f in den ersten beiden Takten. Nur ein Achtel-g tanzt aus der Reihe und macht einen ersten Sprungversuch nach oben. Eine Terz höher wiederholt sich das ganze als zweite Plattform, gebildet aus fünf a-Quadern und einem hüpfenden b. Die dritte Etage, wieder eine Terz höher, begnügt sich mit nur drei c und hat zwei Ausreißer, der eine nach oben, der andere nach unten; ein erster Versuch, die Pyramidenspitze zu erreichen, ist das hohe f auf *lieb-**reich***, eine erste Andeutung des kommenden Wiederabstiegs sind das Achtel-b und das a auf *se-**li-ge***. Wir halten danach in mittlerer Höhe (g), zwischen der ersten und der zweiten Stufe, steigen wieder hinab und beginnen den Aufstieg von vorn: *Welcher auf ewig ich* (f) *kindlich verbinde mich* (a), *ja mich mit Leib und Seel* (c) *gänzlich vertrau* (g). Auf die ruhige Würde, ja Statik der bisherigen zwei gleichgebauten Teile (Stollen) folgt nun ein ungleicher Teil, der Abgesang. Er wechselt die Plattformen viel schneller, setzt auf der dritten ein mit Rücksprüngen zur zweiten (c a c c ba b), wiederholt das Spiel eine halbe Etage tiefer (b g b b ag a), um dann, von Takt zu Takt die Plattform wechselnd, in einem grandiosen Aufstieg von der ersten Stufe (mit einem Abstecher in den Keller, *al-**les**, ja*, f c f) über die zweite (*al-les, was*, a f a) und die dritte Stufe (*im-mer ich*, c a c) triumphal auf die vierte, die Pyramidenspitze

XI.

**Trier 1846*

zu kommen (*bin*, f) und dort, die Aussicht genießend, einen ganzen Takt zu verweilen. Anschließend geht es gleichmäßig eine ganze Oktave treppab, die Hingabe abbildend, und nur auf *Ma-****ri****-a* noch einmal kurz ansteigend. Die Melodie ist wie der Text: groß, geräumig, geordnet, prächtig, majestätisch und doch zugleich innig, liebreich, klar und fest.

In immer neuen Steigerungen singt man solche Stufenpyramiden bis hin zur Strophe 5, die innerhalb des Liedes noch einmal einen Gipfel darstellt. Danach neigt sich die Linie (Strophe 6), um in der letzten Strophe bei den Menschen und ihren Nöten anzukommen – den irdischen und den ewigen. Auch der Gesamtbau ist insofern pyramidal, allerdings nicht gleichseitig. Es gibt ein Fundament, auf dem alles steht, das ist die erste Strophe, dann steigen vier Strophen nach oben und zwei nach unten. Der Zahn der Zeit wird einst dieses gewaltige Gebilde zernagen und kaum etwas übriglassen, aber zähen Widerstand leistet ihm wenigstens die erste Strophe oder zumindest deren Anfang – davon später mehr.

Flugblattfragment

Die erste Strophe hat den Charakter eines Versprechens. Es gibt in ihr ein großes Du, Maria, und ein kleines, aber nicht kleinlautes Ich. Maria ist eine *himmlische Frau*, schön und prächtig, groß und mächtig, liebreich und holdselig. Dieser Frau alles hinzugeben, das Leben und überhaupt alles hält das Ich für angemessen (*billig*) und verspricht es. Die Strophen 2–5 liefern, einander überbietend und immer neu aufgipfelnd, die Begründung. Maria ist die makelloseste, schönste, auserlesenste Jungfrau (2), das ist die Grundvoraussetzung, denn darum wurde sie auserwählt, als Gott Mensch werden wollte. Die *Tochter* des Vaters wird die *Mutter* des Sohnes, weil sie die *Braut* des Heiligen Geistes geworden war (3): Maria wird von allen drei göttlichen Personen als Verwandte gesehen und wohnt in der Mitte der Dreifaltigkeit. Logischerweise regiert sie dann auch *den ganzen Himmelsbau* (und die Erde gleich mit) – *nach Gott*, wie der Autor hinzufügt, um keine Mißverständnisse aufkommen zu lassen (4). Sonne, Mond und Sterne sind ihr dienstbar (5) – das klingt hybrid, ist aber biblisch gedeckt durch die bekannte Weissagung aus der Offenbarung des Johannes: «Dann erschien ein großes Zeichen am Himmel: eine Frau mit der Sonne bekleidet; der Mond war unter ihren Füßen und ein Kranz von zwölf Sternen auf ihrem Haupt.» (Offb 12,1) Die Sonne *bekleidet*, nicht *begleitet* sie – so ist eine weit verbreitete Fehllesung richtigzustellen. Alles, was sich innerhalb der Schranken von Himmel und Erde befindet (das ist der Sinn von *was Himmel und Erde schränkt ein*), ist ihr untertan. Gott hat ihr die Regentschaft über Himmel und Erde eingeräumt. Er bleibt unsichtbar im Hintergrund und leiht seine Macht der liebreich Holdseligen.

Die Sonn bekleidet dich, es unterwirfet sich zu deinen Füßen der silberne Mon

In Strophe 6 dreht sich das kosmische Bild. Gott hat Maria erwählt, um den *Bedrängten und Sündern* eine Zufluchtsstätte zu gewähren in Nöten und Gefahren des Leibes und der Seele. Die Kommunikationssituation verändert sich, aus dem Preisen wird ein Bitten (7). Das verehrende, ein Du bewundernde Ich mehrt sich zu einem klagenden Wir, seufzend in Elend und Not, das die *Jungfrau* Maria um Hilfe anfleht *in diesem Jammertal*, das die *Mutter* Maria um Barmherzigkeit ersucht in der Stunde des Todes, *wann wir hinreisen* vom Diesseits ins Jenseits, und um ihren Beistand bittet als Anwältin beim göttlichen Sohn, der auf dem Richterthron sitzen wird und alle schuldig finden wird, wenn nicht Gnade vor Recht ergeht.

So groß Maria ist, sie bleibt ein Geschöpf, der Trinität zugeordnet, aber sie nicht überbietend. Ihre Größe ist nicht selbstgefällig, sondern dient als Brücke zwischen Gott und den Menschen. Sie ist eine Mittlerin, wie Jesus, aber ihm nachgeordnet. Sie ist nicht Göttin, aber eine schon Erlöste, die Zugang hat zum himmlischen Thron. Gott macht sie, die Erbsündenfreie, Ersterlöste, zur Fürsprecherin der Menschen, und Jesus als Richter läßt sich von ihr erweichen. Der Übergang von strenger Theologie zu lieblicher Mythologie ist fließend. In die theologisch korrekten Grundgedanken dringen Bilder ein, die sie aufsprengen. Die Monarchiemetaphorik (*Königin*, *Herrscherin*, *regierst*, *unterwirfet sich*, *Zepter*, *Majestät*, *Untertan*) läßt sich nicht erbsündentheologisch begründen. Wenn solche Herrschaft gar am *Himmel* wie auf *Erden* gilt, stellt sich die Frage schon, ob der Autor nicht doch, wenn auch von bereits bestehenden Traditionen gedeckt, de facto eine weibliche Gottheit imaginiert hat, trotz seines vorsichtig einräumenden *nach Gott*. Da schießt etwas übers Ziel hinaus. Die Verehrung der Immaculata löst sich vom Menschenmaß. Eine Erbsündenfreie ist ohnehin schon übermenschlich. Es lassen sich dann leicht weitere Gottähnlichkeiten in die Figur hineinschreiben. Das ist es, was sie mythologisch interessant macht. Solche Götterwelten werden modelliert und koloriert von den Bedürftigkeiten der Menschen, die sich mit ihnen Erfüllungen verschaffen, die anders nicht zu haben sind. Die große Maria deckt bestimmte Bedürftigkeiten ab. Sie hat Macht, zu helfen, zu heilen und zu retten. In ihr haben die Bewohner des Jammertals eine verheißungsvolle Instanz. Da diese Instanz weiblich ist, kann sie andere Sehnsüchte abdecken als der dreieinige Gott, dessen einzelne Personen (Vater, Sohn und Geist) männlich sind. Trotzdem ist sie geschlechtlich nicht Partei. Männer können sie ebenso gut liebend verehren wie Frauen – mag die Liebe auch unterschiedlich gegründet sein. Als große Mutter und huldreiche Königin ist sie für beide Geschlechter gleichermaßen brauchbar, als große Jungfrau mag sie Männer und Frauen unterschiedlich ansprechen – entweder erotisch anziehend in ihrer Unschuld oder mit ihrem amazonenhaften Element zur Identifikation anlockend.

Rekonstruktion

Wunderschön prächtige ist mit reicher Variantenbildung in über dreißig Liedflugschriften, Bruderschaftsbüchern und Missions- sowie Schulgesangbüchern aus dem letzten Drittel des 18. Jahrhunderts breit überliefert. Im frühen 19. Jahrhundert findet es, obgleich die Flugblattüberlieferung noch eine Weile aktiv bleibt, bereits in einige Anthologien, darunter so berühmte wie **Des Knaben Wunderhorn*. Die Mehrzahl der alten Quellen stammt aus Österreich. Von dort aus dringt das Lied in Gebiete vor, die mit Österreich politisch oder kulturell verbunden sind. Früh erreicht es die katholische Schweiz, Vorderösterreich (dazu gehörte damals auch der Schwarzwald) und Lothringen. Von da aus wandert das Lied moselaufwärts, erreicht Trier, Köln und Paderborn, dann Mainz und Bamberg. Auch eine Ausstrahlung nach Schlesien, um das Maria Theresia mit dem preußischen Friedrich Krieg führte, hat es möglicherweise schon früh gegeben, auch wenn sie sich erst in viel späteren Gesangbuchdrucken nachweisen läßt (*Breslau 1928, *Glatz 1924). Aus all diesen Quellen lassen sich als mutmaßliche Urgestalt der hier edierte Text und die zugehörige Melodie einigermaßen sicher rekonstruieren. Da die Strophenform selten ist und die Melodie sich ihr und dem Text eng anschmiegt, sind Text und Melodie wahrscheinlich gleichzeitig entstanden. Die ältesten datierten Belege sind ein handschriftliches Liederbuch, in das im Jahr 1758 eine verwilderte Form des Textes eingetragen wurde, und ein Wiener Flugblatt aus dem Jahr 1759, das die Melodie bereits einem anderen Text

Des Knaben Wunderhorn, Frontispiz zum zweiten Band

Erinnerungsbild an eine Wallfahrt nach Maria Trost

zuordnet (*Auf, frommes Österreich*), einem Danklied für den Sieg der österreichischen über die preußischen Truppen bei Kunersdorf 1759. Das Blatt vermerkt «Im Thon Wunder schoen praechtige cc.». Wenn der Text 1758 schon verderbt auftritt und die Melodie 1759 als bekannt vorausgesetzt und übertragen wird, muß das Lied bereits einige Jahre existieren. Als terminus ante quem läßt sich ungefähr das Jahr 1750 annehmen. Als terminus post quem kann man ungefähr das Jahr 1730 betrachten. Dafür gibt es zwar keine Beweise, aber begründete Mutmaßungen. Für eine Entstehungszeit nach 1730 spricht, daß man bei den Benediktinern von St. Lambrecht, zu deren Aufgabe die geistliche Betreuung der Wallfahrt nach Mariazell gehörte, eine reiche Sammlung von Zeller Liedflugschriften von 1650 bis 1731 aufbewahrt findet, deren keine einen Hinweis auf *Wunderschön prächtige* enthält – so daß man schließen kann, daß das Lied bis dahin noch nicht existierte. Es muß dann zwischen 1730 und 1750 entstanden sein, wahrscheinlich im Umkreis von Mariazell. Es war staatsnah, das zeigt die Kontrafaktur *Auf, frommes Österreich.* Zusatzstrophen auf Kaiserin Maria Theresia und andere deutsche und österreichische Kaiser bestätigen, daß das Lied dem habsburgischen Herrscherhaus zugeneigt war.

Der Verfasser ist unbekannt. Ihm ist vielleicht auch die Melodie zuzuschreiben. Er weist theologische Bildung und poetisches Können auf. Er gehörte wahrscheinlich zu einem der Orden, die in der religiösen Volksbildung tätig waren. Er könnte Benediktiner, Franziskaner oder Kapuziner gewesen sein. Seinen Namen herauszufinden besteht keine Chance. Die Autorschaft zu verschweigen gehörte bei Liedern dieser Art zur üblichen Praxis.

Schnüffis?

In dreizehn von vierundzwanzig Diözesanteilen des *Gotteslob 2 wird dennoch ein Name angegeben: «Laurentius von Schnüffis». Meistens wird die Zuschreibung abgeschwächt durch ein «nach» oder noch vorsichtiger «1. Str. nach». Manchmal wird sie ergänzt um die Jahreszahl «1692». Was ist daran richtig?

Laurentius von Schnüffis (1633–1702) aus Schnifis im österreichischen Vorarlberg hat ein bewegtes Leben geführt. Der früh verwaiste Bauernsohn brach die gelehrte Ausbildung ab, die man ihm ermöglicht hatte, lief davon, wurde Wanderbühnenmitglied, Hofschauspieler und Gelegenheitspoet, bis ein Bekehrungserlebnis ihn erst zur Priesterweihe (1663) und dann zum Eintritt in den Kapuzinerorden (1665) veranlaßte. Im Kloster zu Konstanz verbrachte er sein zweites Leben, von geistlichen und weltlichen Kreisen des katholischen Südens hochgeachtet als ein Poet, der die Virtuosität der weltlichen Dichtung seiner Zeit überzeugend ins geistliche Feld zu übertragen wußte. Er war ein Meister der geistlichen Bukolik, also der Eintragung christlicher Gehalte in die traditionell heidnische Hirtendichtung. In diesem Geist ist auch sein Marienlob verfaßt: *Mirantische Mayen-Pfeiff. Oder Marianische Lob-Verfassung / In Welcher Clorus/ ein Hirt/ der Großmächtigsten Himmels-Königin und Mutter GOttes Mariae unvergleichliche Schön-, Hoch- und Vermögenheit anmüthig besingt. Geist- und Weltlichen/ auch Predigern/ sehr nutzlich / und annehmlich zu lesen. Mit schönen Kupffern und gantz neuen Melodeyen gezihrt. Durch F. Laurentium von Schnüffis, vorder Oesterreichischen Provintz Capucinern und Predigern.* Dillingen: Bencard 1692. Es handelt sich um eine Sammlung musikalischer Elegien, die für die Hauskonzerte der besser situierten geistlichen und weltlichen Kreise bestimmt war, nicht für den Volksgesang der breiten Massen. Jede einzelne dieser Elegien ist mit einem Vers aus dem Hohen Lied und mit einem Kupferstich ausgestattet. Bei der letzten (und nur um diese geht es hier) steht als Vers «Ostende mihi faciem tuam» (Zeige mir dein Angesicht, Hld 2,4). Der Kupferstich zeigt jenen Clorus, der die Himmelskönigin mit seinem Fernglas zu erspä-

Clorus sucht Maria

hen sucht, in dem Augenblick, als Maria sich ihm zu erkennen gibt, indem sie ihren Schleier lüpft.

In dem zwanzigstrophigen, zweihundert Verse umfassenden ariosen Kunstlied gewinnt in barock-üblicher Überbietungstechnik Maria jede denkbare Schönheitskonkurrenz. Das alles hat mit dem geistlichen Volkslied *Wunderschön prächtige* nur ganz wenig zu schaffen. Die einzige Strophe, die für einen Vergleich überhaupt in Frage kommt, ist die erste, in der man allerdings dann auch fündig wird. Vokabeln, die in beiden Texten vorkommen, werden kursiv gestellt:

Sonnen-*schoen praechtige/*	Wunder*schön prächtige*,
Uberaus *mächtige*	große und *mächtige*,
Himmlische Frau/	liebreich holdselige *himmlische Frau*!
Welcher auff ewig ich	*Welcher auf ewig ich*
Knechtlich *verbindend mich*	*kindlich verbinde mich*,
Billich mein Leben/	ja mich mit Leib und Seel gänzlich *vertrau.*
Alles beyneben/	*Billig mein Leben*,
Kindtlich vertrau':	*alles beineben*,
Fuer diese Treu-gethane Pflicht	alles, ja alles, was immer ich bin,
Nur zeige mir dein Angesicht.	geb ich mit Freuden, Maria, dir hin.

Unzweifelhaft hat der Autor von *Wunderschön prächtige* diese Strophe gekannt. Schnüffis hat eine Anregung zu dem Lied gegeben, der Autor desselben aber ist er nicht. Das wäre, als wollte man als Autor von Büchners *Woyzeck* jenen Hofrat Clarus bezeichnen, dessen psychiatrisches Gutachten Textbausteine zu Büchners Drama lieferte. Denn es bleiben bloße Bausteine – die aus ihnen errichteten Gebäude sind sehr unterschiedlich. Schon die Strophenform ist, trotz der Zehnzeiligkeit, die beiden Gedichten gemeinsam ist, eine grundlegend andere. Sie ist bei Schnüffis viel artistischer, ja manierierter, mit ihrer komplizierten Reimstellung und ihrer anspruchsvollen Syntax, bei der alles auf den Schlußvers zuläuft. In ihm steht die Quintessenz: *Zeige mir dein Angesicht.* Marias Angesicht zu erblicken hält der Mirant (der Staunende) für den Lohn, der ihm für seine *treu getane Pflicht* zusteht. Das Angesicht Jesu spielt hingegen keine Rolle, anders als in *Wunderschön prächtige*, ebensowenig wie die ganze Trinität. Bei Schnüffis herrscht Maria absolut.

Es hat ein halbes Jahrhundert gedauert, bis des Laurentius Elegie oder vielleicht auch nur die erste Strophe derselben, die sich aus der *Mirantischen Mayen-Pfeiff* gelöst und eine eigene Tradition gebildet haben mochte, einem Autor in die Hand fiel, der aus den vorgefundenen Textbausteinen etwas Neues machte. Copyrightfragen haben ihn nicht beschäftigt – aus Vorgefundenem etwas anderes zu machen war damals allgemein üblich. Er vereinfacht die Struktur, die bei Laurentius sehr straff angespannt war (Reimschema aa bccddb ee, mit einer riesigen

Versklammer b----b), indem er sie in die Ausgewogenheit der Kanzonenstrophe überträgt (aab ccb ddee), in der die Reimerfüllungserwartung viel schneller, sanfter und zwangloser befriedigt wird. Inhaltlich erweitert er die Anrede um *liebreich holdselige*, übernimmt die Hingabe (wobei er *knechtlich* durch *kindlich* ersetzt), ignoriert aber den Strophenschluß und damit des Schnüffis Aussageabsicht völlig. Während der Clorus des Schnüffis eine Rechnung aufmacht (*Pflicht* gegen *Angesicht*), ist der Beter in *Wunderschön prächtige* ein hingegeben Huldigender ohne Wenn und Aber.

Die Zusatzstrophen

Das *Kriegsheer* in Strophe 6 war eine Einladung zu politischen Aktualisierungen. So begegnen bald Zusatzstrophen aller Art, die meistens dazu dienen, irgendeine Identität zu befestigen, sei es die einer Bruderschaft, einer Bürgerschaft oder eines Staates. Ein typisches Beispiel sind die Habsburgerstrophen. Die beiden folgenden beziehen sich auf Franz I., der sich von 1745–1765 Kaiser nennen durfte, und auf seine Gemahlin, die Kaiserin Maria Theresia (1740–1780).

Nun dann o große Frau!	Nun dann O große Frau/
mildreich mein Herz anschau,	mildreich mein Herz anschau/
wie dieses zaertlichst seufzet und bitt,	wie dieses zärtiglich seufzet und bitt/
verlaß nicht den Kaiser,	verlaß nicht d'Kaiserin/
deinen treuen Diener,	dein treue Dienerin/
deinen Franzen verlasse doch nicht,	deine Theresiam verlasse doch nicht/
die Waffen leite,	die Waffen leite/
und mit ihm streite,	und mit ihr streite/
führe, regiere und staerke sein Heer,	führe/ regiere/ und stärke ihr Heer/
der lieben Christenheit Frieden bescher.	der lieben Christenheit Frieden bescher.

Ähnliche Strophen gibt es auch für Kaiser Franz II. (1792–1806), der nach dem Ende des alten Reichs als Franz I. von Österreich (1804–1835) eine neue Zählung eröffnete, und für seinen Nachfolger Ferdinand (1835–1848). Eine Bittstrophe auf Kaiser Joseph II. (1765–1790) ist in den

Patrona Franconiae.

Ave Maria.

Gebet- und Gesangbuch
für das
Bistum Würzburg.

Ein und derselbe ist Herr aller; reich
für alle, welche ihn anrufen.
Röm. 10, 12.

Auf oberhirtliche Anordnung.

Regensburg.
Druck und Verlag von Friedrich Pustet,
Typograph des hl. apostolischen Stuhles.
1910.

Frankens Herzogin

Quellen aus seiner Regierungszeit nicht aufzufinden, was angesichts der wallfahrtenfeindlichen Religionspolitik dieses Mannes nicht überrascht. Aber auch so dient Maria immer neuen Zwecken. Unter Franz I. half sie noch gegen die Türken, unter Theresia gegen die Preußen, unter Franz II. (I.) gegen die Franzosen. Erst unter Ferdinand hatte sie militärisch nichts Wichtiges mehr zu tun.

Die geistliche Karriere des großen alten Lieds neigte sich nach hundert Jahren einem vorläufigen Ende zu. In den Reformgesangbüchern der Aufklärung ist das Lied nur selten zu finden – wenn überhaupt, dann durch zahlreiche Veränderungen entstellt (*Würzburg 1828). Maria ist nicht mehr Himmelskönigin, sondern Tugendvorbild. Aus Mythos wird Ethos.

Sehr viel später, in den 1930er oder 1940er Jahren, entsteht im Frankenland (zuerst greifbar *Würzburg 1949) eine Zusatzstrophe, die Maria altertümelnd als Frankens Herzogin in Stellung bringt. Sie versucht, der Traditionsfigur der Patrona Franconiae einen neuen Auftrag zu geben.

Du Frankens Führerin,
Mutter und Herzogin,
sieh unser Land dir zu eigen geweiht.
Wir rufen dich mit Macht,
sieg in der Gottesschlacht,
hilf uns, Maria, entscheide den Streit!
Schild der Getreuen
zeige von neuem
unserem Volke Christkönig, den Herrn!
Du seines Reiches aufstrahlender Stern.

Maria hilft in der *Gottesschlacht* um das *Reich*, dem *Christkönig* als Herrscher vorsteht. Zum zeitgeschichtlichen Hintergrund gehört das Christkönigsfest. Es war 1925 von Papst Pius XI. eingesetzt worden. Christkönig ist ein Jenseitiger im Diesseits, der König des Gottesreichs in der Zeit. Er wird zur Figur eines ganz generellen Widerstands, einer inneren Distanz zum Treiben der Welt. In Deutschland wirkte Christkönig als mythische Gegenfigur zu Adolf Hitler.

Die *Gottesschlacht* war aber mit Hitlers Niederlage noch nicht gewonnen. Sie ging nach 1945 weiter als glücklos versandender Kleinkrieg gegen Materialismus, Egoismus, Kommunismus und Konsumismus, kurz: gegen die Gottlosigkeit allüberall. Das Interesse an ihr nahm ab. Die Gottesschlacht-Strophe hielt sich noch im Würzburger Diözesananhang zum *Gotteslob 1. Erst im *Gotteslob 2 von 2013 ging sie verloren. *Christkönig* und *Frankens Herzogin* sind künstliche Mythen, denen es an tiefen Wurzeln fehlt.

Im Sog der Romantik: Vom Wunderhorn zum Zupfgeigenhansl

Die geistliche Tradition von *Wunderschön prächtige* scheint um 1830 zu erlöschen. Genau genommen aber wechselt das Lied nur die Straßenseite. Es läuft zu den weltlichen Liedern über. Die Flugblattdrucke versiegen am Ende des ersten Drittels des 19. Jahrhunderts, aber gleichzeitig nehmen die Drucke in Anthologien zu. Inspiriert von

**Des Knaben Wunderhorn* (dort finden sich die Strophen 1, 3, 5 und 7) präsentieren außer einigen bedeutenden Liederbüchern auch *Haxthausen (fünfstrophig), *Ditfurth (siebenstrophig), *Simrock (achtstrophig) und *Erk/Böhme (siebenstrophig) das Lied. *Haxthausen, *Ditfurth und *Erk/Böhme drucken auch die Melodie, was eine Rückführung in die Singepraxis begünstigt. Vom Sog der Romantik ergriffen erobert sich *Wunderschön prächtige* einen Platz im Repertoire der Jugendbewegung, die das alte geistliche Volkslied ins 20. Jahrhundert hineinträgt. Es findet sich im *Zupfgeigenhansl (Strophen 1, 5, 7), im *Spielmann (Strophen 1–5, zuerst mit, dann ohne 7) und im gelben *Singeschiff (Strophen 1–5 und 7), trotz der Kürzungen stets mit der Gipfelstrophe 5, insofern weitgehend in seiner alten pyramidalen Pracht.

Zähmung: Geissel und Bone

Das Lied ist der Kirche entglitten. Es wieder einzufangen und zu verkirchlichen planen deshalb mehrere am Neuaufbau der Kirche Beteiligte. So entstehen die Neufassungen von Sebastian Pörtner (*Würzburg 1828), Johann Jakob Kreutzer (*Aachen 1840), Johannes Kardinal Geissel (*Speyer 1842) und schließlich von Heinrich Bone (*Mainz 1847, 2. Auflage *Paderborn 1851). Den größten Einfluß haben Geissel und Bone. Von dem ursprünglichen Lied bleibt in ihren Neudichtungen fast nur noch die erste Strophe. Vom ganzen Rest überleben nur einzelne Verse und Vokabeln. Bei aller Verschiedenheit haben diese Bearbeitungen eines gemeinsam: Sie meiden den gewaltigen Anstieg der Strophen 4 und 5. Sie wollen eine gemäßigtere Maria. Da Geissel und Bone in der weiteren Wirkungsgeschichte des Liedes eine starke Stellung haben und sich ihre Fassungen im späten 19. und frühen 20. Jahrhundert vielfältig vermischen, seien sie hier parallel abgedruckt (nach *Speyer 1842, linke Spalte, und *Paderborn 1851, rechte Spalte).

1.
Wunderschön prächtige,
Hohe und mächtige,
Liebreich holdselige, himmlische Frau,
Der ich mich ewiglich
Weihe herzinniglich,
Leib dir und Seele zu eigen vertrau'.
Gut, Blut und Leben
Will ich dir geben;
Alles, was immer ich hab', was ich bin,
Geb' ich mit Freuden, Maria, dir hin.

2.
Schuldlos Geborene,
Einzigerkorene,
Du Gottes Tochter und Mutter und
Braut,
Die aus der Reinen Schaar
Reinste wie keine war,
Selber der Herr sich zum Tempel
gebaut.
Du makellose
Lilienrose,
Krone der Erde, der Himmlischen Zier,
Himmel und Erde sie huldigen dir!

3.
Du Treubewährete
Und Hochverklärete,
Bist auf dem Meer uns ein leitender
Stern;
Du Hocherhobene,
Strahlenumwobene,
Du bist die Nächste am Throne des
Herrn.
Dich schuf die Milde
Zum Gnadenbilde;
Drum auch, was Himmel und Erde
umschließt,
Mutter der Gnaden, Maria, dich grüßt.

1.
Wunderschön Prächtige,
Große und Mächtige,
Liebreich holdselige, himmlische Frau;
Welcher ich ewiglich
Kindlich verbinde mich,
Ja mich mit Leib und mit Seele vertrau!
Gut, Blut und Leben
Will ich dir geben;
Alles, ja Alles, was immer ich bin,
Geb' ich mit Freuden, Maria, dir hin!

2.
Sonnenumglänzete,
Sternenbekränzete,
Leuchte und Trost auf der nächtlichen
Fahrt;
Vor der verderblichen
Makel der Sterblichen
Hat dich die Allmacht des Vaters
bewahrt.
Selige Pforte
Warst du dem Worte,
Als es vom Throne der ewigen Macht
Gnade und Rettung den Menschen
gebracht.

3.
Gottesgebärerin,
Christi Ernährerin,
Wundersam Mutter und Jungfrau
zugleich!
Herzenerquickende,
Seelenbeglückende
Quelle, an himmlischen Tröstungen
reich!
O du Getreue,
Zu dir voll Reue
Schauen wir hoffend und flehend
hinan,
Mutter, ach führ uns auf sicherer Bahn!

4.
Gottesgebährerin,
Heilandernährerin,
Mutter an Freuden und Schmerzen so reich;
Welche der Schuldigen
Wär' dir geduldigen
Mutter an Reinheit und Tugend wohl gleich?
Du Gottgeweihte,
Hochbenedeite
Mutter und Jungfrau, du schuldlos allein,
Woll' eine Mutter uns Sündern auch seyn.

5.
Allzeit Sanftmüthige,
Milde, grundgütige,
Mutter des Heilands voll Gnade und Huld,
Bitt' für uns sündige
Menschen, verkündige
Du uns vom Sohne Verzeihung der Schuld.
Steh', wenn wir scheiden,
Du uns zur Seiten,
Sühne den furchtbaren Richter uns du,
Führe dem göttlichen Sohne uns zu!

4.
Du bist die Helferin,
Du bist die Retterin,
Fürstin des Himmels und Mutter des Herrn!
Spiegel der Reinigkeit,
Stärke der Christenheit,
Arche des Bundes, hell leuchtender Stern!
Liebreich dich wende,
Frieden uns sende,
Mutter, ach wende die Augen uns zu,
Lehr' uns in Demuth zu wandeln wie du.

5.
Einst auch Betrübete,
Vielfach Geübete,
Kennest der Seelen tief innersten Schmerz;
Niemand je untergeht,
Der zu dir kindlich fleht,
Keinen verachtet dein mütterlich Herz;
Tröst uns im Leiden,
Stärk uns im Scheiden,
Bitte für uns deinen göttlichen Sohn,
Wann er uns ruft vor den ewigen Thron.

Die erste Strophe baut immer noch das Fundament. Sie ist ein Gelöbnis, ein Versprechen, das durch die neue Wendung *Gut, Blut und Leben will ich dir geben* sogar vertieft wird. Dann aber fehlen die weiteren Plattformen, fehlt ein deutlicher Gipfel. Bei Geissel folgen in 2 und 3 Huldigungen und Grüße, in 4 die Wendung zum Bittgebet und in 5 die Bitte, in der es um *sündige Menschen* geht, die irdischen Nöte jedoch ignoriert werden. Im Mittelpunkt steht die Sterbestunde und die Versöhnung mit dem *furchtbaren Richter*, wie Geissel scharf pointiert. Bei Bone zielt 2 auf die Erbsündefreiheit, 3 auf die Geburt Christi; 4 bringt die Wendung ins Bittgebet und 5 die Bitten. Die Grobstruktur ist insofern gleich, aber anders als Geissel rückt Bone Maria näher an die Menschen. Er versteht die Mutter Jesu als einst selbst *vielfach Betrübete*, die das Leid der Menschen und ihren Schmerz kennt. Beide Texte sind nicht ohne Pracht, aber sie verstreuen ihre Pretiosen so gleichmäßig, daß kein Höhepunkt entstehen kann, kein Bild Raum erhält und eine schnelle Ermüdung droht. Bei Geissel treten auf die *makellose Lilienrose*, die *Krone der Erde, der Himmlischen Zier*, der *leitende Stern*, die *Heilandernährerin* und immer wieder in verschiedenen Rollen die *Mutter*. Bei Bone gibt es die *Sonnenumglänzete* und *Sternenbekränzete*, die *Fürstin des Himmels*, die *selige Pforte*, *Gottes Gebärerin* und *Christi Ernährerin*, den *Spiegel der Reinigkeit*, die *Arche des Bundes* und den *hell leuchtenden Stern*. Das alles ist geschickt kombiniert und handwerklich sauber gemacht, kann aber die schlichte Größe des alten Liedes nicht erreichen. Es kann, obgleich es sich vieler kirchlich abgesegneter Formeln bedient, nicht einmal die Kritik wirklich entkräften, die sich am vermeintlich allzu gottgleichen Rang Marias entzündet. Geissel und Bone fügen zwar markante Christus-Akzente ein, finden aber aus der grundlegenden Bildlichkeit der Huldigung an eine Himmelskönigin nicht heraus. Trotzdem gelingt es ihren Gebilden, das alte Lied im Lauf der Zeit fast überall aus den Kirchen zu verdrängen.

Um die Verwirrung noch zu steigern, schuf Albert Gereon *Stein 1852 eine neue, ernstere, nicht so walzerhaft wiegende Melodie, die sich über Joseph Mohrs *Cäcilia (seit 1875) und verschiedene diözesane Ausgaben seines *Lasset uns beten zunächst weit über den Kölner Raum hinaus verbreitete. Für *Cäcilia entnahm Mohr die ersten dreieinhalb Strophen von Bone, schloß das Lied dann aber mit dem Abgesang der dritten Strophe von Geissel. In *Lasset uns beten (seit 1881) fügt er noch Geissels fünfte Strophe hinzu, ersetzt aber den *furchtbaren Richter* durch eine mildere Figur: *Mutter Maria, verlasse uns nicht,/ Stehe uns bei in des Sohnes Gericht.* In seinem deutlich weniger verbreiteten *Psälterlein (1891) rehabilitierte Mohr nicht nur die alte Melodie, sondern auch, wenn auch mit einigen Umarbeitungen, den alten Text, den er aus einer Anthologie hatte (*Simrock 1857) und von dem er den Strophen 1, 2, 3, 6 und 7 den Einzug in die Kirchen gestatten wollte. Die Aufgipfelungen in den Strophen 4 (*Den ganzen Himmelsbau*) und 5 (*Die Sonn bekleidet dich*) werden aber auch hier beseitigt und so noch einmal als der eigentliche Stein des Anstoßes kenntlich.

Auch in der Sammlung *Kirchenlied von 1938 kehrt die alte Melodie zurück. Der Text ist dreistrophig: Die erste Strophe folgt Geissel (1) und ist insofern weitgehend original, die zweite folgt Bone (2), die dritte wieder Geissel (2). Das Übermaß ist verschwunden, aber auch das Baugesetz der Stufenpyramide ist untergegangen. Die Bittstrophen gibt es nicht mehr, auch die Christusakzente fehlen wieder. Das Lied ist nun in allen drei Strophen eine Huldigung für eine *himmlische Frau*. Es bleibt ein Problem für alle, die fürchten, Maria werde ein allzu hoher, allzu selbständiger Rang eingeräumt.

Weil das Lied regional schon eingewurzelt war, konnte sich *Kirchenlied 1938 nicht flächendeckend durchsetzen. In der ersten Hälfte des 20. Jahrhunderts entsteht ein kaum glaublicher, sich auch nach 1945 noch vermehrender Mischmasch von Fassungen, Varianten, Strophenkombinationen und Melodieausschmückungen. Das Lied ist in fast allen Diözesangesangbüchern der Nachkriegszeit enthalten, aber kaum irgendwo ganz gleich in Text und Melodie. Es kann deswegen nicht zum Einheitslied werden, nicht 1947, nicht 1975 und nicht 2013.

Das Lied heute

*Gotteslob 1 von 1975 hatte 33 verschiedene Diözesanausgaben, von denen 30 das Lied *Wunderschön prächtige* enthielten. *Gotteslob 2 hat 23 Diözesanausgaben, die das Lied alle enthalten. Die Verminderung der Zahl der Ausgaben ist eine Folge davon, daß die österreichischen Bistümer sich zusammengetan haben, desgleichen Berlin und die Bistümer der ehemaligen DDR, Hamburg, Osnabrück und Hildesheim sowie Freiburg und Rottenburg. Den zweiten großen Traditionsbruch in der Geschichte des Lieds (der erste war die Verdrängung der Volksliedfassung) hatte *Gotteslob 1 vorgenommen, indem es die gut eingesungenen Texte von Bone und Geissel neu überformt hatte. Meistens übernimmt *Gotteslob 2 die Fassungen aus *Gotteslob 1, aber fast immer wird erneut irgendeine Kleinigkeit geändert in Text, Melodie oder Quellenangabe. Die Streubreite der Fassungen von *Wunderschön prächtige* hat deshalb im Endeffekt noch einmal zugenommen. Üblicherweise (nämlich in achtzehn von dreiundzwanzig Eigenteilen) hat das Lied heute drei Strophen – in zwei Diözesen sind es nur zwei, in drei Diözesen vier. Am textfestesten ist die zweite Strophe – sie entspricht sechzehn Mal der zweiten Strophe von Bone und sieben Mal der zweiten Strophe von Geissel. Als dritte Strophe findet am häufigsten (elf Mal) die zweite von Geissel Verwendung, zwölf Mal aber wird sie neu gedichtet unter Verwendung von Wortmaterial, das sich bei Bone findet (in dessen dritter und vierter Strophe), gelegentlich aber auch mit Resten der siebten Strophe der Originalfassung, aus der die ersten drei Zeilen mit dem Wort *Jammertal* (Eichstätt, München-Freising, Regensburg) oder abgemildert *Erdental* (Bamberg, Passau) überdauert haben. Kurioserweise kehrt mit dem Reim *streite/ geleite* auch ein Schnipsel aus den alten Herrscherstrophen zurück. Das sieht dann so aus:

In diesem Erdental
rufen wir allzumal
zu dir, o Mutter, aus Elend und Not.
Halt uns vor allem gut
in deiner sichren Hut,
wenn Leib und Seele einst scheiden im Tod.
Dann für uns streite
und uns geleite,
mächtige Jungfrau zum Himmel empor,
wo dich lobpreisen die Engel im Chor.

Das klingt vom Sprachmaterial her ähnlich wie die alte Fassung, aber die Logik hat sich geändert. Maria soll in der Todesstunde für uns streiten – aber mit wem eigentlich? Das steht nicht mehr da, einen Richter gibt es nicht mehr. Maria leitet uns ohne Gericht *zum Himmel empor*. Als neues Personal treten noch chorsingende Engel auf, die man bisher nicht vermißt hat.

Die erste Strophe entspricht in neun Diözesen der ersten Strophe von Geissel und in zwei Diözesen der ersten von Bone. In zwölf Diözesen wurde sie neugeschaffen. Es gibt Neuschöpfungen, bei denen nur der Abgesang ersetzt wird, und solche, bei denen alles, was nach der Anrede (*Wunderschön prächtige … himmlische Frau*) kommt, ausgetauscht wird. Das sieht dann so aus (linke Spalte Aachen, Köln, Limburg, Lüttich, rechte Spalte Fulda, Mainz):

Wunderschön prächtige,	Wunderschön prächtige,
hohe und mächtige,	große und mächtige,
liebreich holdselige, himmlische Frau,	liebreich holdselige, himmlische Frau.
du Gottes Dienerin,	Mit dir ich ewiglich
du unsre Königin,	kindlich verbinde mich
von Gott Gekrönte, auf uns niederschau!	und Leib und Seele dem Herrn anvertrau.
Höre uns flehen,	Lenke, du treue,
die wir hier stehen:	immer aufs neue
Du bist die Nächste am himmlischen Thron.	unsere Herzen zum Himmel empor,
Mutter du, bitte für uns deinen Sohn!	wo du erstrahlst in der Seligen Chor.

Im Kölner Einflußbereich (linke Spalte) ist die Bildlichkeit hauptsächlich von der Idee des Königtums gespeist. Nach der Anrede werden die Hierarchien angesprochen. Sie sind kompliziert. Ganz oben ist Gott. Die *himmlische Frau* ist Gottes *Dienerin*, aber unsere *Königin*. Sie ist eine *von Gott Gekrönte* – nicht die Menschen (auf die sie *niederschaut* und die zu ihr *flehen*) haben sie gekrönt. Auf dem *himmlischen Thron* sitzt nicht die *himmlische Frau* und von Gott gekrönte *Königin*, sondern eine neue Figur, der *Sohn*, bei dem sie für die Menschen bittet. Maria und Jesus konkurrieren um die Metaphorik des Königtums. Dem inneren Auge bietet sich ein zweideutig flirrendes Hin und Her und Auf und Ab, das die ruhige Pracht der alten und noch der Bone/Geisselschen Anfangsstrophe nicht im entferntesten erreichen kann.

Im Mainzer Einflußbereich entsteht ein ähnliches Problem. Die Zeilen 1–5 und noch die Hälfte von 6 sind von Bone. Eben hat man sich der *himmlischen Frau* ganz kindlich verbunden, da soll man *Leib und Seele* plötzlich einem anderen anvertrauen: *dem Herrn.* Das kommt sehr überraschend und bleibt bezugslos, zumal dann nicht der Herr, sondern wieder Maria in Aktion tritt, um *unsere Herzen zum Himmel empor* zu lenken. Dort erstrahlt sie *in der Seligen Chor*, ist also offenbar nicht mehr einzigartig, sondern eine von vielen. Auch hier wird die gewaltige, von der Melodie gestützte und getragene einheitliche Aufwärtsbewegung des alten Lieds mehrfach abgelenkt, zerstreut und zur Seite gebogen. Die metaphorische Inkonsistenz verhindert, daß man sich irgendeine klare Vorstellung machen kann. Wo einmal eine große mythische Figur war, bekleidet mit der Sonne, den Mond unter ihren Füßen, mit Sternen gekrönt, ist am Ende nur eine Kleiderpuppe geblieben.

Ästhetische contra theologische Qualität

In München-Freising, Eichstätt, Speyer und den Ostbistümern (Berlin, Dresden-Meißen, Erfurt, Görlitz, Magdeburg) ist außer *Wunderschön prächtige* noch ein Ersatzlied auf die gleiche Melodie abgedruckt, das sich in diesen Diözesen meistens schon in *Gotteslob 1 befand. Der Text ist von Max Eham (1966), seinerzeit Domkapellmeister von Freising:

Gruß dir, du Heilige,
allzeit Jungfräuliche,
die ohne Sünde trat in diese Welt,
weil du vor aller Zeit,
aus tiefer Ewigkeit
von Gottes Gnad und Huld warst auserwählt!
Du Hochgeehrte,
ganz Unversehrte,
ja, es ist Herrliches von dir gesagt:
Gott hat erhoben dich, niedrige Magd!

Und aus des Engels Mund
ward dir gegeben kund:
«Empfangen sollst du vom Heiligen Geist!
Dir wird geschenkt ein Sohn

vom allerhöchsten Thron,
sein Reich wird ewig sein, Jesus er heißt!»
Heil und Erbarmen
kam zu uns Armen:
Jungfrau und Mutter, in Gnaden erkorn,
Christus, den Heiland, hast du uns geborn!

In Freuden singen wir,
danken dem Herrn mit dir,
daß er so Großes hat an dir getan.
Du stehst im ew'gen Licht,
vor Gottes Angesicht:
drum allzeit gläubig wir rufen dich an.
Und mit Vertrauen
wir auf dich schauen:
Heiligste Mutter, o bitt deinen Sohn,
daß er einst gebe uns himmlischen Lohn!

Theologisch ist das korrekt. Strophe 1 entfaltet das Dogma von der Unbefleckten Empfängnis – Maria ist die *niedrige Magd*, die Gott erwählt hat, ohne Erbsünde in die Welt zu treten, damit sie den Messias zu empfangen würdig sei. Die Verkündigung des Engels, daß ihr ein Sohn Jesus geschenkt werden würde, erzählt Strophe 2 mit Worten, die an das Evangelium nach Lukas erinnern. Die eschatologische Szenerie in Strophe 3 ist sehr viel undeutlicher, aber an Vokabeln wie *ewig* und *einst* noch zu erkennen: Maria steht an einem unbestimmten Ort *im ewigen Licht* und *vor Gottes Angesicht* und bittet ihren Sohn, *daß er einst gebe uns himmlischen Lohn*. Ein Thron ist nicht mehr da, ebensowenig ein Gericht, vielleicht soll man sie in der Vorstellung ergänzen, aber jedenfalls werden sie nicht mehr bildlich hervorgerufen. Strophe 1 ist preisend (doxologisch) und spielt in der Gegenwart, Strophe 2 ist erzählend-erinnernd (anamnetisch) und spielt in der Vergangenheit, Strophe 3 ist bittend (deprekativ) und spielt in der Zukunft (eschatologisch), aber auch diese Zeitstruktur ist recht verwischt. Zwischen die dogmatischen oder biblischen Aussagen schieben sich viele abgenützte Wendungen (*allzeit*, *Gnad und Huld*, *Herrliches*, *Heil und Erbarmen*, *in*

Gnaden erkorn, In Freuden singen wir, danken dem Herrn mit dir, daß er so Großes hat an dir getan, allzeit gläubig wir rufen dich an, und mit Vertrauen wir auf dich schauen, himmlischen Lohn). Das einleitende *Gruß dir* ist karg, beinahe unhöflich, die angesprochene *Jungfrau* und *Mutter* ist eine *niedrige Magd*, nicht mehr wunderschön, nicht mehr prächtig, liebreich und holdselig, nicht mehr mächtig, majestätisch oder königlich, Sonne, Mond und Sterne schmücken sie nicht mehr. In einem *Jammertal* leben die Menschen nicht, die Maria da grüßen und preisen. Sie leiden anscheinend keine Not. Ihre einzige Bitte ist *daß er einst gebe uns himmlischen Lohn*. Zur Melodie nimmt dieser Text nur zufällig gelingende Kontakte auf. Der Schlußakzent der ersten Strophe ist *niedrige Magd*, dort, wo mit der melodischen Bergabbewegung ursprünglich die hingebungsvolle Demut der Singenden abgebildet wurde (*Geb ich mit Freuden, Maria dir hin*) und auf *Ma-**ri**-a* eine Erhöhung fiel. Die fällt jetzt auf **Nied**-ri-ge. Musikalisch gilt der gewaltige Gruß jetzt einer Niedrigen. Fast komisch wirkt die musikalische Pracht auf die lehrsatzartige Wendung *die ohne Sünde trat in diese Welt*. Insgesamt ist die Musik viel zu feierlich für dieses magere Gedicht. Sie baut eine festliche Pyramide auf, während die vielen kraftlosen Aufschwüngelein in Ehams Text nur eine Maulwurfshaufenkolonie zustande bringen.

Melodien sind allerdings oft sehr stark. Sie tragen die Emotion. Es nützt kaum etwas, die Texte auszutauschen, wenn die Melodie weiterhin die alte Emotion befördert. Ein gutes Lied entsteht nur, wenn Text und Weise einander zuarbeiten. Das ist hier nicht gegeben.

Ästhetisch gesehen handelt es sich bei diesem Ersatzlied für *Wunderschön prächtige* um unteres Mittelmaß, während die Ursprungsfassung ein erstrangiges Gebilde ist. Die Kriterien für solche Urteile sind klar: Form und Inhalt, Musik und Wort, Versbau und Aussage müssen in einer idealen Beziehung zueinander stehen, in der sie einander stärken, beseelen und beleben. Das ist bei *Gruß dir* nicht der Fall. Das alte Lied ist wie eine viel zu große Jacke, die sich ein kleiner Text umgehängt hat. Die theologische Korrektheit spielt ästhetisch eher eine störende Rolle. Man merkt die Absicht «und man ist verstimmt», heißt es in Goethes *Torquato Tasso* (II, 1). Gut gewollt ist noch nicht gekonnt.

In der Debatte um das Lied begegnet immer wieder das Argument, die dogmatische Richtigkeit sei wichtiger als die ästhetische Qualität. Damit ist eine grundsätzliche, seit der deutschen Klassik intensiv diskutierte Frage berührt. Haben ästhetische und inhaltliche Qualität einen Zusammenhang? Ist etwas Schönes immer auch etwas Wahres? Etwas ästhetisch Mißlungenes etwas Unwahres? Kann ein gelungenes Kunstwerk dumm sein? Könnte man etwas Dummes, Böses und Falsches ästhetisch ausgezeichnet sagen? Vielleicht schon, aber wäre dann nicht die eigentliche Aussage auf einer Metaebene zu finden, wo das Dumme, Böse und Falsche sich als solches zu erkennen gibt und selbst entlarvt?

Schön ist, sagt Kant in der *Kritik der Urteilskraft*, «was ohne Interesse gefällt». Große Kunst muß interessenfrei sein, sie darf keine Propaganda machen. Ein Dichter mag Krieg und Tod faszinierend schildern, solange er nicht Propaganda für eine Partei macht. Wenn ein Künstler faszinierend Dummes, Böses und Falsches sagt, dann bezieht er seine Effekte aus dem Gegensatz zum Klugen, Guten und Richtigen. Die Faszination für das Böse ist um so tiefer, je mehr in ihr das untergetretene Gute seufzt. Dieses spricht immer mit. Insofern nimmt das ästhetisch Wahre immer an der großen humanen Wahrheit teil. Es ist nie das Unwahre, auch wenn es das Unwahre gestaltet. Umgekehrt deutet ästhetisch Mißlungenes immer auf Unwahres, nur Vermeintes und nicht zu Ende Gedachtes, auf nur Gewolltes, Interessiertes und Propagandistisches hin.

Was aus tiefem Glauben kommt, sollte immer auch ästhetisch glükken, auch beim Geringsten und Ungebildetsten, denn das Wahre ist auf eine bestimmte Weise immer schön. Wenn ein religiöses Gedicht ästhetisch mißglückt, kann es auch daran liegen, daß sein Glaube verzweckt und nicht im Kantschen Sinne interesselos ist. Dem alten *Wunderschön prächtige* wird man kaum absprechen können, daß hinter seiner Entstehung und weiten Verbreitung ein tiefer Glaube stand. *Gruß dir, du Heilige* wirkt im Vergleich wie ein Schreibtischprodukt. Das Hauptmotiv seiner Entstehung war ein Interesse: die Anpassung an die Mariologie des Zweiten Vatikanischen Konzils. Aber man kann nicht nachträglich in eine große Form einsteigen, der man mit den mitgeteilten Inhalten widerspricht. Es wäre besser, das alte Lied wiederherzustellen und zitierend etwas zu singen, was einmal tief geglaubt wurde, als das ehrwürdige Gebäude abzureißen und den Platz mit papierenen Neubauten zu verschandeln.

Gut, Blut und Leben

Versteht sich, daß mit «Glauben» etwas Kräftiges gemeint ist, nicht das Aufsagen von irgendwelchen Sätzen, die auf das Leben gar keinen Einfluß haben. *Gruß dir* enthält viele solche Sätze, die, rückt man sie ein wenig von sich ab, unverständlich und folgenlos sind. Der Sänger teilt Maria allerlei mit, informiert sie von ihrer Erwählung, ihrer Erhebung, ihrer Empfängnis, ihrem Heilandgebären und ihrem Stehen im Licht. Dann referiert er die Verkündigungsrede des Engels. Aus ihr schließt er unter Auslassung einiger Mittelglieder: *Heil und Erbarmen kam zu uns Armen*. Bevor das *Heil*, die *Armen* und das *Erbarmen* irgend eine Substanz gewinnen können, freuen alle sich schon, danken singend *dem Herrn*, daß er *so Großes* an Maria getan, sehen Maria *vor Gottes Angesicht* und folgern daraus *allzeit gläubig*, aber unbestimmt: *wir rufen dich an*. Der Inhalt der Anrufung kommt im Schlußverspaar: *o bitt deinen Sohn, daß er einst gebe uns himmlischen Lohn*. Lohn wofür, in welcher Gestalt? Betrachtet man das Gebilde von außen, dann hat es keinerlei Logik. Es ist Wassersuppe, in der Bröckchen alter Glaubensaussagen schwimmen.

Ganz anders sieht das bei *Wunderschön prächtige* aus. Wir betrachten noch einmal die erste Strophe in der Fassung von Heinrich Bone. Der Sänger (das Wort gilt immer auch für die Sängerin) *verbindet* sich *kindlich* und *ewiglich* mit Maria, *mit Leib und mit Seele* vertraut er sich ihr an, *Gut, Blut und Leben* will er *ihr geben*, alles überhaupt gibt er ihr *mit Freuden* hin. Was immer daraus für eine Praxis erwächst – die Bildlichkeit hat jedenfalls ein ganz anderes Kaliber als die von *Gruß dir*. Sie bedeutet, ernst genommen, alltäglich bei jeder Handlung das Bewußtsein zu haben: Ich gehöre nicht mir, ich gehöre Maria. Daraus erwachsen Ver-

Ich gehöre Maria.
Bernadette und die Madonna von Lourdes

pflichtungen, und das beeinflußt Entscheidungen. Es bedeutet, ein Leben im Dienst zu führen – im Liebesdienst, nicht als Sklave.

Die Formel *Gut, Blut und Leben*, erfunden von Johannes Kardinal Geißel und übernommen von Heinrich Bone, verdrängte erfolgreich eine Schwachstelle des Ursprungstexts. Dort hieß es *Billig mein Leben will ich dir geben.* Auf das blasse Wort *billig* fiel eine starke metrische und musikalische Betonung. Es hat überdies eine Bedeutungsverschiebung erfahren – von «angemessen» zu «wenig kostend» oder sogar «wenig wert». Deshalb war eine Überarbeitung an dieser Stelle sinnvoll und setzte sich auch bald flächendeckend durch.

Aber *Gut, Blut und Leben* ist heute umstritten. Die Formel findet sich noch in zehn von 23 Diözesananhängen des *Gotteslob 2. Dreizehn Diözesen haben sich von ihr verabschiedet. Die Formel galt und gilt in mehrfacher Hinsicht als anstößig. Da stört vor allem das *Blut*. Sein Blut für jemanden geben ist seit den Weltkriegen sachlich wie sprachlich eine diskreditierte Wendung. Manche erinnern sich bei *Blut und Leben* auch allzu schnell an «Blut und Boden», so daß sich die von Kardinal Geissel um 1835 erfundene Formel heute gegen einen völlig unbegründeten Faschismusverdacht wehren muß. Ihr Ursprungskontext ist jedoch anderswo zu suchen, in der Minnedienstvorstellung der Ritterromantik, allgemein in jenem idealistisch romantisierten Feudalismus, der zu den Träumen der Biedermeierzeit gehörte und vor 1848 modern war. Maria ist die Feudalherrin und der Sänger ihr Dienstmann oder ihr Ritter, der alles für sie zu tun und zu geben bereit ist. Maria muß eine hohe Frau sein, damit das Sinn hat. Wenn der Hochadel fehlt, will auch der minnende Ritter nicht mehr so richtig passen. «Gut», «Blut» und «Leben» für eine «niedrige Magd» hingeben? Das ist nicht mehr triftig.

Mythenkonkurrenz

Die zweite große Anstößigkeit entsteht durch die geforderte Christozentrik, die seit *Gotteslob 1 den alten Marienliedern das Leben schwer macht. *Gut, Blut und Leben* sollte man doch nur Christus geben, nicht Maria! Wäre dann nicht eine Umadressierung des Liedes das Gebotene gewesen? Das ist machbar und ist gemacht worden: von einem evangelischen Volksliedsammler des 19. Jahrhunderts, der etliche aus katholischen Quellen geschöpfte Lieder zu korrigieren sich die Freiheit nahm, «soweit dieselben mit den Wahrheiten des göttlichen Wortes nicht übereinstimmen». Er schuf eine evangelische Kontrafaktur des *Wunderschön prächtige*, die zwar nie in die Gesangbücher gelangte, aber als Testfall der Mythenkonkurrenz zwischen Jesus und Maria dienen kann. Kann Jesus halten, was Maria verspricht? Wäre etwas gewonnen, wenn katholische und evangelische Christen gemeinsam die Fassung von Friderich *Hommel sängen?

Titelkupfer mit König David und dem Gekreuzigten, ohne Maria

1. Wunderschön prächtige,
große und mächtige
Sonne der Gnaden, du himmlisches Licht,
Jesu, auf ewig ich
ganz dir verbinde mich,
ja auch mit Leib und Seel gänzlich verpflicht.
Billig mein Leben,
alles beineben,
alles, ja alles was immer ich bin,
geb ich mit Freuden, o Jesu, dir hin.

2. Du bist ja voller Zierd,
kein Fehl gefunden wird,
du bist, o Jesu, der Schönste allein.
Auch deiner Majestät
ewiglich nichts abgeht,
was nur vollkommen und herrlich kann sein;
Dein ganzes Wesen
ist auserlesen;
du bist der Reinheit vollkommener Glanz,
selbst bist die Liebe, die Heiligkeit ganz.

3. Der ganze Bau der Welt
an deiner Hand sich hält,
ganz majestätisch du alles regierst;
Du König Jesu Christ,
mächtiger Herrscher bist,
Himmels und Erden den Scepter du führst;
Der Engel Scharen
dein Lob nicht sparen,
singen, frohlocken mit fröhlichem Schall,
dir, ihrem Meister, sie huldigen all.

4. Vor dir der Mond verbleicht,
ja auch voll Scham entweicht
vor deinem Antlitz die glänzende Sonn;
Kein Unvollkommenheit
mindert dein Herrlichkeit,
du aller Himmel hellleuchtende Wonn.
Alles was lebet,

alles was schwebet,
alles was Himmel und Erden schränkt ein,
muß deiner Majestät untertan sein.

5. Doch hast du Kron und Reich,
Gottheit und Macht zugleich
willig gelassen, die Menschheit erkorn,
Schwachheit erwählt und Not,
Elend, Schuld, Schmach und Tod,
daß du erlöst uns vom ewigen Zorn,
Sünden und Schanden,
höllischen Banden.
Gott aber hat dich erwecket vom Tod
und dich erhöht als gewaltigen Gott.

6. Gott dich erwählet hat
zu einer Zufluchtsstatt
allen Bedrängten und Sündern insgmein;
Du bist ein Helfer groß,
machst alle Bande los,
so groß nur immer der Jammer kann sein.
Vor allen Gfahren
kannst du bewahren;
ein ganzes Kriegsheer vertilget gar bald
dein unbeschränkte himmlische Gewalt.

7. In diesem Jammertal
seufzen wir allzumal
zu dir, o Jesu, in Elend und Not.
Jesu, dein Tod und Pein
soll unser Labsal sein,
wann die Seel scheidet vom Leibe der Tod;
Wann wir hinreisen,
tu uns erweisen
Huld und Barmherzigkeit bei deinem Thron,
gib uns aus Gnaden den himmlischen Lohn.

Jesus und Maria vereint

Quellenverzeichnis

Christiane Schäfer: «Wunderschön prächtige». Geschichte eines Marienlieds. Tübingen: Francke 2006. Daraus wurden die Textedition (S. 69 f.), die auf einer gründlichen quellenkritischen Diskussion aufruht (S. 19–68), und zahlreiche andere Befunde und Impulse entnommen. Die seitdem aufgetauchten weiteren Flugblattquellen aus dem 18. Jahrhundert haben das Bild nicht verändert.

Die Melodieedition präsentiert einen in der Liedgeschichte häufig belegten Grundtypus (hier nach Schäfer S. 208). Der älteste Druck, das Flugblatt Wien 1759, eignet sich als Editionsgrundlage nicht, weil er eine bereits bearbeitete Version anbietet.

Liedflugschriften

Anmüthiges Lied. Wunderschön prächtige, Große und mächtige. [o.O., um 1800]. Sammlung *Nehlsen.

Ein neues Danklied zu Gott welches Für den am 12. Augusti 1759 von der mit den Kaiserl. Königlichen Trouppen vereinigt Rußischen Kaiserl. Armee wider den König in Preußen ohnweit Frankfurt an der Oder erfochtenen ruhmvollen Sieg die gebührende Danksagung abzustatten, und noch ferneren Seegen fuer die gerechte Kaiserl. Königl. und Alliirte Waffen zu erbitten, eine getreue Wiener Burgerschaar bey einer zu diesem Ende angestellten Wallfahrt zu Maria Lanzendorf solenniter abgesungen. Verfast von Anton Ignatz Ulbrich, Kaiserlich=Königlichen Hofmusico. Wien, bey Johann Thomas Trattner, Kaiserl. Königl. Hofbuchdrucker und Buchhändler 1759. [*UB Graz I (Rara II) 27948].

Drey neue Zeller=Lieder. Das Erste: Wunderschön prächtige, grosse cc. Das Zweyte: Nun weil die Stund ankommen, o schmerzen überaus, cc. Das Dritte: Mariazell, o Gnadenfrau! wir cc. Ödenburg, gedruckt im Jahr 1801. [*Klier, Linz 54/7/30].

Drey schöne geistliche Lieder. Das Erste: Wunder schön prächtige, große cc. Das Zweyte: Die Schönste aus allen cc. Das Dritte: Kommt, ihr Engel! jubiliret cc. Bamberg bey J. Georg C. Gertner seel. Erben. [nach 1786 gedruckt] [*DVA Bl. 6854, *BN Strasbourg R. 104 308].

Drei schöne Geistliche Lieder. Das Erste. Wann mein Schifflein wird anlaenden, Das Zweite. Wunderschön, praechtige, große und cc. Das Dritte. Maria, wer dich ehrt, cc. Ohne Ort und ohne Jahr. [*FDH Hs-12675–1].

Drey schöne neue Gesänge. Zu Ehren der allerseligsten Jungfrau. [Wann mein Schifflein wird anländen, Wunderschön prächtige, Maria hilf doch mir]. Ohne Ort und Jahr. [*FDH Hs-12677–5].

Drei schöne Marianische Lieder. Das Erste: Wunderschön', prächtige cc. Das Zweite: Vor dem Gnadenthron' Mariä Schöndorf. Das Dritte: Von der gold'nen Samstags=Nacht. Steyr, Druck und Verlag des M. Haas. [*Klier, Linz 57/2/121].

Drey schöne Marianische Lieder. Das Erste: Wunderschön, prächtige cc. Das Zweyte: Erhebe dich mein Herz cc. Das Dritte: Maria! Maria! du übertriffst gar weit cc. Gedruckt in diesem Jahre. [*VKM Graz 12.277a-0, 1].

Drey schöne neue Geistliche = Lieder. Das Erste: Holdseliges JEsulein, mit deinen Äugelein, sehe uns gnädig an, cc. Das Anderte: Wunderschön prächtige, grosse und mächtige, liebreich, holdselige cc. Das Dritte: O Himmels Königin! Maria dich zu ehren, dein Lob und Ehr zu mehren ist stäts mein Will und Sinn, cc. Clagenfurth, gedruckt bey Johann Friderich Kleinmayer sel. Erben, 1765. [*DVA Bl. 7740].

Drey schöne neue Gesänge zu Ehren der allerseligsten Jungfrau. [II. Wunderschön prächtige cc., *SPK Berlin Yd 7923].

Fünf schöne Marianische Lieder, Zu der Gnadenreichen Bildnuß MARIAE bey Eisenstadt. Das Erste: Ach was hab ich jetzt vor Freuden, daß cc. Das Zweyte: Wo mein Seel wirst hingehen cc. Das Dritte: Engel schönsten Rosengarten, cc. Das Vierte:

Wunderschön=prächtige, grosse und cc. Das Fünfte: Weh mein Herzen voller Schmerzen, cc. Ödenburg, gedruckt im Jahr 1805. [*Klier, Linz Sch 57/6/44].

Fünf schöne neue Geistliche Lieder, Das Erste: Ach Jesu mein Leben, mein einziger Trost cc. Das Zweyte: Ich lieg vor deinen Füssen, allerliebster Jesu mein cc. Das Dritte: Im Himmel, im Himmel, verlang ich zu seyn cc. Das Vierte: Wunder schön prächtige, grosse und mächtige, cc. Das Fünfte: O Maria, hör das Klagen, von den armen Schäfelein cc. Grätz, gedruckt bey den Widmanstätt. Erben. [*Stmk LA, Graz 1395a/I/11a].

Fröhliches Marianisches Lied. [Wunderschön prächtige cc.] [*Klier, Linz 54/13/130].

Gesang zum heiligen Franciscus Xaverius. Nach der Arie: Wunderschön, prächtige [Gütigster Schutzpatron cc.] [*DVA Freiburg Bl. 7547].

Lied zu der allerseeligsten Jungfrau und Mutter Gottes Maria. Gedruckt in diesem Jahr. [Wunderschön prächtige cc.] [*StLb Wien E 80903].

Lied zur Mutter Gottes. Gedruckt in diesem Jahr. [Wunder schön prächtige cc.] [*LA St. Pölten V II 163/28].

Lob-Gesang durch welches der seligsten Jungfrau und Mutter Gottes Mariä, Herrlichkeit verehret, und gepriesen wird. [Wunder schön prächtige] [Privatsammlung *Nehlsen].

Lobgesang zum heiligen Namen Maria / Marianischer Gesang [Wunderschön prächtige cc.] [*VKM Graz 7715].

Vier schöne Geistliche Lieder. Das Erste: Wunderschön prächtige, groß cc. Das Zweyte: O Jesu mein! wie schwere Pein cc. Das Dritte: Jetzt weint mein Seel, und blut cc. Das Vierte: Maria, Maria, ach weh das cc. Gedruckt in diesem Jahre. [*Klier, Linz 56/1/63].

Vier schöne und erbauliche Lieder. Vor dem wunderthätigen Bild der göttlichen Mutter auf dem Rigyberg abzusingen. Gedruckt im Jahre 1781. [2. Wunder schön prächtige!] [*BB Luzern H 2070 8°:2].

Zwey Celler = Lieder. Das Erste: Wunderschön prächtige, grosse cc. Das Zweyte: Nun weil die Stund ankommen, o Schmerzen überaus, cc. Neustadt, gedruckt bey Joseph Fritsch. [*VKM Graz 12267/22].

Zwey schöne Lobgesänge, zu der allerseeligsten Mutter Gottes MARIA. Das Erste: Wunderschön prächtige cc. Das Zweyte: Maria die schönste Schäfferin cc. Gedruckt in diesem Jahr. [Preßburg] [*VLA Wien C43/5].

Zwey schöne neue Celler Lieder, Das Erste: Wunderschön praechtige / cc. Das Andere: Nun weil die Stund ankommen / O Schmerzen überaus / cc. Gedruckt in diesem Jahr. [Sammlung *Nehlsen].

Gesangbücher, Liederbücher und Anthologien

*Breslau 1928, *Glatz 1924, *Stein 1852, *Cäcilia, *Lasset uns beten, *Des Knaben Wunderhorn, *Haxthausen, *Ditfurth, *Simrock, *Erk/Böhme, *Zupfgeigenhansl, *Spielmann, *Singeschiff 1930, *Psälterlein, *Kirchenlied, *Gotteslob 1, *Gotteslob 2, *Hommel. Weitere Schäfer S. 274–287.

Nachwort

Mythen sind gefährlich, aber unverzichtbar. Sie bedürfen der Kontrolle, aber auch der Pflege, damit sie der Humanität dienen und nicht der Finsternis. Das Buch setzt ein mit *Maria durch ein Dornwald ging* – jener rätselhaften und überlieferungsgeschichtlich halb verwehten Parabel vom dürren Dornengestrüpp, das Rosen zu tragen anfängt, als Maria, schwanger mit dem Jesuskind, ihren Weg hindurch nimmt. Es folgt *Ave Maria zart*, ein kunstvolles Lied der Barockzeit, das, ausgehend von einer ähnlichen Bildlichkeit («du edler Rosengart») einen Teil dieses Rätsels löst, jedenfalls eine große Mytho-Theologie aufmacht, die von «Evae Apfelbiß» bis zur endzeitlichen Erlösung reicht. Das dritte Lied, *Die Schönste von allen*, faltet die mythische Komponente weiter aus: Vor dem inneren Auge ersteht eine Fürstin, unendlich schön, mit der Sonne bekleidet, mit Sternen geschmückt, die jenseitig ist zu unserer Zeit, zu unserem Universum, deren Schönheit noch strahlen wird, wenn unsere Sonne erlischt. Es folgt *Maria Maienkönigin*, nazarenisch im Stil, und stellt eine Frühlingsgöttin vor Augen, die über einen geistlichen Blumengarten gebietet, in dem Arzneien gegen die Krankheiten der Moderne wachsen. Die folgenden drei Lieder zeigen Maria als Helferin im Leben, als Geleiterin über die Schwelle des Todes sowie als Anwältin und milde Fürsprecherin beim Endgericht: *Gegrüßet seist du Königin*, *Mein Zuflucht alleine* und das erst im 20. Jahrhundert aufsteigende *Segne du, Maria*. Ähnlich populär ist *Maria, breit den Mantel aus*, wofür hauptsächlich die Metapher vom Schutzmantel verantwortlich ist, der dem überforderten Individuum der Moderne Schutz vor allen Gefahren und Geborgenheit in allen Nöten seines Lebens gewährt. In *Maria zu lieben* ist Maria metaphorisch dominant Mutter, deren Liebe trägt im Leben und Sterben, aber unterschwellig auch Jungfrau und angebetete Geliebte, denn die Sprache des Liedes ist die Sprache der Liebe.

Jesus ist in all diesen Liedern, wenn er überhaupt vorkommt, weniger der Prediger der Nächstenliebe als vielmehr der strenge Richter, der durch die Fürsprache seiner Mutter milde gestimmt werden muß. Sie hat Verständnis für all die armen Sünder, die doch gern ein reines Leben geführt hätten (aber es war nicht möglich). «Lösche Evae Sünde», flehen sie zur Gottesmutter in *Meerstern, ich dich grüße*. Als «Meerstern» ist sie eine geheimnisvolle Erscheinung am Nachthimmel, die den auf dem Meer des Lebens herumirrenden Menschenkindern Orientierung gewährt. Sie sitzt in *Sagt an, wer ist doch diese* als mächtige und milde Fürstin an der himmlischen Tafelrunde, sie steigt wie Eos als Morgenröte herauf, sie schwebt, mit Mond und Sternen geschmückt, über dem Paradies. Das letzte Lied des Buches, *Wunderschön prächtige*, führt die meisten Motive noch einmal zusammen: die Schönheit, die Macht, die Milde, die Jungfräulichkeit, die Mütterlichkeit, die trinitarische Familiarität (Maria ist die *Tochter* des Vaters, die *Mutter* des Sohnes, die *Braut* des Geistes), die kosmische Majestät der Himmelsfürstin, die große Frau mit Kraft zum Heilen und Helfen im Leben und im Sterben.

Die Entfaltung des Mythos Maria wurde einerseits von der kirchlichen Mariologie inspiriert, andererseits immer wieder von Dämpfungs- und Lenkungsprozessen gebremst. Beides ist ein Hinweis auf die elementare Kraft der Bedürfnisse, die diese Lieder hervorgetrieben hat und sie bis heute hervortreibt und verändert. Diese Lieder wurden gebraucht. Das läßt sich philologisch präzise an den Fassungsgeschichten nachweisen. Fassungsgeschichte ist Wirkungsgeschichte; an ihr lassen sich Absichten ablesen, die so stark sind, daß sie schließlich Veränderungen erzwingen.

Freilich sind die Absichten der Veränderer ebenso wenig wie die Absichten der ursprünglichen Autoren eine Garantie dafür, daß die Lieder auch den Absichten entsprechend verstanden wurden. Wie bei jedem Kunstwerk ist das Lied nur eine Art Partitur, für deren Aufführung der Rezipient das Orchester stellt. Die Instrumente dieses Orchesters bestehen nicht nur im Bildungshorizont und im angelernten ästhetisch-religiösen Sensorium des Sängers, sondern auch in speziellen Lebenserfahrungen und konkreten Umständen des Singens. Deshalb sind Rezeptionssimulationen sinnvoll, wie sie in diesem Buch mehrfach durchgespielt werden. Sie fragen danach, wie sich ein bestimmtes Lied unter ganz bestimmten Umständen ausnimmt; wie es seinen Sinn verändert, wenn es in der Maiandacht, im Konzert, im Hörsaal, an einem Juniabend im Wandervogel, auf YouTube gesungen von den *Prinzen*, im Krankenhaus, bei einer Beerdigung, im Krieg, im Haus allein vor sich hingesummt oder am Ende des Sonntagsgottesdiensts erklingt.

Kirchenlieder sind ideale Paradigmata der Rezeptionsforschung. Anders als ein Goethegedicht genießen sie keinen Autorschutz. Jede Gesangbuchgeneration nimmt nach ihrem Belieben Eingriffe in sie vor. Auf die Jahrhunderte gesehen rollen die wechselnden Zustände dieser Lieder vor dem Betrachter ab wie Filme. Wie im Zeitraffer zeigen Liedgeschichten die große Kultur- und Geistesgeschichte en miniature. Einige Lieder haben Autoren, dann hat es die Forschung leichter. Die meisten Lieder aber sind anonym, sie entstehen irgendwann und irgendwo unter bestimmten Umständen, beginnen zu wandern, bilden Varianten aus, gewinnen oder verlieren Strophen, fallen aus den Gesangbüchern heraus oder finden in sie hinein. Sie verstummen, werden von der Wissenschaft wiederentdeckt und geraten in weltliche Liederbücher, die neue Interessen an sie herantragen. Ein «Urtext» oder ein «Original» liegt oft nicht vor, aber meistens kann man den Ausgangspunkt mit Hilfe klassischer textkritischer Verfahren rekonstruieren. Oft ist die älteste Fassung die beste, aber nicht immer, die perfekteste Gestalt bildet sich manchmal erst in einer bestimmten Phase der Wirkungsgeschichte heraus.

Es handelt sich um Lieder, nicht nur um Texte. Die Melodien bieten auch für die Textgeschichte wichtige Kriterien an. Sie werden viel seltener im Druck überliefert, sind dafür aber viel erinnerungsstabiler. Ob ein Text auf eine schon bestehende Melodie geschrieben wird, oder eine Melodie auf einen Text, macht einen Unterschied. Manchmal helfen Melodien bei Datierungsfragen, manchmal geben sie Auskunft über Strophenformen. Manche Texte finden erst nach Generationen «ihre» Melodie. Manche Melodien sind ursprünglich weltlich und machen ihre große Karriere erst durch die Ehe mit einem geistlichen Text. Daß ein Autor zu einem Lied selber die Melodie macht, ist möglich, aber nicht häufig. Melodien können Texte stärken oder schwächen, je nachdem, welche Silben, Wörter und Wendungen sie hervorheben (durch Tonhöhe, Tonlänge, Rhythmus, Modus etc.). Sie können sogar die Grammatik stärken oder schwächen, können Texte durch musikalische Effekte in Fragmente zerlegen oder sie durch große Spannungsbögen zusammenhalten. Sie sind in der Regel stärker als der Text. Ein gefühlvoller Text geht in einer Marschmusik zugrunde, eine gefühlvolle Musik aber vermag einen martialischen Text zu besänftigen. Die Melodie trägt die entscheidenden Stimmungswerte.

Singen ist mythosnäher als Sprechen. Die Epen der Völker wurden in einem festlichen Singsang vorgetragen. Propheten singen, Engel singen. Die Liebe singt. Der Mythos singt. Anstatt in Andacht versunken mitzusingen, wird in diesem Buch der Mythos philologisch zergliedert und auf seine Techniken befragt. Anstatt ihm sein Singen einfach zu glauben, wird gesucht nach der Arbeit am Mythos und gefahndet nach denen, die wo, wann, wie und warum an diesen Liedern herumgeschraubt haben. Nach ihren Motiven wird gefragt, auch nach ihrem Können. Es ist nicht der «Volksmund», der dichtet, es ist auch nicht der Heilige Geist, oder wenn doch, dann hat er Werkzeuge, und das sind ganz bestimmte Individuen, die bestimmte Meinungen und Interessen haben und außer vom Heiligen Geist noch vom Zeitgeist gesteuert werden. Dieser ist wandelbar, manchmal sogar wankelmütig. Wenn ein Marienlied im 17. oder frühen 18. Jahrhundert als Wallfahrtslied entsteht, auf Liedflugblättern durch die Lande getragen wird, in Gesangbücher gerät, unter dem normativen Druck der Aufklärung aus ihnen wieder entfernt wird, untergeht, im 19. Jahrhundert unter dem Einfluß der Romantik aufersteht, in Volksliedanthologien weiterlebt, von Liederbüchern der Jugendbewegung für besinnliche Stunden vorgesehen wird, im 20. Jahrhundert dann ein zweites Mal in den Kirchengesang eingespeist wird, das alles unter stetem Fassungswandel, wenn dann Bischofskonferenzen 1916, 1947, 1975 und 2013 jeweils andere Fassungen zu «Einheitsliedern» erklären – dann sieht man, was «Tradition» wirklich bedeutet. Es wird nicht *ein* Glaube von Generation zu Generation weitergegeben, sondern da ist ein Wandel. Da mögen auch Konstanten sein, aber die Herausforderung ist der Wandel. Der Glaube, jedenfalls der gesungene, befindet sich ganz offenbar in einem steten Wandel. Es empfiehlt sich, zu diesem Wandel ein gelassenes Verhältnis zu entwickeln. Man kann ihn nicht stoppen; man steht in ihm und schwimmt in seinem Strom. Man verläßt ihn auch dann nicht, wenn man alte Fassungen reaktiviert. Diese wirken dann wie die Architekturzitate in der postmodernen Baukunst. Das ist nichts Schlechtes, aber solange zitiert wird, ist auch Distanz da.

Die «Wahrheit» des christlichen Glaubens soll damit gar nicht in Zweifel gezogen werden. Es ist eine Wahrheit in Bildern, Figuren und Geschichten. Diese sind vieldeutig. Im Guten wie im Bösen nehmen sie die Farbe der Kontexte an, in die man sie stellt. Das gilt historisch, liturgisch wie individuell. Die Maria vom Dornwald gibt Halt, wenn große Seelenschmerzen zu verarbeiten sind. Die Madonna von Stalingrad kann einem Soldaten helfen, Unerträgliches zu ertragen. Die Schutzmantelmadonna bietet einen bergenden Fluchtort vor jeglicher Not und Gefahr. Die Schönheit der Mutter und Jungfrau gibt vielerlei Sehnsüchten einen Kommunikationsraum und eine Ausdrucksgestalt. Die Himmelskönigin, mit der Sonne bekleidet, den Mond zu ihren Füßen, mit Sternen gekrönt, ist ein Mittel gegen die Verlorenheit, sie regiert den Himmelsbau, zentriert das Gewimmel, bändigt den Chaosdrachen, zertritt die Schlange, hat nächst Gott alle Macht und ist doch den Menschen zugetan, die ihr alles Lindernde zutrauen und in ihr alles verehren, was ihnen heilig ist. In der Stunde des Todes verläßt sie ihre Schutzbefohlenen nicht, sondern zeigt ihnen den Weg und führt sie mit milder Hand über die Schwelle. Beim letzten Gericht ist sie die Anwältin, die für die armen Menschen spricht, wenn ihnen die Sprache versagt, und für sie bittet, auch wenn sie es nicht verdienen.

Es geht nicht darum, solche Geschichten wörtlich zu «glauben». Wer sie verinnerlicht hat, wird sehen, was stärker ist in Stunden von Not und Tod: die Geschichten oder die Aufklärung, die warnend den Finger hebt. «Mach dir nichts vor», sagt sie, hat selber aber in der Stunde des Todes nichts anzubieten. In das Muster des Mythos Maria läßt sich viel, manchmal allzuviel einbringen. Man kann die Marienbilder ideologiekritisch verlästern als regressive Phantasien, mit denen Menschen sich trösten, anstatt sich mit den Ursachen ihrer Leiden auseinanderzusetzen. An dieser Kritik ist etwas Richtiges, wie an der Religionskritik überhaupt. Aber sehr viel Leiden – die unheilbare Krankheit, die unveränderliche Herkunft, die manchmal gräßliche Verwandtschaft, das unwiederholbar Versäumte, Verlassenwerden, Massenarmut, Kriege und Katastrophen – ist für die Betroffenen faktisch unaufhebbar und muß ausgehalten werden, so wie die Sterblichkeit ausgehalten werden muß. Maria hilft aushalten – das funktioniert nicht immer und automatisch, aber das ist ihr Potential. Wenn der Mythos Geschichten und Lieder anbietet, um Leid und Tod in Ausdrucksgestalten einzufangen, mit denen sie besser auszuhalten sind, dann ist das allemal besser als das aufgeklärte stumme Grauen, das sich dann mit Alkohol, Tabletten und Videospielen betäubt.

Ob der Mythos Maria tiefer Glaube ist oder «nur» Metapher, kann offen bleiben. Der Graben ist vielleicht gar nicht so tief. Wer immer sich singend in die Bilderwelt dieser Lieder begibt, darf Respekt erwarten, ob er (oder sie) dabei von einem religiösen Flair gestreift wird oder nicht. Zwischen ästhetischer und religiöser Ergriffenheit gibt es eine breite Schnittmenge. Tot ist der Mythos Maria jedenfalls nicht. Das Buch zeigt, wie beträchtlich und kontinuierlich gerade im 19. und 20. Jahrhundert an diesen Liedern herumgestaltet wird. Im neuen katholischen Einheitsgesangbuch *Gotteslob 2 von 2013 ist kein einziges von ihnen aus dem Bestand gefallen. Obgleich es bei neueren Dichtungen eine klare Tendenz gibt, Maria ihrer großen mythischen Attribute zu entkleiden, sie metaphorisch zu demokratisieren und sie als einen Menschen unter vielen zu betrachten – als Schwester Maria, als Frau aus dem Volk, als Mädchen aus Israel, als eine, die Gottes Ruf gehorchte –, bleiben die alten Lieder und Bilder daneben doch wirksam. So wenig die prächtigen alten Marienstatuen aus den Kirchen entfernt werden, auch wenn der Glaube, der sie erzeugte, verblaßt ist, so wenig müssen die alten Lieder, deren Texte den heutigen Anschauungen nicht mehr entsprechen, aus den Büchern entfernt werden. Ein Lied ist nicht nur eine Mitteilung von Aussagen. Es ist Musik und schon deshalb etwas Höheres, es ist ein Kunstwerk und schon deshalb unendlich deutbar, es kann ferner durch Liturgien kontextuiert werden, die unerwünschte Wirkungen fernhalten und erwünschte Resonanzböden zum Schwingen bringen. So wie die geistliche Musik Johann Sebastian Bachs heute allen gehört, seien sie evangelisch oder nicht, so verdienen auch die Marienlieder Interesse über den Raum der katholischen Kirche hinaus – ob gesungen, ob konzertant aufgeführt oder ob studiert als Guckfenster in ein intimes Zimmer der abendländischen Seele.

Entwurf einer Turmbekrönung für das Straßburger Münster

Dank

Ohne den viele Jahre währenden Auf- und Ausbau des Mainzer Gesangbucharchivs hätte dieses Buch nicht entstehen können. Diese Sammlung und ihre Erschließung durch die Datenbanken Liedkatalog und Gesangbuchbibliographie boten Möglichkeiten für eine fassungsgeschichtliche Forschung, die bisher schlechterdings nirgends bestanden. Sie wurden geschaffen von vielen Personen in vielen Jahren – von den Mitgliedern des Interdisziplinären Arbeitskreises Gesangbuchforschung der Johannes Gutenberg-Universität Mainz, von den Stipendiaten und Kollegiaten des Graduiertenkollegs Kirchenlied, von zahlreichen Mitarbeitern, bibliothekarischen und studentischen Hilfskräften, deren hier nur pauschal gedacht sein kann. Speziell haben sich um dieses Buch auf die verschiedensten Arten verdient gemacht Andrea Ackermann, Hansjakob Becker, Michaela Brodl, Raymond Dittrich, Michael Fischer, Ansgar Franz, Krisztina Frauhammer, Dominik Fugger, Christian Graber, Franz Groiß, Sabine Gruber, Karel Halla, Anne Harzer, Hannah Hassanein, Erika Heitmeyer, Thomas Hieke, Helmut Hinkel, Pascal Hollaus OFM, Esther Hornung, Peter Knauer SJ, Marle Kurzke, Jan Kvapil, Helmut Lauterwasser, Thomas Naupp OSB, Eberhard Nehlsen, Sabrina Niederelz, Sonja Ortner, Benedikt Plank OSB, Carolin Raub, Christoph Riedo, Christina Riese, Diana Rothaug, Michael Schäfer, Rebecca Schmidt, Werner Schubert, Hans Sternad, Alex Stock, Frauke Striegnitz, Jutta Trafoier, Andreas Wittenberg und Alexander Zerfaß. Zahlreiche Bibliotheken, Archive und Sammlungen haben seltene Bücher, Liedflugschriften und Archivalien beigetragen, so die Bibliothek des Benediktinerklosters Admont, die Staatsbibliothek Preußischer Kulturbesitz in Berlin, die Staatsbibliothek in Bamberg, das Kreisarchiv in Eger (Cheb), das Deutsche Tagebucharchiv in Emmendingen, das Diözesanarchiv Erfurt, das Freie Deutsche Hochstift in Frankfurt am Main, das Deutsche Volksliedarchiv in Freiburg, das Museum Johanneum in Graz, das Franziskanerarchiv in Hall (Tirol), die Stadt- und Universitätsbibliothek Köln (Sammlung Bäumker, *Gotzen-Kartothek), die Martinusbibliothek in Mainz, die Universitätsbibliothek in Mainz, das Stadtarchiv in Linz, die Bayerische Staatsbibliothek in München, die Stadt- und Universitätsbibliothek in Münster, die Erzbischöfliche Akademische Bibliothek in Paderborn, das Bischöfliche Zentralarchiv in Regensburg, das Museum der Reichenau, die Universitätsbibliothek in Salzburg, das Stadtarchiv Schwaz (Tirol), die Bibliothek des Priesterseminars in Speyer, die Bibliothek des Benediktinerklosters St. Lambrecht, das Niederösterreichische Landesmuseum in St. Pölten, die Universitätsbibliothek in Straßburg, das Archiv des Österreichischen Volksliedwerkes in Wien, das Diözesanarchiv und die Universitätsbibliothek in Würzburg. Allen sei herzlich gedankt!

Mainz und Speyer im Mai 2014

Hermann Kurzke und Christiane Schäfer

Abgekürzt zitierte Titel und Einrichtungen

***Aachen 1939** Gebetbuch und Gesangbuch für das Bistum Aachen. Köln: Bachem o. J. [ca. 1939].

***Allgemeines Gesangbuch** s. *Mainz 1683, *Mainz 1697.

***Altötting 1938** Mutter dreimal wunderbar. Gebete und Lieder. Hrsg. von Anton Eberle. Altötting: Gebr. Geiselberger 1938.

***Amberg 1708** Catholisches Gesang=Büchlein/ In welchem Unterschiedliche Catholische Gesänge auf die fürnehmsten Fest des Jahrs/ in den Kirchen/ bey denen Processionen/ Wallfahrten und andern Orthen sehr nutzlich zu gebrauchen. Und anietzo von dem Author wieder mit schönen Geistlichen Gesängern vermehrt und zum Druck beförderet. Cum Facultate Superiorum. Amberg/ druckts und verlegts Christian Oeser/ der Röm. Kays. Majest. Ober=Pfältzischer Regierungs= und Landschaffts Buchdrucker/ 1708.

***Amsterdam 1671** Nord=Stern/ Führer auff dem Weg zur Seeligkeit/ durch drey kräfftige Wirckungen; BETEN/ PSALLJEREN/ LESEN. das ist: Drey Catholische Büchlein: I. Geistreiches Bet=Buch: II. Außerlesenes Psalter=buch: III. Heilsames Lehr=buch: Zum nutzen der Teutschen Nation/ und insonderheit der Nord=Ländern: Mit sonderbarem fleiß zusammen gebracht und ordentlich abgetheilt/ ein jedes in fünff Theil. Cum facultate Superiorum. Getruckt zu Amsterdam/ Bey Joachim von Metelen/ Buchhändlern. 1671.

***Andernach 1608** Catholische Geistliche Gesänge/ Vom süssen Namen Jesu/ vnd der Hochgelobten Mutter Gottes Mariæ &c. Von der Fraternitet S. Ceciliæ Zu Andernach in Lateinisch vnd Teutsche verß Componirt vnnd Collegirt. Vtriusque sexus parthenicis priuatim & in pijs congregationibus. Auch in Bittgängen/ Wallfahrten/ Creutzgängen/ Processionen, Stationen, Gottsdrachten/ Frücht vnd Landsägnungen vnd bey der Kinderlehr zugebrauchen. Gedruckt zu Cölln/ Durch Gerhart Greuenbruch. Anno M. DC. VIII.

***Augsburg 1859** Laudate. Katholisches Andachtsbuch zum Gebrauche bei dem öffentlichen Gottesdienste im Bisthum Augsburg. Auf bischöfliche Anordnung. Augsburg: B. Schmid'sche Buchhandlung 1859.

***Aurbacher** Deutsche katholische Gesänge aus älterer Zeit. Eine Anthologie. Frankfurt am Main: Schmerber 1833.

***Bamberg 1732** Bambergisches Gesang=Buch, Worinnen Außerlesene, Christlich=Catholische und Geistreiche Gesänger, Auf Sonn= und führnehmste Fest=Täg, und sonsten das gantze Jahr hindurch bey Proceßionen, Creutzgängen, Bitt- und Wallfahrten, auch bey dem Ambt der heiligen Meß, Predig, Kinder=Lehr, und Bruderschafften, wie auch Morgens= und Abends=Gesänger, in Häusern und auf dem

Feld, sehr tröst= und nützlich zu gebrauchen. Anjetzo zum vierdtenmahl vermehret und verbessert. PERMISSU SUPERIORUM. BAMBERG, Gedruckt und zu finden bey Johann Georg Klein, Hochfürstl. Bamberg. Privilegirten Buchdruck- und Buchführern. 1732.

***Basel 1890** Psälterlein. Gebet- und Gesangbuch für die Diözese Basel. Auf oberhirtliche Anordnung. Regensburg: Pustet 1890.

***Bäumker** Wilhelm Bäumker: Das katholische deutsche Kirchenlied in seinen Singweisen von den frühesten Zeiten bis gegen Ende des siebzehnten Jahrhunderts, auf Grund handschriftlicher und gedruckter Quellen bearbeitet von Wilhelm Bäumker, 4 Bände, Freiburg im Breisgau: Herder 1883–1911 (Reprint Hildesheim: Georg Olms 1962).

***BB Luzern** Bürgerbibliothek Luzern.

***Berlin 1937** Katholisches Militär-Gebet- und Gesangbuch. Zusammengestellt von Franz Justus Rarkowski. Apostolischer Administrator, k. Feldbischof der Wehrmacht. Mit kirchlicher Genehmigung. Berlin: Wehrverlag Joseph Bercker 1937.

***Blieskastel 1787** Zweybrückisches katholisches Gesang- und Vesper-Buch mit verschiedenen Gesängen vermehrt sonderbar nach dem Gebrauche des Bischthums Metz eingerichtet. Neue Auflage Blieskastell, Gedruckt bey P. Leonard, und zu haben bey Joh. Hoffmann, Schulmeister in Zweybrücken. 1787.

***BN Strasbourg** Bibliothèque Nationale, Université de Strasbourg.

***Böhmische Brüder** s. *Jungbunzlau 1531.

***Bone 1847** Cantate! Katholisches Gesangbuch nebst Gebeten und Andachten für alle Zeiten und Feste des Kirchenjahres. Nach den alten, sonst allgemein gebräuchlichen Gesängen und Andachten, sowie nach dem lateinischen Kirchenritus bearbeitet von Heinrich Bone. Mit hoher geistlicher Genehmigung. Mainz, Verlag von Kirchheim, Schott und Thielmann. 1847.

***Bone 1851** Cantate! Katholisches Gesangbuch nebst einem vollständigen Gebet= und Andachtsbuche. Herausgegeben von Heinrich Bone. Zweite, sehr vermehrte Auflage. Mit hoher geistlicher Genehmigung. Paderborn. Verlag von F. Schöningh. 1851.

***Breslau 1928** Friede sei mit dir. Katholisches Gesang- und Gebetbuch. Franz Hoffbauer, Oppeln, im Selbstverlag. Druck Universitätsdruckerei Graß, Barth & Comp. W. Friedrich, Breslau 1928.

***Bruchsal 1768** Catholisches Gesang=Buch, begreifend Auserlesene geistliche Gesänge auf Sonn= und Festtage des ganzen Jahrs, nebst einem Anhang der vornehmsten Messen und Vespern, auch einer Ordnung die Wallfahrten und gewöhnliche Betstunden andächtig zu verrichten. Zum größeren Lob Gottes und Verehrung seiner Heiligen. Nach gnädigster Anordnung, Approbation und ertheilten Privilegio des hochwürdigsten Fürsten und Herrn Herrn Franz Christoph der Heil. Röm. Kirchen Priester Kardinal, Bischof zu Speyer, Probst der gefürsteten Probstey Weissenburg, wie auch des freyadelichen Ritterstifts Odenheim in Bruchsal, des Heil. Römischen Reichs Fürst &c. Aufs neue durchgesehen, verbessert und in Druck gegeben. Bruchsal, gedruckt und zu finden bey Jacob Bevern, Hof= und Canzley=Buchdrucker. 1768.

***BSB München** Bayerische Staatsbibliothek München.

***Cäcilia** Cäcilia. Katholisches Gesang= und Gebetbuch. Von Joseph Mohr. Siebente, verbesserte und vermehrte Auflage. Mit bischöflicher Approbation. Regensburg, New York und Cincinnati. Verlag von Friedrich Pustet, Typograph des heiligen, apostolischen Stuhles. 1875.

***Cantate 1847 und 1851** s.*Bone 1847 und 1851.

***CS** Sammlung Christiane Schäfer.

***Des Knaben Wunderhorn** Des Knaben Wunderhorn. Alte deutsche Lieder. Gesammelt von Achim von Arnim und Clemens Brentano. Zuerst Heidelberg: Mohr und Zimmer 1806–1808. Herausgegeben und kommentiert von Heinz Rölleke. Stuttgart: Reclam 1987.

***Deutscher Liederhort** Deutscher Liederhort. Auswahl der vorzüglicheren Deutschen Volkslieder nach Wort und Weise aus der Vorzeit und Gegenwart gesammelt und erläutert von Ludwig Erk. Im Auftrag und mit Unterstützung der Königlich Preußischen Regierung aus Erk's handschriftlichem Nachlasse und auf Grund eigener Sammlung neu bearbeitet und fortgesetzt von Franz M. Böhme, 3. Bände, Hildesheim u.a.: Georg Olms 1988 (Nachdruck der Ausgabe Leipzig 1893/94).

***Diözesananhänge** Bibliographiert und im Liedbestand erfaßt in: Heinrich Riehm: Das Kirchenlied am Anfang des 21. Jahrhunderts in den evangelischen und katholischen Gesangbüchern des deutschen Sprachbereichs. Eine Dokumentation. Tübingen: Francke 2004.

***Ditfurth** Fränkische Volkslieder. Mit ihren zweistimmigen Weisen wie sie vom Volke gesungen werden, aus dem Munde des Volkes selbst gesammelt und herausgegeben von Franz Wilhelm Freiherr von Ditfurth, Band I: Geistliche Lieder. Leipzig 1855. Reprografischer Nachdruck Hildesheim: Georg Olms 1966.

***Dreves 1885** O Christ hie merk! Ein Gesangbüchlein geistlicher Lieder. Von Guido Maria Dreves S. J. Mit Approbation des hochw. Herrn Erzbischofs von Freiburg. Freiburg im Breisgau. Herdersche Verlagshandlung. 1885.

***DVA** Deutsches Volksliedarchiv Freiburg im Breisgau (heute Zentrum für Populäre Kultur und Musik).

***Eger 1675** Echo Hymnodiae Coelestis, Nachklang der himmlischen Sing=Chör/ das ist/ Alte= und Neue Catholische Kirchen=Gesänge/ Auf die fürnehmste Zeiten deß gantzen Jahrs/ wie auch Fest=Täge der gebenedeyten Mutter JEsu/ und etlich anderer Heiligen GOttes. Aus approbirten Authoren der Catholischen Kirchen zusammen getragen/ mit neuen Gesängern vermehret: Und zum Geistlichen Trost Aller andächtig=Catholischen Christen/ zum nutzlichen Gebrauch der Herren Schul= und Kirchen=Bedienten allenthalben/ bey denen gehaltenen GOttesdiensten und Wallfahrten/ mit annehmlichen Melodeyen/ zum Singen und Schlagen/ aufs fleissigste gestellet. Von JOANNE GEORGIO Braun/ von Ubthal/ Chor-Regente in Eger. Sultzbach/ Jn Verlegung Wolfgang Moritz Endters/ und Johann Andreä Endters Sel. Erben. Druckts Abraham Liechtenthaler. Permissu Superiorum. ANNO M. DC. LXXV.

***Eger 1701** Egerisches Gesang-Büchlein/ Alter- und Neu- Catholischer Kirchen- Gesänge/ Auß unterschiedlichen Authores, auff die fürnehmste Fest und Feyer-Täg deß gantzen Jahrs/ wie auch zu der übergebenedeyten Jungfrauen Mariä/ zusammen getragen/ und mit neuen Gesängern vermehret. Zum Trost und Erquickung allen GOtt-liebenden frommen Catholischen Christen zum andernmahl in Druck befördert. Cum Permissu Superiorum. Druckts und verlegts Johann Frantz Fritsch/ 1701.

***Einheitslieder 1916** Anhang zum Gesang= und Gebetbuch für die Diözese Fulda. Enthaltend 23 Einheitslieder. Fulda: Verlag der Fuldaer Aktiendruckerei 1916. Zahlreichen Gesangbüchern seit 1916 beigebunden.

***Einheitslieder 1947** Einheitslieder der deutschen Bistümer. Authentische Gesamtausgabe. Freiburg: Christophorus und Mainz: Schott 1947. In den Gesangbüchern der Nachkriegszeit tragen diese Einheitslieder das Kürzel «E».

***Einheitslieder der nordwestdeutschen Bistümer** Eine Liste vereinheitlichter, in den Gesangbüchern der nordwestdeutschen Bistümer seit 1949 unter dem Kürzel «e» geführter Lieder.

***Erk/Böhme** s. *Deutscher Liederhort.

***FDH** Freies Deutsches Hochstift, Frankfurt am Main.

***Feldgesangbuch 1939** Katholisches Feldgesangbuch. Berlin: Mittler & Sohn 1939.

***Fränkische Volkslieder** s. *Ditfurth.

***Freiburg 1892** Magnificat. Katholisches Gebet= und Gesangbuch für die Erzdiöcese Freiburg. Herausgegeben im Auftrag des Hochwürdigsten Herrn Erzbischofs von Freiburg. Freiburg im Breisgau: Herdersche Verlagshandlung 1892.

***Fulda 1695** Catholisch MANUAL Oder New Füldisch Gesang=Buch/ Darinnen die außerlesenste/ theils Alte/ theils Newe Catholische/ Latein und Teutsche Gesäng so man das gantze Jahr durch/ in den Kirchen/ Sodalitäten/ Processionen/ und sonsten zusingen pflegt/ sampt dem Basso Generali ad Organum begriffen. Sonderlich Zu Trost und Frewd der lieben Jugendt/ zu Aufferbawung Christliebender Selen. Cum Permissu Superiorum. Gedruckt in der Fürstlichen Haupt= und Residentz= Stadt Fulda durch Simonem Zeiler/ 1695.

***Fulda 1724** Allgemein Neu=Fuldisches Gesang=Buch/ Auß denen Trierischen/ Cöllnischen/ Würtzburgischen und Speyrischen Gesang=Büchern gezogen/ und mit vielen neuen und schönen Liedern gezieret und vermehret; so man das gantze Jahr hindurch in denen Kirchen/ Sodalitäten/ Processionen/ und sonsten zu singen pflegt. Sonderlich Zu Trost und Freud Der Lieben Jugend/ Zu Aufferbauung Christliebender Seelen heraußgegeben. Cum Permissu Superiorum. FULDA/ Gedruckt und verlegt durch Johann Henrich Küster/ Hoff=Buchdruckern. 1724.

***Gabler** Geistliche Volkslieder. Siebenhundertvierzehn religiöse Lieder mit 387 Melodien gesammelt in der Diöcese St. Pölten, revidiert und herausgegeben von Joseph Gabler. Zweite, verbesserte und sehr vermehrte Auflage der ‚Geistlichen Nachtigall.' Mit Genehmigung des Hochw. bischöfl. Ordinariates. Regensburg 1890.

***GBA** Gesangbucharchiv der Johannes Gutenberg-Universität Mainz.

***Geistliche Volkslieder** s. *Haxthausen.

***Geistliches Psälterlein** s. *Köln 1638 und 1747.

***Glatz 1924** Katholisches Gebet- und Gesangbuch für die Grafschaft Glatz. Sechste, vermehrte und verbesserte Auflage. Im Jahre des Herrn 1924. Habelschwerdt: Frankes Buchhandlung 1924.

*Gotteslob 1 s. *Gotteslob 1975.

*Gotteslob 2 s. *Gotteslob 2013.

*Gotteslob 1975 Gotteslob. Katholisches Gebet- und Gesangbuch. Stammausgabe. Stuttgart: Katholische Bibelanstalt 1975. 32 Diözesanausgaben (Deutschland, Österreich, Bozen-Brixen, Lüttich, Luxemburg).

*Gotteslob 2013 Gotteslob. Katholisches Gebet- und Gesangbuch. Stammteil. Herausgegeben von den (Erz-)Bischöfen Deutschlands und Österreichs und dem Bischof von Bozen-Brixen. Stuttgart: Katholische Bibelanstalt 2013. 24 Diözesanausgaben.

*Gotzen Gotzen-Kartothek. Handschriftlicher Kartenkatalog, entstanden von etwa 1905 bis 1955, mit Text- und Melodienachweisen für rund 50.000 Lieder.

*Graues Singeschiff s. *Singeschiff 1934.

*Handbuch der deutschen Strophenformen Horst Joachim Frank: Handbuch der deutschen Strophenformen. 2., durchgesehene Auflage. Tübingen und Basel: UTB 1993.

*Haxthausen Geistliche Volkslieder mit ihren ursprünglichen Weisen gesammelt aus mündlicher Tradition und seltenen alten Gesangbüchern. [Hrsg. von August von Haxthausen zusammen mit seinem Neffen]. Paderborn: Ferdinand Schöningh 1850.

*Heilige Seelenlust Heilige Seelen=Lust/ Oder Geistliche Hirten=Lieder/ Der in jhren JESUM verliebten Psyche, Gesungen Von JOHANN ANGELO SILESIO, Und von Herren GEORGIO JOSEPHO mit außbundig schönen Melodeyen geziert/ Allen liebhabenden Seelen zur Ergetzligkeit und Vermehrung ihrer heiligen Liebe/ zu Lob und Ehren Gottes an Tag gegeben. Breßlaw/ In der Baumannischen Drukkerey drukts Gottfried Gründer. 1657.

*Hommel Geistliche Volkslieder aus alter und neuer Zeit, mit ihren Singweisen herausgegeben von Friderich Hommel, Bezirksgerichtsrath zu Ansbach. Leipzig: Teubner 1864.

*HK Sammlung Hermann Kurzke.

*Jung-Volker Jung-Volker. Lieder neudeutscher Gruppen. 3. Auflage Köln: Bundesamt Neudeutschland 1925.

*Jungbunzlau 1531 Ein New Geseng buchlen. Gedruckt zum Jungen Buntzel inn Behmen. Durch Georgen Wylmschwerer Im Jar M. CCCCC.XXXj. Am zwelfte tag des Mertzen volendet.

*Katholisches Gesangbuch Katholisches Gesangbuch. Gesang- und Gebetbuch der deutschsprachigen Schweiz. Herausgegeben im Auftrag der Schweizer Bischofskonferenz. Zug: Verein für die Herausgabe des Katholischen Kirchengesangbuches der Schweiz, 1998.

*Katholisches Militär- Gebet- und Gesangbuch s. *Berlin 1937.

*Kempten 1713 Catholisch Gesang=Büchlein/ Darinnen Allerhand schöne Geistliche Gesänger zu finden. Welche durch das gantze Jahr an Sonn= und Feyrtägen/ in den Predigen/ Kinderlehren/ Processionen/ Creutzgängen/und andern Orthen sehr nutzlich zu gebrauchen. Gerichtet und getruckt für die Hochfürstliche Kemptische Landschafft. Stifft Kempten/ durch Johann Mayr. 1713.

****Kirchenlied 1938** Kirchenlied. Eine Auslese geistlicher Lieder für die Jugend. Düsseldorf 1938. Zahlreiche Folgeauflagen ohne den Zusatz «für die Jugend» im Christophorus-Verlag Freiburg.

***Klier** Sammlung Klier, Stadtarchiv Linz.

***Köln 1638** Geistlicher Psalter in welchem Die ausserlesenste alt: vnd newe kirchen, vnd haussgesang neben den lieblichsten Psalmen Dauids verfasset seindt. Colln MDC XXXVIII. In verlegung Peter Greuenbruchs.

***Köln 1650** Melodeyen Vber die Gesäng vnd Psalmen deß Cöllnischen Psälterleins. PP. Soc. Iesu. Cum Facultate Superiorum. Getruckt zu Cölln/ Bey Peter Metternich/ vor den Augustineren/ im schwartzenhauß/ Anno 1650.

***Köln 1747** Geistliches Psälterlein PP. Societ. JESU[,] In welchem Die außerlesenste alte u[nd] newe Kirchen= und Hauß=[Ge=]säng/ liebreichste Psalmen Dav[ids/] Kinder=Lehr/ kleiner Catechism[us/] Gebett=Büchlein der Bruderschafften/ zc. verfasset. Diese letzte Truck von den[en] Patribus mit sonderlichem Fl[eiß] übersehen/ und mit anmüthigen u[nd] gantz newen Gesängen und vielen Psa[l=]|men vermehret/ so seiner Ordnung nach eingesetzt. Cölln/ In dem Metternichischen Buc[h=]|laden/ Im Vogel Greiff. Im Jahr 1747.

***Köln 1937** Gebetbuch und Gesangbuch für das Erzbistum Köln. 20. Auflage Köln: Bachem [1937].

***Königgrätz 1730** Lob=Klingende Harffe Deß Neuen Testaments/ So den wahren GOtt in den unaußforschlichen Geheimnussen deß Christlichen Glaubens/ und seine Heilige ehret und preiset/ Oder ein außerlösenes Gesang=Buch, Mit welchen ein rechtglaubige Seel zu jederzeit GOtt loben/ bey allen einfallenden Jahrs=Festen die Gnaden=volle Menschwerdung Christi/ und seine wunderbahre Welt=Erlösung trostreich zu Gemüth führen/ wie auch das Leben der/ sonders in der Cron Böheimb sambt den benachbahrten Ländern bekanteren Heiligen nutzlich betrachten/ und in jeden Stand und Anliegen/ ihr bekräncktes Gemüth erquicken kan. Mit sonderbahren Fleiß aus vielen Uhr=alten/ und bewehrtesten Authoren in zehen Theil zusammen gefüget von einem Priester auß der Gesellschaft JEsu. Einem jeden anstat anderen mit Ketzereye angesteckten Liedern zu einer Gaab gewidmet. CUM LICENTIA ORDINARII. Gedruckt zu König=Gratz/ bey Wentzl Tibelli/ 1730.

***LA St. Pölten** Niederösterreichisches Landesmuseum (Landesarchiv) St. Pölten.

***Landau 1913** Zum Gebet! Katholisches Militärgebet- und Gesangbuch verfaßt von Pfarrer Dr. Foohs. Landau-Queichheim: St. Paulus-Stift 1913.

***Lasset uns beten** Lasset uns beten! Katholisches Gebet- und Gesangbuch von Joseph Mohr. Mit oberhirtlicher Approbation 1881 Regensburg, New York und Cincinatti. Druck und Verlag von Friedrich Pustet, Typograph des Heiligen apostolischen Stuhles. [Zuerst 1877].

***Leisentrit** Geistliche Lieder und Psalmen der alten Apostolischen recht und warglaubiger Christlicher Kirchen: auffs fleissigste und christlichste zusamenbracht/ durch Johann Leisentrit von Olmutz, Bautzen: Hans Wolrab 1567.

***Liederhort** s. *Deutscher Liederhort.

***Liederkranz** s. *Marianischer Liederkranz.

***Mainz 1654** Catholisch CANTUAL Das ist New Mäyntzisch Gesangbuch/ Darinnen die außerlesenste/ theils Alte/ theils Newe Catholische/ Latein vnd Teutsche Gesäng/ so man das gantze Jahr durch/ in den Kirchen/ Sodaliteten, Processionen, vnd sonsten zu singen pflegt/ sampt dem Basso generali ad Organum begriffen. Auß sonderm Befelch/ Deß Hochwürdigsten Fürsten vnd Herrn/ Herrn/ JOHANN PHILIPS, Deß Heiligen Stuls zu Mäyntz Ertz=Bischoffs/ deß H. Römischen Reichs durch Germanien ErtzCantzlers/ vnnd Churfürsten/ Bischoffs zu Würtzburg/ vnd Hertzogs zu Francken. Gedruckt zu Mäyntz/ Durch NICOLAUM HEYLL, ANNO 1654.

***Mainz 1683** Allgemeines Gesang=Buch In welchem Die ausserlesenste so wol alte als neue Lieder/ so in den Mayntzischen/ Cölnischen/ Trierischen/ Würtzburgischen und Speyrischen Gesang Bücheren Verfast und begriffen/ in dieses allgemeine Gesangbuch zusammen gesetzt seynd. Mit beyfügung der jenigen newen Lieder/ so in obgemelten Ertz= und Bistumben dieser Zeit üblich/ und dannoch in keinem deren Gesangbüchern zu finden seynd. Auß sonderbahrer Bewilligung eines Hochw. Vicariats zu Mayntz im gantzen Ertz=Stifft in Kirchen und Schulen zu gebrauchen. Mäyntz/ Bey Christoph Küchlern im Jahr 1683.

***Mainz 1697** Allgemeines Gesang=Buch/ Jn welchem Die ausserlesenste so wol alte als neue Lieder/ so in den Mayntzischen/ Cöllnischen/ Trierischen/ Würtzburgischen und Speyrischen Gesang=Büchern Verfasset und begriffen/ in dieses allgemeine Gesang=Buch zu sammen gesetzt/ und mit Notten gezieret seynd. Die jenige Lieder so keine Noten haben/ seynd auß dem Mayntzer Gesang=Buch genommen/ allwo sie mit Noten zu finden seynd. Auß sonderbahrer Verwilligung eines Hochwürd. Vicariats zu Mayntz im gantzen Ertz=Stifft in der Kirchen und Schulen zu gebrauchen. Der vierdte Truck mercklich verbessert. Mayntz/ gedruckt und verlegt durch Johann Mayr/ Hoff= und Universit. Buchtrucker. 1697. [Erste Auflage 1683].

***Mainz 1699** Extractus responsorii und Bequämliches Meß- und Vesper-Büchlein darinn alle Messen und Vespern deß gantzen Jahrs auff Noten gesetzt, begriffen seind. Mit Zusetzung einer schönen Weiß, wie man in der Creutzwochen und zu andern Zeiten die Procesionen halten [...]. Mainz: Mayr 1699.

***Mainz 1712** Allgemeines Gesang=Buch/ Auß denen Mayntzischen/ Trierischen/ Cöllnischen/ Würtzburgischen und Speyrischen Gesangbüchern gezogen/ und mit vilen neuen Liedern/ fürnemlich Auff alle Fest deß Jahrs gezieret und vermehret. Auß sonderbarer Bewilligung eines Hochwürd. Vicariats zu Mayntz Anno 1682. im gantzen Ertz=Stifft zu brauchen. Anjetzo Anno 1709. von dem Authore mit grossem Fleiß übersehen/ von gar vilen eingeschlichenen Truck=Fehlern corrigiert/ mit Zusetzung vierzehen neuen Liedern/ und mit Verbesserung der Melodien/ Noten/ Reymen und Versen außstaffieret. Die jenige Lieder so keine Noten haben/ seynd auß dem Mayntzer Gesang=Buch genommen; allwo sie mit Noten zu finden seynd. Der eilffte Truck. Durch P. Martin von Cochem/ Cap. Mayntz gedruckt und verlegt durch Johan Mayern/ Hoff= und Vniversit. Buchdruckern/ 1712.

*__Mainz 1715__ Catholisches Cantual, Das ist: Alt und neu Mayntzisch Gesang=Buch/ Darinnen Die außerlesenste/ theils alte/ theils neue Catholische Latein= und Teutsche Gesänger begriffen seynd/ so man das gantze Jahr durch In denen Kirchen/ Schulen/ Wallfahrten/ und sonsten zu singen pfleget. Sambt dem Basso Generali ad Organum begriffen. Anjetzo von neuem übersehen/ corrigirt/ und mit vielen neuen Gesängern vermehrt und verbessert. Cum Gratia & Privilegio Sac. Caes. Maj. & Electoris Mogunt. Et permissu Superiorum. Mayntz/ druckts und verlegts Johann Mayer/ Hoff= und Universitäts=Buchdr. 1715.

*__Mainz 1755__ Catholisches CANTUAL, Eines Mayntzer auch Allgemeinen Gesang=-Buchs, Erste Abtheilung darin Die auserlesenste, theils alte theils neue Catholische Latein= und Teutsche Gesänger begriffen seynd, so man das gantze Jahr durch In denen Kirchen, Schulen, Wallfahrten, und sonsten zu singen pflegt. Sammt dem Basso Generali ad Organum begriffen. Anjetzo von neuem übersehen, corrigirt, und mit vielen neuen Gesängern vermehrt/ und verbessert Von P. Martin von Cochem Capuc. Mayntz und Franckfurt, In der Häffnerischen Buchhandlung, 1755.

*__Mainz 1762__ Des Catholischen Cantuals Zweyte Abtheilung Allgemeines Gesang=-Buch, aus denen Mayntzischen, Trierischen, Cöllnischen, Würtzburgischen und Speyerischen, Gesang=Büchern gezogen, und mit vielen neuen Liedern, fürnehmlich Auf alle Fest des Jahrs Anjetzo von dem Authore mit grossem Fleiß übersehen mit Zusetzung vierzehen neuen Liedern, und mit Verbesserung der Melodeyen, Noten, Reymen und Versen ausstaffiret, Diejenige Lieder, so keine Noten haben, seynd aus dem ersten Theil nemlich dem Mayntzer Gesang=Buch genommen, allwo sie mit Noten zu finden seynd. Durch P. Martin von Cochem, Cap. Mayntz und Franckfurt, In der Häffnerischen Buchhandlung, 1762.

*__Mainz 1787__ Neues christkatholisches Gesang= und Gebetbuch für die mainzer Erzdiözes. Mit Erlaubniß der Obern. Mainz gedruckt und im Verlage des St. Rochus Hospitals, durch Cordon, das Stück um 12. Kreuzer zu haben, 1787.

*__Mainz 1847__ s. *Bone 1847.

*__Marianischer Liederkranz__ Marianischer Liederkranz: eine Sammlung von Kirchenliedern, Gesängen und Gedichten, vom Jahre 1500 bis auf unsere Zeit. Augsburg: Rieger 1841. [Hrsg. v. Philipp Maximilian Körner].

*__Marianischer Schneeberg__ Marianischer Schnee=Berg/ Oder Beschreibung der Andacht bey Unser Lieben Frawen zum Schnee auff dem Berg zu Auffhausen [...]. Nun das dritte mal/ auff viller begehren und verlangen in Druck gegeben, Durch Johann Georg Seidenbusch/ Dechandt und Pfarrer/ auch der Congregation S. Philippi Nerij daselbst Pat. spirit. o MarIa aD nIVes In AVfhaVsen | tIbI Constantes aVXILIo rege. Cum Facultate Superiorum. Regenspurg/ Gedruckt bey Joh. Egidi Raith/ Bischoffl. Regenspurg. Hoff=Buchdr. 1687.

*__Meißen__ Laudate. Gesang= und Gebetbuch für das Bistum Meißen. Verlag des Domstiftes St. Petri, Meißen o. J. [1911].

*__Münster 1665__ Außerlesene Catholische geistliche Kirchen-Gesäng, so man bey den Processionen und christlicher Kinder-Lehr im Stifft Münster zu singen pflegt: zum glückseligen Newen Jahr jetzo auffs new übersehen mit vielen außerlesenen Gesängen vermehret, gebessert und in eine bessere Ordnung gebracht. Gedruckt zu Münster bey Diederich Raesfeldt 1665.

*Münster 1677 Münsterisch Gesangbuch/ Auff alle Fest vnd Zeiten deß gantzen Jahrs/ in der Kirchen bey dem Ampt der H. Meß/ vor= vnd nach der Predig/ auch in Processionen vnd Bittfahrten/ in Geistlichen Bruderschafften vnd Versamblungen/ auch in der Christlichen Lehr/ vnd in den Schulen/ wie auch zu Hauß/ oder im Feldt/ beym Reisen oder arbeiten gar nuetzlich zu gebrauchen. Jetzo auffs new übersehen/ vnd mit vielen schönen/alten vnd newen Gesängen auß unterschiedtlichen bewehrten Gesangbüchern vermehret vnd in diese Ordnung gebracht. 1677. Gedruckt zu Muenster in Westphalen/ Bey Dietherich Raeßfeldt.

*Münster 1917 Gesang- und Gebetbuch für das Bistum Münster. Neu herausgegeben auf Anordnung des Hochwürdigsten Herrn Bischofs Hermann. Münster i. W., Verlag der Aschendorffschen Buchhandlung. 1917.

*Nakatenus Himmlisch Palm=Gaertlein, Zur bestaendigen Andacht, und geistlichen Ubungen, Nicht allein mit Tag=Zeiten, Litaneyen Gebetteren, Betrachtungen, zc. Sondern auch mit heylsamen auß Goettlichem Wort und HH. Vaetteren gezogenen Unterweisungen und Lehr=Stuecken Reichlich besetzet, Fruchtbarlich gegruendet, und Annehmlich gezieret Durch P. WILHELM. NAKATENUM Der Societaet JESU Priestern. Siebender Druck, mercklich in Matery und Kupffer=Stuecken vermehrt, und verbessert. Zu Befoerderung der Andacht, in dieser Edition ein sonderbahres Traktaetlein zugesetzt: Darinn etlicher vornehmer Heiligen Bilder, und sonderbahre Andacht zu denen, begriffen seynd. Ex speciali Approbatione Serenissimi & Reverendissimi. Archi. Episc. Elect. Colon. MAXIMILIANI HENRICI Utriusque Bavariae Ducis. Coelln und Franckfurt. Bey Johann Michael Joseph Putz Buchhaendler unter Fetten=Hennen im Rosen=Krantz. 1770.

*Nanzig 1778 Geistliche Gesänge, Welche Bey der Königlichen Mission In Lothringen Pflegen gesungen zu werden. Nanzig, Gedruckt bey Jacob Häner/ Königl. Buchdrucker/ Gasse von St. Dizier/ Nr. 337. M. DCC. LXXVIII.

*Nehlsen Sammlung Eberhard Nehlsen.

*Neiße 1675 Geistlicher ParadeißVogel Der Catholischen Deutschen Das ist: Außerlesene Catholische Gesänge/ auß gar vielen Alt und Newen Catholischen Gesangbüchern/ auff alle Zeiten deß gantzen Jahrs/ zu Hauß/ in Kirchen/ bey den Processionen und Wallfahrten nutzlich zugebrauchen. Druckts zur Neyß/ Ignatius Constantin Schubart/ Hoffbuchdrucker/ Anno 1675.

*New York 1944 Hundert auserwaehlte Kirchenlieder mit Musik. Herausgegeben vom Hochwuerdigen Herrn John W. Ziemak, Musikdirektor der Cardinal Hayes High School New York, N. Y. Kriegshilfe Nationale Katholische Wohlfahrtskonferenz. Kriegsgefangenen-Hilfe. New York 1944.

*Nord-Stern s. *Amsterdam 1671.

*O Christ hie merk O Christ hie merk! Ein Gesangbüchlein geistlicher Lieder. Von Guido Maria Dreves S. J. Mit Approbation des hochw. Herrn Erzbischofs von Freiburg. Freiburg im Breisgau. Herdersche Verlagshandlung. 1885.

*Paderborn 1609 Alte Catholische Geistliche Kirchengesäng/ auff die fürnemste Feste/ auch in Processionen/ Creutzgängen vnd Kirchenfärten: Bey der H. Meß/ Predig/ in Häusern/ vnd auff dem Feldt zugebrauchen/ sehr nützlich/ sampt einem Catechismo. Durch gnedigem Consens Deß Hochwürdige[n] Fürsten vnd Herrn/ Herrn Dietherichen Bischoffen deß Stiffts Paderborn/ &c. Außgangen. Gedruckt zu Paderborn/ Bey MATTHAEO PONTANO, M. DC. IX.

***Paderborn 1765** GOTT, und der allerseeligsten Gottes=Gebährerin, und Jungfrauen MARIAE gewidmetes, Neues, verbessert= und vermehrtes Catholisch=Paderbornisches Gesang=Buch, Welches zum Gebrauch des öffentlichen Gottesdienstes in denen Kirchen so wol, als zu eines jeden besonderen Andacht, und Seelen=Heyl, zu gebrauchen. In eine bequemere Ordnunge eingetheilet, und mit Noten, zu denen neuen, und unbekannten Gesängen, versehen. Mit Approbation und Erlaubnüß hoher Obrigkeit. Paderborn: Gedruckt und verlegt von Wilhelm Junffermann, Hoff=-Buchdrucker 1765.

***Paderborn 1850** s. *Haxthausen.

***Paderborn 1851** s. *Bone 1851.

***Paderborn 1852** Melodien zu dem katholischen Gesangbuche Cantate von Heinrich Bone. Paderborn, F. Schöningh 1852.

***Pinck 1927** Verklingende Weisen. Lothringer Volkslieder gesammelt und herausgegeben von Louis Pinck, Band 2. Heidelberg: Carl Winter Universitätsbuchhandlung 1927.

***Prag 1655** Newe vnd Alte auserlesene sehr anmüttige Catholische KirchenLieder/ durch das gantze Jahr gebräuchig. Prag/ in der Academischen Druckerey/ 1655.

***Prag 1715** Seelen=Lust, Das ist: Gemeine, alte, andächtige, Catholische, Geistliche Lieder, Auff Alle Zeiten deß gantzen Jahrs, in= und ausser der Kirchen zu gebrauchen. Auß unterschiedlichen gesang=Büchern zusammen getragen, und mit Fleiß übersehen, Auch wohlmeynend Den Catholischen Seelen zu Nutz, Lust und Trost, in diese bequeme Form, und Ordnung eingerichtet und gedruckt. Cum Licentia Superiorum. Gedruckt zu Prag, bei Peter Antoni Benneck, Anno 1715.

***Psälterlein** Psälterlein. Katholisches Gebet= und Gesangbuch. Mit oberhirtlicher Approbation. 1891. Regensburg, New York und Cincinnati. Druck und Verlag von Friedrich Pustet, Typograph des Heiligen Römischen Stuhles.

***Redaktionsbericht** Redaktionsbericht zum Einheitsgesangbuch ‚Gotteslob'. Hrsg. von P. Nordhues und A. Wagner. Paderborn und Stuttgart: Bonifatiusdruck 1988.

***Regensburg 1915** Die eiserne Harfe. 12 religiöse Kriegs=Lieder für kirchlichen Volksgesang zum Gebrauche bei Kriegsandachten sowie beim außerliturgischen Gottesdienst in der Kriegszeit. Als zeitgemäße Ergänzung zu jedem kirchlichen Gesangbuch herausgegeben von V. Goller. Regensburg: Druck und Verlag von Friedrich Pustet, 1915.

***Rottenburg 1949** Gesang- und Andachtsbuch für das Bistum Rottenburg. Stuttgart: Schwabenverlag 1949.

***Saargemünd 1829** Sions heilige Gesänge, den unheiligen Liedern Babylons, wie auch dem ungläubigen Zeitgeiste entgegengesetzt. In einem vollständigen katholischen Gesangbuche, neu hrsg. von einem Priester des Metzer Bisthums. (...) Sargemünde Im Verlage bei Joh. Weiß, dem ält., Metzerstraße, N. 49. 1829.

*__Simrock__ Karl Simrock: Deutsche Sionsharfe. Elberfeld: Friderich 1857.

*__Singeschiff 1930__ Das Singeschiff. Lieder deutscher katholischer Jugend. Düsseldorf: Jugendhaus 1930.

*__Singeschiff 1934__ Das Singeschiff. Lieder deutscher katholischer Jugend. 2. Teil: Das graue Singeschiff. Düsseldorf: Jugendführungsverlag 1934.

*__Speyer 1842__ Katholisches Gesangbuch für das Bisthum Speyer. Preis ungebunden: 36 Kreuzer. Speyer, 1842. Gedruckt bei Daniel Kranzbühler.

*__Spielmann__ Der Spielmann. Liederbuch für Jugend und Volk. Herausgegeben von Klemens Neumann. 4. umgearbeitete Auflage. Burg Rothenfels: Quickbornhaus 1922. Die (auch in späteren Auflagen abgedruckte) Vorrede zur 4. Auflage nennt Hermann Müller als Bearbeiter der Rubrik Geistliche Lieder.

*__SPK Berlin__ Staatsbibliothek Preußischer Kulturbesitz, Berlin.

*__St. Gallen 1705__ Catholisch Gesang=Büchlein/ Darinnen Allerhand schöne Geistliche Gesänger zu finden. Welche durch das gantze Jahr an Sonn= vnd Feyr=Tagen/ in den Kinderlehren/ Proceßionen/ Creutzgängen/ vnd anderen Orthen sehr nutzlich zugebrauchen. Von newem wieder gedruckt; verbessert; mit schönen Liedern vermehret/ vnd auf die Fürstlich St. Gallische Landschafft gerichtet. St. Gallen/ Gedruckt vnd zu finden bey Jacob Müller/ anno 1705. [II:] Melodeyen Uber das Catholische Gesang=Büchlin. Anjetzo Zum Nutzen der Catholischen Jugendt und liebhaberen der Music in Druck geben.

*__St. Gallen 1769__ Catholisches Gesang=Büchlein, Darinnen allerhand schöne Geistliche Gesänger zu finden, Welche durch das gantze Jahr, an Sonn= und Feyrtägen, in den Kinderlehren, Proceßionen, Creutzgängen, und anderen Orten sehr nutzlich zu gebrauchen. Von Neuem wieder Gedruckt, mit vielen schönen, und geistreichen Liederen neuer Ding vermehret, samt einem Zusatz aller andächtigen Mission Liederen. Die zehende Auflage. Gedruckt, und zu finden im Fürstl. Gottshauß St. Gallen, 1769.

*__St. Gallen 1887__ Katholisches Gesang- und Andachtsbuch Zum Gebrauche bei dem öffentlichen Gottesdienste. Einstimmige Ausgabe. Mit Genehmigung des bischöfl. Ordinariates der Diözese St. Gallen. Neunte Auflage. Verlag der Kanzlei des kath. Administrationsrathes in St. Gallen. [1887].

*__St. Georg__ St. Georg. Liederbuch deutscher Jugend. Unter Mitarbeit deutscher Jugendbünde herausgegeben von Walter Gollhardt. Plauen: Verlag Das junge Volk 1931.

*__Stein 1852__ Kölnisches Gesangbuch. Sammlung katholischer Kirchenlieder mit Melodieen nach der kölnischen Festordnung. Unter Mitwirkung mehrerer Pfarrer der Stadt Köln herausgegeben von Albert Gereon Stein, Pfarrer zum h. Johann Baptist und Gesanglehrer im Erzbischöflichen Priester=Seminar zu Köln. Köln: Bachem 1852.

*__StLb Wien__ Stadt- und Landesbibliothek Wien.

*__Stmk LA__ Steiermärkisches Landesarchiv Graz.

*__Straßburg 1697__ Neu-Vollkommen Catholisches Gesang-Buch/ Straßburger Bisthums: Aus sonderbahrem Befehl, Jhro Eminentz Guillelmi Egonis, Herrn Hrn. Cardinals von Fürstenberg, Fürsten und Bischoffen zu Straßburg; Und Verordnung, Ihro Hochwürden Gnaden Herrn Drn. Francisci von Camilly, als deroselben Vicarii Generalis und Officialis in obbemelten Bischthum zusammen getragen, und Mit außerlesenen, Uhralten, und Neuen, so wohl in allerhand Zufällen, als an Sonn- und Feyr-Tägen bey dem Gottesdienst, in Schulen, Häusern, und anderstwo zu gebrauchen nutzbarsten Gesängen, und verdeutschten Kirchen-Himnis; zugleich mit Kunst-richtig zur Orgel aufgesetzten alten und neuen Melodeyen ausführlich versehen. Auch mit Gebott keines andern, als dieses allein, in diesem Bischthum sich zu bedienen, das erste mahl im Truck verfertiget. Straßburg, gedruckt und verlegt durch Michael Storck, Bischoffl. Buchdr. und Buchh. An[no] 1697.

*__Straßburg 1789__ Katholisches Gesangbuch zum Gebrauche des Bistums Straßburg, aus Bischöflichem Befehle neu übersehen, verbessert und in Druk gegeben. Straßburg: Franz le Roux 1789.

*__SUB Köln__ Stadt- und Universitätsbibliothek Köln.

*__Trier 1846__ Gesang- und Gebetbuch für die Diözese Trier. Herausgegeben vom Bischöflichen General-Vicariat. Trier: Druck und Verlag der Fr. Hintz'schen Buchhandlung 1846.

*__TVA__ Tiroler Volksliedarchiv Innsbruck.

*__UB Graz__ Universitätsbibliothek Graz.

*__ULB Münster__ Universitäts- und Landesbibliothek Münster

*__VANW__ Volksliedarchiv für Niederösterreich und Wien.

*__VD17__ Verzeichnis der Drucke des 17. Jahrhunderts.

*__Vehe__ Ein New Gesangbüchlin Geystlicher Lieder/ vor alle gutthe Christen nach ordenung Christlicher kirchen […]. Leipzig: Nickel Wolrab 1537.

*__VKM Graz__ Volkskundemuseum Graz.

*__VLA Wien__ Volksliedarchiv Wien.

*__VLW Wien__ Volksliedwerk Wien.

*__Würzburg 1628__ Alt vnd Newe GEistliche/ Catholische/ Außerlesene Gesäng/ auff Sonn= vnd fürnehme Festtäg deß gantzen Jahrs/ Processionen/ Creutzgängen vnd Wallfahrten/ bey der H. Meß/ Predig/ Kinderlehr/ in Häusern vnd auff dem Feld sehr nützlich vnd andächtig zu gebrauchen. Auß sonderm Befelch Deß Hochwürdigen Fürsten vnd Herrn/ Herrn | PHILIPPI ADOLPHI | Bischoffen zu Wirtzburg/ vnd Hertzogen in Francken/ &c. Sampt einem General Baß zu der Orgel niemals zuvor in Truck außgangen. Getruckt in der Fürstlichen Hauptstadt Wirtzburg/ bey Anna Maria Volmarin/ Wittib. ANNO M. DC. XXVIII.

*__Würzburg 1793__ Christkatholisches neu vermehrtes Gesangbüchlein, in welchem die Auserlesensten geistlichen Gesänger auf Sonn= und vornehmste Festtäge des ganzen Jahrs zu finden, und bey Proceßionen und Wallfahrten, in der Kinderlehre, in Häusern und auf dem Felde sehr nützlich und andächtig zu gebrauchen sind; wodurch das Lob der Allerheilig. Dreyfaltigkeit vermehrt, die Allerseligste Jungfrau

Maria gepriesen, und die Auserwählten Heiligen Gottes um ihre Fürbitte angerufen werden; Allen Gott und Mariam liebenden Herzen zum Trost aufs neue verbessert, und mit einem Anhang schöner Mißiongesänger vermehrt. Wirzburg, gedruckt bey Franz Sebastian Sartorius, hochfürstl. Hofbuchdrucker, 1793.

***Würzburg 1828** Katholisches Gesangbuch für den öffentlichen Gottesdienst im Bißthume Würzburg oder Sammlung älterer und neuerer Kirchengesänge zur Verherrlichung des katholischen Gottesdienstes und zur Beförderung der Andacht bei demselben [...] frei bearbeitet und herausgegeben von Sebastian Pörtner, Domkapitular zu Würzburg. Würzburg: Dorbath 1828.

***Würzburg 1949** Ave Maria. Gebet- und Gesangbuch für das Bistum Würzburg. Auf oberhirtliche Anordnung. Verlag des Ordinariates der Diözese Würzburg. Würzburg 1949.

***Zahn** Die Melodien der deutschen evangelischen Kirchenlieder aus den Quellen geschöpft und mitgeteilt von Johannes Zahn. Reprographischer Nachdruck der Ausgabe Gütersloh 1889–1893. Hildesheim: Olms 1963.

***Zupfgeigenhansl** Der Zupfgeigenhansl. Hrsg. von Hans Breuer unter Mitwirkung vieler Wandervögel. Siebte Auflage. Leipzig: Verlag Friedrich Hofmeister 1912.

Abbildungsnachweis

S. 7: Andachtsbild o. J., *GBA Mainz.

S. 8: Frauke Striegnitz: Maria durch ein Dornwald ging. Ein Film. Kunsthochschule Kassel 2008. (http://www.dailymotion.com/video/x6mi4u_maria-durch-ein-dornwald-ging-frauk_creation).

S. 10 und 11: *Zupfgeigenhansl, *HK.

S. 13: August Freiherr von Haxthausen (1792–1866). Sammler von Märchen, Sagen und Volksliedern, Agrarhistoriker und Rußlandreisender aus Westfalen. Ausstellung der Universitätsbibliothek Münster, 24. Februar 1992–25. März 1992. Hrsg. v. Peter Heßelmann. Münster: Regensberg 1992.

S. 14: *ULB Münster, Foto *CS.

S. 16: Statuette der Maria Magdalena mit Salbgefäß. Bern, Historisches Museum. In: Bildersturm. Katalog zur Ausstellung. Zürich: NZZ 2000, S. 324.

S. 18 und 22: *ULB Münster, Haxthausennachlaß, Foto *CS.

S. 24: *Eger 1675, Bibliothek Kloster Strahov, Prag, *GBA Mainz Kopie.

S. 26: Staufener Altar, um 1420/30. Detlef Zinke: Meisterwerke vom Mittelalter bis zum Barock im Augustinermuseum in Freiburg i. Br. Städtische Museen Freiburg/ Deutscher Kunstverlag Berlin/München 2010, S. 81.

S. 28: Herbert Haag et. a. : Maria. Die Gottesmutter in Glauben, Brauchtum und Kunst. Freiburg: Herder 1997/2004, S. 174.

S. 31: F. W. Putzgers Historischer Schul-Atlas. Große Ausgabe. 57. Auflage. Bielefeld und Leipzig: Velhagen & Klasing 1939, S. 84 f.

S. 33: *Gotteslob 1975, *GBA Mainz.

S. 41: Andachtsbild (Raffael) von 1950, *GBA Mainz.

S. 43: Katechismus für das Bistum Rottenburg, Freiburg: Herder 1948, *HK.

S. 46: *Kirchenlied 1938, *GBA Mainz.

S. 48: *Nakatenus, *GBA Mainz.

S. 50: Das graue Singeschiff, *HK.

S. 52: Oswald Spengler: Der Untergang des Abendlandes. Umrisse einer Morphologie der Weltgeschichte. 23.-32. unveränderte Auflage München: C. H. Beck 1920.

S. 54: *DVA Nachlaß Pinck.

S. 57: http://upload.wikimedia.org/wikipedia/commons/0/09/Aphrodite_of_Milos_at_the_Louvre_Museum_in_Paris.jpg?uselang=de.

S. 60: Sammlung Klier, Linz, Foto *CS.

S. 64: Kupferstich von 1743, Marienlexikon. St. Ottilien: Eos 1991, Bd. 3, S. 452. Der Text am unteren Bildrand lautet: «Iudith alterum non agnoscens Virum. Iudith c. 16 v. 26.» (Und sie erkannte keinen anderen Mann mehr.» Judith 16,22 – nicht 26).

S. 65: Maria, um 1525. Der Niederrotweiler Altar. 48 Bilder mit einführendem Text von Hermann Ginter. Königstein: Langewiesche o. J. [1954], S. 20.

S. 66: Andachtsbild o. J., *GBA Mainz.

S. 70: Guido Görres: Marienlieder zur Feier der Maiandacht. Rom im Mai 1842. 3. vermehrte Auflage. München: Literarisch-artistische Anstalt 1853. *GBA Mainz.

S. 71: *GBA Mainz.

S. 73: http://upload.wikimedia.org/wikipedia/commons/b/b5/Wilhelm_Hensel_-_Clemens_Brentano_1819.jpg.

S. 75: http://upload.wikimedia.org/wikipedia/commons/c/c5/Guido_G%C3%B6rres_-_Schriftsteller.jpg.

S. 76: *BSB München, gemeinfrei http://reader.digitale-sammlungen.de/de/fs1/object/display/bsb10270410_00007.html.

S. 78: *Feldgesangbuch 1939, *GBA Mainz.

S. 79: Guido Görres: Marienlieder zur Feier der Maiandacht. Rom im Mai 1842. 3. vermehrte Auflage. München: Literarisch-artistische Anstalt 1853. *GBA Mainz.

S. 85: Marianische Mai-Andacht, Titelkupfer. Bayerische Staatsbibliothek München, gemeinfrei http://reader.digitale-sammlungen.de/de/fs1/object/display/bsb10270410_00007.html.

S. 88: Wachsbüste der Flora. Leonardo da Vinci zugeschriebene Fälschung aus dem 19. Jahrhundert. http://www.wga.hu/art/l/leonardo/15sculpt/5flora.jpg.

S. 90: Johann Baptist von Schraudolph: Maria. Andachtsbild (1941). *GBA Mainz.

S. 91: *Einheitslieder 1947, *GBA Mainz.

S. 96: Andachtsbild o. J. (um 1900), *GBA Mainz.

S. 104: Foto *CS.

S. 105: Älteste bekannte Abbildung des ehemaligen Gnadenbildes aus dem 16. Jahrhundert, aus Bruno Thiebes: O clemens, o pia, o dulcis virgo Maria. Der hl. Bernhard von Clairvaux im Dom zu Speyer. Speyer: Pilger-Verlag 1980.

S. 107: Bronzetor des Speyrer Doms. Foto *CS.

S. 107: Ofenkachel (18. Jahrhundert) im Münster Reichenau.

S. 109: Theodor Musper, Untersuchungen zu Rogier van der Weyden und Jan van Eyck, Stuttgart o. J.[1948], Tafel 44: Rogier van der Weyden, «Maria mit dem Kind».

S. 114: Universitätsbibliothek Salzburg, Signatur 8529 I.

S. 116: *GBA Mainz.

S. 117: Hochschul- und Landesbibliothek Fulda.

S. 119: 5. Auflage des zuerst 1787 erschienenen Gesangbuchs, *GBA Mainz.

S. 120: *GBA Mainz.

S. 123: *GBA Mainz.

S. 128: Alban Stolz: Fügung und Führung. Konvertitenbilder. Hrsg. von Julius Mayer. Dritter Teil: Alban Stolz und Kordula Wöhler (Kordula Peregrina). Siebte und achte Auflage. 14.–17. Tausend. Freiburg im Breisgau: Herder ohne Jahr [1921, erste Auflage 1913]. Frontispiz.

S. 129: Familie Wöhler-Schmid 1903, Stadtarchiv Schwaz/Tirol.

S. 130: Bischöfliches Zentralarchiv Regensburg. Der Text unter der Überschrift «Muttersegen» lautet: «Gedichtet von Cordula Wöhler am 31. Mai 1870 + Komponiert von Karl Kindsmüller. Dem Andenken der frommen Dichterin Cordula Peregrina Wöhler. Gestorben am 6. Februar 1916.»

S. 135: Andachtsblatt 1890 aus Kloster Georgenberg/Tirol, Reproduktion P. Thomas Naupp OSB.

S. 136: *GBA Mainz.

S. 137: *GBA Mainz.

S. 138: Verbreitetes Andachtsblatt, *CS.

S. 147: Die Seeschlacht von Lepanto. Deckenfresko der Kirche Maria Sondheim in Arnstein (Unterfranken).

S. 148: Andachtsblatt Chur o. J., *GBA Mainz.

S. 149: *BSB München, gemeinfrei.

S. 154: *BSB München, gemeinfrei.

S. 155: Schutzmantelmadonna in St. Martin, Mainz-Finthen, *GBA Mainz.

S. 158: «Unsere liebe Frau von Foja», die «Mutter der Barmherzigkeit», in einem Glasschrein auf dem Altartisch der Innsbrucker Jesuitenkirche. Foto Christina Riese.

S. 161: *Psälterlein, *O Christ hie merk.

S. 164: Oberösterreichisches Landesmuseum (http://www.landesmuseum.at/typo3temp/GB/5987df1660.jpg)

S. 165: *GBA Mainz.

S. 167: *GBA Mainz.

S. 168: *Stmk LA.

S. 170: Andachtsbild o. J., *GBA Mainz.

S. 171: *Stmk LA.

S. 173: Andachtsbild o. J., *GBA Mainz.

S. 175: *SUB Köln (Sammlung Bäumker).

S. 180: *GBA Mainz.

S. 182: *Einheitslieder 1947, *GBA Mainz.

S. 184: *Bruchsal 1768, *GBA Mainz.

S. 188: Raffael, Madonna Tempi. Nach: Maria. Die Gottesmutter in Glauben, Brauchtum und Kunst. Freiburg: Herder 2004, S. 11.

S. 190: Kurt Reuber, Madonna, gezeichnet 1942 im Kessel von Stalingrad. Aus: Martin Kruse (Hrsg.): Die Stalingrad-Madonna. Das Werk Kurt Reubers als Dokument der Menschlichkeit, Hannover: Lutherisches Verlagshaus 2012, S. 27.

S. 195: *GBA Mainz.

S. 196: Andachtsbild Bocholt 1951, *GBA Mainz.

S. 203: Andachtsbild o. J., *GBA Mainz.

S. 205: St. Gallen, Stiftsbibliothek, Cod. Sang. 95, p. 2 – De fide ad Gratianum contra perfidiam Arrianorum vom Kirchenvater Ambrosius (http://www.e-codices.unifr.ch/de/list/one/csg/0095).

S. 210: Internet.

S. 211: Jungbunzlau 1531, Reprint *GBA Mainz.

S. 213: Andachtsbild, *GBA Mainz.

S. 218: *Kirchenlied 1938, *GBA Mainz.
S. 231: Rebecca Schmidt: Gegen den Reiz der Neuheit. Katholische Restauration im 19. Jahrhundert. Tübingen: Francke 2005; Internet. Ein Foto von Dreves war nicht auftreibbar.
S. 223: *BSB München, gemeinfrei.
S. 227: Franz Pforr, Sulamith und Maria, 1811. Internet, gemeinfrei.
S. 229: Epithalamium 1638, Ende der Vorrede, *BSB München, gemeinfrei.
S. 231: Internet: Loretokapelle von Bühl am Alpsee.
S. 232: Pierre-Auguste Renoir, Das Urteil des Paris, 1908 (Internet).
S. 233: Gemäldegalerie Alte Meister, Dresden.
S. 236: Sammlung *Nehlsen R-40.
S. 239: *Trier 1846, *GBA Mainz.
S. 240: *LA St. Pölten.
S. 241: Madonna in der Abteikirche von St. Lambrecht, Steiermark. Foto *CS.
S. 243: *Des Knaben Wunderhorn, *HK.
S 244: Andachtsbild Graz (Maria Trost) o. J. (vor 1900), *GBA Mainz.
S. 246: Mirantische Mayen-Pfeiff. Oder Marianische Lob-Verfassung / In Welcher Clorus/ ein Hirt/ der Großmächtigsten Himmels-Königin und Mutter GOttes Mariae unvergleichliche Schön-, Hoch- und Vermögenheit anmüthig besingt. [...] Durch F. Laurentium von Schnüffis, vorder Oesterreichischen Provintz Capucinern und Predigern. Dillingen: Bencard 1692. Titelkupfer.
S. 249: *Würzburg 1910, *GBA Mainz.
S. 263: Andachtsbild o. J., *GBA Mainz.
S. 264: *Hommel, *GBA Mainz.
S. 267: Andachtsbild 1965 (Erinnerung an eine Primiz), *GBA Mainz.
S. 276: Bern, Historisches Museum. Aus: Bildersturm. Katalog zur Ausstellung. Zürich: NZZ 2000, S. 187.

Liedregister

Namenregister